Co~~mmentaires~~
L'art d'être un parent présent

« Cet ouvrage pratique et judicieux offre exactement le type de conseils avisés et de soutien dont les parents ont besoin ! *L'art d'être un parent présent* permet aux parents de prendre du recul tout en s'occupant d'eux-mêmes et de leurs enfants avec amour, compassion et pleine conscience. »

– Jack Kornfield, auteur de *A Path with Heart*,
et Trudy Goodman, Ph. D., fondatrice de InsightLA

« Durant six ans, j'ai dirigé une communauté composée de centaines de milliers de parents et, pendant toute cette période, je n'ai recommandé qu'un seul livre portant sur l'éducation parentale : *Parenting Without Power Struggles*. Aujourd'hui, j'incite ardemment ma famille et ma communauté à découvrir un autre ouvrage : *L'art d'être un parent présent*. J'ai une confiance totale en Susan Stiffelman, qui a parfaitement compris qu'être parent n'est pas seulement un travail, mais une pratique spirituelle – un chemin vers la guérison, la vérité et ultimement vers Dieu. Elle sait que ce qui se passe chaque jour dans nos foyers est à la fois brutal et merveilleux, exigeant et sacré. Elle est aussi parfaitement consciente qu'en élevant nos enfants, nous nous éduquons nous-mêmes. Dans *L'art d'être un parent présent*, Susan s'exprime non seulement en tant que mère et experte en éducation parentale, mais également en tant que guide, conseillère, amie et guérisseuse. Ce livre aidera les adultes à guérir leurs anciennes blessures, ce qui leur permettra d'élever des enfants qui, par la suite, auront moins besoin d'être guéris. »

– Glennon Doyle Melton, auteure à succès du *New York Times*
pour *Carry On, Warrior*, présidente de l'organisation à but non lucratif
Together Rising, et fondatrice de la communauté en ligne Momastery.com

« *L'art d'être un parent présent* nous rappelle avec puissance et douceur que notre conscience, notre sérénité et notre capacité à répondre, et non pas à réagir, à des situations stressantes constituent des éléments fondamentaux pour élever des enfants sains. Cet ouvrage concerne autant les enfants que les parents. En effet, si nous travaillons sur nous-mêmes, nous pourrons ensuite désamorcer plus efficacement les flux d'énergie négative qui aggravent les situations génératrices de stress. Cet ouvrage est d'une importance cruciale. »

– Tim Ryan, député de l'État de l'Ohio à la Chambre des représentants
des États-Unis et auteur de l'ouvrage *A Mindful Nation*

«Par son écriture claire, sage, poétique et éloquente, Susan Stiffelman nous dévoile comment les bienfaits et les défis de la délicate relation parent-enfant peuvent constituer un creuset privilégié de croissance mutuelle, de guérison et de communication. Sachant que les enfants détermineront l'avenir de notre planète, Susan prépare le terrain qui nous permettra d'amener cette nouvelle génération vers un monde plus humain, plus apaisé et plus connecté, et ce, en commençant par nous-mêmes. Je suis très reconnaissante à Susan d'avoir écrit un livre aussi puissant.»

– Alanis Morissette, auteure-compositrice-interprète et militante

«Qui pourrait se douter que l'enfant ou l'adolescent qui pleure dans la pièce d'à côté est en réalité notre enseignant spirituel? Qui aurait pensé que des débordements irritants et des comportements provocateurs pourraient susciter une éducation parentale plus consciente, plus efficace, plus agréable et plus harmonieuse sur le plan spirituel? Avec ce guide innovant et incroyablement facile à lire, Susan Stiffelman nous enseigne tout ce que nous avons besoin de savoir sur la meilleure façon de prendre soin de nos enfants – et de nous-mêmes – pour devenir des êtres humains plus conscients, plus compatissants et, croyez-le ou non, plus sereins.»

– Kathy Eldon, fondatrice et présidente de Creative Visions Foundation

«Je l'ai volé à ma mère, puis je l'ai dévoré! La lecture de ce livre fantastique devrait être obligatoire pour tous les parents. J'attends avec impatience sa sortie pour pouvoir l'offrir à tous ceux et celles que je connais.»

– Amy Eldon Turteltaub, cofondatrice de Creative Visions Foundation
et vice-présidente de Creative Visions Productions

«Une tendre empathie irrigue ce guide pratique et empreint de sagesse, qui nous enseigne comment assumer notre rôle de parent avec une plus grande conscience. Vous pouvez aisément ressentir l'amour que Susan Stiffelman éprouve pour les familles qu'elle côtoie dans le cadre de sa pratique thérapeutique, ainsi que la confiance qu'elle accorde à nous tous, qui évoluons au travers des défis et des bienfaits d'être parents. Ce livre, qui exprime de façon magistrale et multidimensionnelle ce que nos enfants attendent de nous, dévoile des pratiques nous permettant de développer nos compétences et de nous appuyer sur elles pour le bien de nos enfants et notre propre avancement.»

– Myla et Jon Kabat-Zinn, auteurs de
Everyday Blessings: The Inner Work of Mindful Parenting

«Depuis longtemps, je n'avais pas lu un livre aussi marquant sur l'éducation des enfants. Avec clarté, chaleur et sagesse, Susan Stiffelman jette un pont entre le monde de la transformation spirituelle et les réalités terre-à-terre des relations parents-enfants. *L'art d'être un parent présent* regorge d'idées et de conseils qui guideront les parents sur la voie de la joie et de la guérison. Je recommande vivement cette lecture ! »

– Elisha Goldstein, Ph. D., auteure de
Uncovering Happiness: Overcoming Depression with Mindfulness and Self-Compassion

«En tant que mère, j'ai été très émue par les perspectives et les exercices proposés dans *L'art d'être un parent présent*. Susan Stiffelman explore avec une grande sensibilité ce qu'évitent la plupart des experts en éducation parentale – soit mettre à nu les couches les plus profondes de la peur, de la culpabilité et de la honte qui entravent notre capacité à être totalement présents, pour faire face à certains aspects de l'éducation des enfants que nous considérons comme les plus difficiles à gérer. Cet ouvrage représente pour chacun de nous une splendide proposition. Désormais, je l'offrirai sans hésiter aux nouveaux parents et aux parents expérimentés. »

– Katherine Woodward Thomas, auteure de *Conscious Uncoupling*

«Voici un guide particulièrement éclairant pour tous ceux qui veulent élever des enfants heureux, résilients et attentionnés tout en guérissant leurs propres blessures d'enfance. Pétri d'intelligence parentale, *L'art d'être un parent présent* est brillamment présenté et regorge d'exemples tirés de la vie de tous les jours. Ce livre est un véritable bijou ! »

– Marci Shimoff, auteure de *Heureux sans raison : la quête d'un bonheur pur et véridique*

«*L'art d'être un parent présent* est un guide inestimable pour ceux et celles qui veulent élever des enfants qui comprennent réellement ce que signifie l'expression "réussir sa vie". À l'aide d'outils pratiques et de récits personnels, Susan Stiffelman nous dévoile comment créer des relations familiales étroites et aimantes tout en nous démontrant à quel point l'éducation de nos enfants peut constituer une expérience transformationnelle réellement épanouissante. »

– Arianna Huffington, auteure de *Thrive*

«Dans *L'art d'être un parent présent*, l'experte reconnue Susan Stiffelman nous offre une vision unique de l'éducation parentale qui s'appuie sur la sagesse et la compassion. Dans cet ouvrage remarquable, rigoureux et pratique, elle nous suggère différentes approches pour créer une base solide et nous aider à communiquer de façon totalement aimante et bienveillante avec nos enfants tout en exprimant le meilleur de nous-mêmes – notre présence, notre joie, notre compréhension et notre gentillesse. »

– Thupten Jinpa, traducteur anglais du dalaï-lama et auteur de *A Fearless Heart*

« En lisant *L'art d'être un parent présent*, je ne pouvais m'empêcher de penser : "J'aurais aimé que mes parents lisent ce livre !" Finalement, voici un ouvrage sur l'éducation parentale qui s'adresse à tous les aspects de notre "enfant intérieur". Ce faisant, il offre à chacun de nous des lignes directrices susceptibles non seulement de nous éduquer, mais de nous transformer et de nous élever tout en prenant soin à la fois du parent et de l'enfant. Bravo ! »

– Janet Bray Attwood, auteure à succès du *New York Times*
pour *The Passion Test: The Effortless Path to Discovering Your Life purpose*

« Dans *L'art d'être un parent présent*, l'enseignement essentiel est que la présence est la seule manière efficace d'interagir avec les enfants. La présence inclut le soutien et la structure – avec cela, les enfants s'épanouissent ; sans cela, ils expérimentent le chaos et les rapports parents-enfants peuvent se transformer en un véritable cauchemar. Le deuxième enseignement est que l'éducation parentale constitue un processus de croissance et que votre enfant est votre meilleur professeur. La compréhension de ces deux enseignements nous met en garde contre une éducation qui donnerait de l'amour sans structure et contre une éducation qui structurerait sans tendresse et affection. Ce livre a l'immense mérite de nous sensibiliser à un nouveau processus d'éducation parentale susceptible d'améliorer le bien-être de notre culture. Je le recommande vivement à tous les parents et à tous ceux qui souhaitent le devenir. »

– Harville Hendrix, Ph. D., et Helen LaKelly Hunt, Ph. D.,
auteurs de *Giving the Love That Heals: A Guide for Parents*

SUSAN STIFFELMAN

L'art d'être
UN
PARENT PRÉSENT

Meilleures pratiques pour élever des enfants
conscients, confiants et attentionnés

Préface d'Ekchart Tolle

Traduit de l'américain par Frédérick Letia

Titre original anglais : *Parenting with presence*
New World Library, 14 Pamaron Way, Novation, California 94949
© 2015 Susan Stiffelman

© 2015 pour l'édition française
Ariane Éditions inc.
1217, av. Bernard O., bureau 101, Outremont, Qc,
Canada H2V 1V7
Téléphone : 514 276-2949, télécopieur : 514 276-4121
Courrier électronique : info@editions-ariane.com
Site Internet : www.editions-ariane.com
Tous droits réservés

Traduction : Frédérick Letia
Révision linguistique : Monique Riendeau
Graphisme et mise en page : Carl Lemyre

Première impression : juillet 2015

ISBN : 978-2-89626-271-7
ISBN ePub : 978-2-89626-272-4
ISBN Pdf : 978-2-89626-273-1

Dépôt légal :
Bibliothèque et archives nationale du Québec 2015
Bibliothèque nationale du Canada 2015
Bibliothèque nationale de Paris 2015

Diffusion
Québec : Flammarion Québec – 514 277-8807
www.flammarion.qc.ca
France et Belgique : D.G. Diffusion – 05.61.000.999
www.dgdiffusion.com
Suisse : Servidis/Transat – 22.960.95.25
www.servidis.ch

Gouvernement du Québec – Programme de crédit d'impôt
Pour l'édition de livres – Gestion SODEC

Nous reconnaissons l'aide financière du gouvernement du Canada
par l'entremise du Fond du livre du Canada (FLC) pour nos activités d'édition.

Membre de l'ANEL

Imprimé au Canada

Que les enfants que nous élevons,
et ceux qui vivent dans nos cœurs,
puissent découvrir qu'il est bon
de jouer, de danser, et de briller.

Table des matières

Préface

Pour pouvoir conduire une automobile, vous devez passer des examens pratiques et théoriques de façon à ne pas constituer un danger pour vous-même et pour autrui. Pour la plupart des emplois, à l'exception des plus rudimentaires, certaines qualifications sont requises alors que les postes les plus complexes nécessitent des années de formation. Cependant, aucune formation ou qualification particulière n'est requise pour exercer une des occupations les plus éprouvantes et essentielles – l'art d'être parent.

Selon l'auteur Alvin Toffler, « la condition parentale demeure sans contredit la chasse gardée des amateurs ». Ce manque de connaissance ou de formation est l'une des raisons (bien qu'elle ne soit pas la principale, comme nous le verrons) pour lesquelles tant de parents doivent lutter jour après jour. Cela ne signifie pas pour autant que ces parents n'arrivent pas à répondre aux besoins matériels ou physiques de leur progéniture. En fait, en règle générale ils aiment profondément leurs enfants et veulent leur offrir ce qu'il y a de mieux pour eux. Pourtant, ils sont totalement démunis lorsqu'il s'agit de relever les défis que ceux-ci leur posent sur une base quasi quotidienne, et ils ne savent pas non plus comment répondre de façon appropriée aux besoins croissants de leurs enfants sur les plans émotionnel, psychologique et spirituel.

Alors que par le passé l'éducation parentale était excessivement autoritaire, dans nos sociétés contemporaines de nombreux parents ne parviennent pas à fixer l'orientation claire que l'enfant attend et dont il a désespérément besoin. Dans l'environnement familial actuel, il y a souvent un manque absolu de structure qui évoque l'image d'un bateau sans gouvernail, abandonné par son capitaine et dérivant sur l'océan. Les parents ne se rendent pas compte que leurs enfants s'attendent à ce qu'ils assument pleinement leur rôle de «capitaine du bateau», comme Susan Stiffelman l'a si bien exprimé, un terme qui ne signifie nullement un retour au mode d'éducation autoritaire des temps passés. Il s'agit plutôt de trouver un juste équilibre, une voie médiane entre l'excès de structure et l'absence de toute structure.

Ultimement, la cause majeure d'un tel dysfonctionnement familial ne réside pas dans le manque de connaissance ou de formation des parents, mais dans leur manque de conscience. Sans un parent conscient, il ne peut y avoir d'éducation parentale consciente! Un parent conscient est capable de maintenir un certain niveau de conscience dans la vie quotidienne, et ce, bien que certains écarts se produisent de temps à autre pour la plupart des gens. Lorsqu'il n'y a pas de conscience (vous pouvez aussi employer les termes *pleine conscience* ou *présence*), les liens que vous établissez avec votre enfant, ainsi qu'avec ceux qui partagent votre environnement, sont le produit du conditionnement de votre esprit. Vous êtes alors sous l'emprise de schémas mentaux et émotionnels réactifs, de croyances et d'hypothèses inconscientes qui vous ont été léguées par vos parents et qui résultent aussi de la culture ambiante au sein de laquelle vous avez grandi.

La plupart de ces schémas remontent aux innombrables générations qui vous ont précédé dans le passé. Cependant, lorsqu'il y a conscience – ou *présence*, comme je préfère la nommer –, vous pouvez prendre conscience de vos propres schémas mentaux, émotionnels et comportementaux. Si tel est le cas, vous pouvez alors commencer à vous interroger sur la meilleure façon de répondre à vos enfants, plutôt que de réagir aveuglément en répétant d'anciens schémas. Plus important encore, en agissant ainsi vous éviterez de transmettre ces schémas à vos enfants.

Sans présence, vous ne pourrez établir de liens avec votre enfant qu'à travers l'esprit et les émotions, et non pas en recourant au niveau plus profond de l'Être. Même si vous faites tout ce que vous devez faire, il manquera un élément important dans la relation que vous entretiendrez avec votre enfant : la dimension de l'Être, qui recouvre le domaine spirituel. Cela signifiera que le lien le plus profond est tout simplement inexistant.

Intuitivement, l'enfant ressentira qu'une dimension vitale manque dans sa relation avec vous, que vous n'êtes jamais totalement présent, jamais vraiment là et que vous êtes toujours absorbé par votre esprit. Inconsciemment, l'enfant supposera ou plutôt ressentira que vous occultez ou lui cachez quelque chose d'important. Fréquemment, une telle attitude suscitera chez l'enfant une colère inconsciente ou un ressentiment qui se manifesteront de diverses manières ou demeureront latents jusqu'à l'adolescence.

Bien que cette aliénation entre le parent et l'enfant soit encore la norme, il semblerait que cette situation soit en train d'évoluer. En effet, un nombre croissant de parents sont de plus en plus conscients de ces enjeux et peuvent ainsi transcender leurs schémas mentaux conditionnés pour établir des liens véritables avec leurs enfants, et ce, sur le plan plus profond de l'Être.

En conséquence, les raisons permettant d'expliquer une éducation parentale dysfonctionnelle ou inconsciente sont d'une double nature. D'une part, il y a un manque de connaissance évident ou de formation en ce qui a trait à l'éducation des enfants qui exige de trouver un juste équilibre entre l'approche ancienne et excessivement autoritaire et l'approche contemporaine, tout aussi déséquilibrée. D'autre part, sur un plan plus fondamental il y a un manque de présence et une absence de conscience de la part des parents.

Alors que de nombreux ouvrages fournissent une foule de conseils pratiques aux parents qui les lisent, à ce jour peu de livres soulèvent la problématique du manque de conscience des parents et

offrent une orientation circonstanciée leur permettant d'utiliser les
défis quotidiens de l'éducation parentale comme moyen privilégié de
croître sur le plan de la conscience. Le livre de Susan Stiffelman
apporte des solutions concrètes à ces deux aspects, que nous pourrions appeler le Faire et l'Être. Elle nous offre des connaissances et
des conseils pratiques et judicieux sur le Faire (ou sur l'action juste,
pour reprendre un terme bouddhiste), sans pour autant négliger l'aspect plus fondamental de l'Être.

L'art d'être un parent présent explique aux parents comment ils
peuvent transformer l'éducation de leurs enfants en une pratique spirituelle. Cet ouvrage permettra aussi aux parents de changer leurs
habitudes en acceptant de se reconnaître dans le miroir que leurs
enfants leur tendent, prenant ainsi conscience de leurs propres schémas inconscients. En étant conscients de ces schémas, ils pourront
alors se persuader de les transcender.

Voici ce que l'auteur Peter De Vries a écrit : « Qui parmi nous est
assez mûr pour accueillir des enfants avant que ces enfants eux-
mêmes n'arrivent ? La valeur du mariage ne réside pas dans la proposition que les adultes engendrent des enfants, mais dans le fait que les
enfants engendrent des adultes. » Peu importe que nous soyons
mariés ou que nous élevions seuls nos enfants, ces derniers nous aideront certainement à devenir des humains plus mûrs et plus accomplis.
Certes, les enfants engendrent des adultes mais, plus important
encore, le livre unique de Susan Stiffelman nous révèle comment des
enfants peuvent engendrer des adultes *conscients*.

– Eckhart Tolle,
auteur des ouvrages *Le pouvoir du moment présent* et *Nouvelle Terre*

Introduction

Dans son travail, Angie était une véritable locomotive. En tant qu'éditrice d'un petit magazine de santé et de bien-être, elle assumait ses tâches avec efficacité, se donnait à fond et respectait toujours les échéances. Bien que son équipe ait souvent eu le sentiment d'être microgérée, Angie faisait son possible pour créer un environnement professionnel séduisant en offrant à ses employés des avantages particuliers, tels que des options de télétravail flexibles et une salle de repos où ils avaient accès à des collations biologiques. Mais Angie menait une vie qui n'était pas entièrement axée sur la productivité. Chaque matin, elle écoutait une méditation guidée avant de se préparer pour sa journée de travail et, avant qu'ils aient des enfants, elle et son mari, Éric, participaient à des retraites de yoga aussi souvent qu'ils le pouvaient.

Éric, qui travaillait à domicile, dirigeait une petite entreprise de commercialisation sur Internet. Il était connu pour sa capacité à penser en dehors des sentiers battus, ce qui lui permettait de connaître un succès croissant, basé sur sa créativité et sur sa réputation de professionnel qui obtenait des résultats probants et respectait scrupuleusement les échéanciers.

Angie et Éric furent ravis lorsque naquit leur fils, Charlie. Ils étaient déterminés à créer une famille radicalement différente de celles où ils avaient grandi. Dans le cas d'Angie, cela signifiait offrir à son fils un sens de la cohésion et de la communication qui lui avait manqué dans sa famille d'origine ; sa mère était une alcoolique qui avait connu une séparation douloureuse, ce qui l'avait poussée à laisser Angie et ses sœurs se débrouiller toutes seules. Les parents d'Éric étaient plus impliqués, mais ils intervenaient de façon trop excessive, contrôlant les activités d'Éric et de sa sœur et leur interdisant d'avoir voix au chapitre. Angie et Éric étaient fermement décidés à offrir à leurs enfants ce mélange de liberté et d'attention qui leur avait fait si cruellement défaut durant leur enfance.

Tandis que Charlie grandissait, Angie et Éric se réjouissaient de sa forte personnalité. Mais il manifestait un tempérament fougueux, ce qui le rendait facilement frustré et difficile à apaiser ; lorsqu'il était nourrisson, il avait de violents accès de colère quand les choses ne se déroulaient pas comme il le voulait. Comme ils tenaient à agir de manière aimante et compatissante, ses parents s'efforcèrent d'expliquer au petit Charlie pourquoi il ne pouvait pas toujours obtenir ce qu'il voulait, mais cela ne fit qu'empirer la situation. Et bien qu'il ait été excité par la perspective d'aller à la «grande école», il s'accommoda mal des restrictions qui lui furent imposées lorsqu'il intégra la maternelle. Durant «l'heure du conte», il lui était presque impossible de rester tranquillement assis et, lorsqu'un enfant avait un jouet qu'il désirait, le mauvais contrôle de ses impulsions incitait Charlie à le lui prendre – n'hésitant pas si nécessaire à accaparer le jouet ou à bousculer l'autre enfant.

Peu de temps après qu'il eut intégré la maternelle, Angie et Éric furent convoqués par le directeur de cette école pour évoquer un incident lors duquel Charlie avait violemment poussé l'un de ses camarades. Cette rencontre fut la première d'une longue série d'entrevues où furent abordées les difficultés de Charlie à gérer son comportement. La naissance d'une petite sœur alors que Charlie était âgé de quatre ans eut pour effet de multiplier ses accès de colère. Ses parents s'efforcèrent d'être compréhensifs, mais ils ne savaient pas comment gérer le caractère capricieux de leur fils – suppliant, implorant, négociant, menaçant et, en règle générale, accédant finalement à ses demandes. Par ses récriminations, Charlie imposait sa loi, et ce, à un point tel qu'Angie et Éric finirent par oublier la paix qu'ils avaient connue avant d'être parents. Par ailleurs, ils étaient gênés d'être le père et la mère d'un de ces « enfants à problèmes », et ils se réveillaient chaque matin avec la peur au ventre en songeant aux sautes d'humeur que leur fils instable leur réserverait ce jour-là.

Angie et Éric avaient sincèrement cru que leur engagement en faveur du développement personnel leur garantissait en quelque sorte qu'il leur serait simple et facile d'élever des enfants. Après tout, ces derniers n'étaient-ils pas influencés par leur environnement ? Ils croyaient aussi que des parents attentifs au sein d'un foyer tranquille et aimant seraient les meilleurs garants de l'harmonie au sein de la famille. Ils durent déchanter. Les méditations matinales d'Angie devinrent vite chose du passé et, bien qu'ils aient essayé par tous les moyens de ne pas sombrer dans ces travers, Angie et Éric se reprochaient souvent leur attitude lorsqu'ils prononçaient des phrases telles que : « Si tu avais géré *de cette manière* l'incident avec Charlie, *plutôt que de cette manière-là*, la crise qui a éclaté aujourd'hui aurait pu être évitée. »

> *Quand les parents jugent qu'ils sont engagés dans la voie du développement personnel ou quand ils veulent seulement élever des enfants heureux sans drame et sans luttes de pouvoir, ils éprouvent souvent de grandes difficultés à faire face aux réalités de l'éducation parentale, particulièrement lorsque les besoins ou le caractère de leur enfant posent problème.*

Ce couple était semblable à de nombreux autres auprès desquels je suis intervenue en tant qu'enseignante, conseillère parentale et psychothérapeute. Quand les parents jugent qu'ils sont engagés dans la voie du développement personnel, ou quand ils veulent seulement élever des enfants heureux sans drame et sans luttes de pouvoir, ils éprouvent souvent de grandes difficultés à faire face aux réalités de l'éducation parentale, particulièrement lorsque les besoins ou le caractère de leur enfant posent problème.

Même lorsque nous avons des enfants relativement faciles à élever, nous devons nous adapter et accepter de faire passer les désirs et les besoins d'un autre être humain avant les nôtres, et ce, jour après jour. Des nuits sans sommeil aux luttes incessantes pour qu'ils fassent leurs devoirs, nous prenons conscience, au fil du temps, que nous devons développer sans cesse de nouvelles qualités comme la tolérance, la persistance, et la capacité à relire indéfiniment le même livre. Ceux qui se considèrent comme portés vers la spiritualité reconnaissent parfois qu'ils se sentent mortifiés de se voir dépourvus de toute spiritualité au contact de leurs enfants. Des mots qu'ils n'auraient jamais cru pouvoir prononcer semblent s'échapper – crûment – de leurs lèvres, des mots n'ayant rien de très éclairé !

Pourtant, comme Angie et Éric, nous découvrons souvent que notre enfant est l'être qui peut nous en apprendre le plus sur nous-mêmes. Il s'agit là de la thématique essentielle de *L'art d'être un parent présent*.

Dans un chapitre ultérieur, nous reviendrons sur le cas d'Éric et Angie pour découvrir comment les défis posés par Charlie ont pavé la voie d'une expérience parentale bien plus saine et comment cette expérience leur a permis de guérir d'anciennes blessures issues de leur enfance. Maintenant, permettez-moi de vous en dire plus sur ma propre expérience.

> *Nous découvrons souvent que notre enfant est l'être qui peut nous en apprendre le plus sur nous-mêmes.*

Mon expérience de la maternité

Lorsque j'avais quinze ans, je vivais dans l'État du Kansas. Un jour, mon frère aîné quitta la maison pour poursuivre ses études universitaires de premier cycle. Quand il partit, il me laissa un mot dans lequel il me recommandait la lecture d'un livre qu'il avait déposé dans ma chambre : *L'autobiographie d'un yogi* par Paramahansa Yogananda. Cet ouvrage demeura sur une étagère de ma bibliothèque durant deux ans. Puis, un jour, je me mis à le feuilleter et je fus totalement envoûtée par le voyage initiatique de cet Indien qui aspirait à connaître la nature du divin.

Ce livre atypique éveilla en moi un sentiment si profond qu'après avoir dévoré la dernière page je pris mon vélo, je me rendis au centre commercial Prairie Village, j'introduisis quelques pièces de monnaie dans un téléphone public et je composai le numéro du siège social de la fondation californienne Yogananda. Lorsque la standardiste me répondit, je m'écriai : «Je veux connaître Dieu.»

Durant environ un an, j'ai médité selon la tradition Yogananda en me basant sur les instructions que l'Association de la réalisation du soi (Self-Realization Fellowship) m'envoyait chaque semaine par la poste. J'ai donc commencé à pratiquer le yoga et à explorer différents types de méditation, me fixant sur celle qui me correspondait le mieux tout en cultivant d'autres pratiques qui nourrissaient mon cœur et mon âme. J'étais devenue si dépendante de la paix que j'expérimentais lors de mes séances de méditation quotidiennes que je me sentais mal durant toute la journée si je ne pouvais méditer le matin, et cet état d'insatisfaction perdurait jusqu'à ce que je puisse trouver le temps d'entrer à l'intérieur de moi-même.

Dix-huit ans plus tard, je suis devenue mère. J'ai dû alors abandonner ma routine matinale, tout en m'efforçant de conjuguer mon expérience intérieure avec les exigences plus pragmatiques de la vie de famille. Lorsque j'étais trop obnubilée par l'abandon de ma quête d'«élévation spirituelle», j'éprouvais du ressentiment et une forme de crispation. Je devais donc m'efforcer de savourer, et non pas seulement de tolérer, les moments simples de la vie ordinaire – changer une couche, lire une histoire, ou nettoyer les dégâts causés par les jeux de mon fils.

Un jour, je me suis retrouvée dans la cuisine en train de préparer un sandwich au fromage fondu à mon fils. Alors que je me trouvais près de la cuisinière en attendant que le fromage fonde, j'ai ressenti pleinement, par une sorte d'extension de la conscience, ce qui se déroulait en cet instant précis. Là, à l'autre bout de la

> *Je devais donc m'efforcer de savourer, et non pas seulement de tolérer, les moments simples de la vie ordinaire – changer une couche, lire une histoire, ou nettoyer les dégâts causés par les jeux de mon fils.*

pièce, je contemplais un miracle qui se manifestait sous la forme d'une personne qui m'était plus précieuse que le battement de mon cœur, et à qui je pouvais exprimer mon amour par le truchement d'un sandwich. Je fus alors submergée de gratitude, me rendant compte soudain que ce que j'éprouvais ne devait en aucun cas constituer une expérience isolée. En effet, si je le choisissais vraiment, je pouvais vivre plus intimement avec cette sorte d'ouverture du cœur tandis que je vaquais à mes activités quotidiennes de mère de famille.

Pour moi, élever un enfant fut l'expérience transformationnelle la plus significative de ma vie. Je m'asseyais pour méditer aussi souvent que je le pouvais – rarement au début, mais de plus en plus souvent au fur et à mesure que mon fils grandissait. M'abreuver à mon puits intérieur de quiétude et de joie me procure un immense plaisir, et la méditation influence sans l'ombre d'un doute le «moi» qui se manifeste au monde. Mais j'ai aussi fini par comprendre que vivre spirituellement signifiait mener une vie aussi présente et ouverte à l'esprit que possible, et ce, indépendamment du rituel que j'aurais pu pratiquer ce matin-là.

Dans *L'art d'être un parent présent*, je vous invite à entreprendre un voyage initiatique qui apportera joie, paix et transformation personnelle dans votre éducation parentale quotidienne. Vous découvrirez des stratégies qui vous aideront à gérer avec plus de conscience les hauts et les bas des relations parents-enfants dans la vie de tous les jours tout en apprenant comment désamorcer les déclencheurs qui pourraient vous faire perdre (ou temporairement oublier) votre équanimité.

Je vous invite également à explorer les moyens d'introduire plus de spiritualité dans votre foyer – même si vous n'êtes pas particulièrement enclins à la religion ou si vous avez des enfants qui considèrent que tout ce qui est de nature vaguement spirituelle n'est pas très «chouette».

Tout au long de ce livre, je vous ferai part de certaines qualités que je considère comme essentielles pour transformer un enfant en un adulte conscient, confiant et attentionné. Finalement, je vous apprendrai à utiliser quelques outils pratiques qui vous aideront à être un parent présent, qui préfère répondre avec flexibilité et offrir des choix plutôt que de réagir sous l'emprise de la frustration, de la colère ou de la peur.

Quand la relation avec nos enfants est imprégnée d'une présence et d'un engagement résolus, ces derniers sont plus enclins à faire appel à nous, plutôt qu'à leurs amis, pour des conseils et du soutien. De plus, les enfants qui se sentent aimés, reconnus et chéris – tels qu'ils sont – sont naturellement plus motivés à accepter ce que leurs parents leur demandent car une des caractéristiques de la nature humaine est de coopérer avec ceux auxquels nous nous sentons étroitement reliés.

Que vous soyez un fervent praticien de spiritualité ou que vous cherchiez tout simplement à être un parent plus conscient, élever des enfants en étant totalement présent vous apportera l'amour, l'apprentissage et la joie véritable que peut conférer l'aventure de l'éducation parentale.

Bienvenue à l'aube de ce voyage ! Il peut maintenant commencer.

MAINTENANT, C'EST VOTRE TOUR

Pour cette section et d'autres sections similaires dans ce livre, veuillez visiter www.SusanStiffelman.com/PWPextras, et ce, afin que je puisse vous guider durant cet exercice.

Quand je procède à une séance de formation pratique avec des parents, je commence par leur demander de s'imaginer qu'ils raccrochent leur téléphone à la fin de la séance avec le sentiment que le temps que nous avons passé ensemble a été bien utilisé. Pour ce faire, je les invite à considérer ce qui pourrait rendre cette assertion véridique. « Vous sentez-vous mieux parce que vous disposez maintenant d'un plan qui vous permet de gérer un problème spécifique ou peut-être parce que vous comprenez mieux ce qui a pu créer un problème particulier avec votre enfant ? Ou croyez-vous que vous serez soulagé parce que vous serez alors plus désireux d'accomplir de petits changements dans votre vie de famille plutôt que de vous imaginer que vous devez tout changer du jour au lendemain ? Peut-être aussi serez-vous plus susceptible de vous pardonner ou plus apte à comprendre les raisons pour lesquelles vos enfants vous irritent et ce que vous pouvez faire pour garder votre calme, même lorsque la situation est difficile. »

Je me suis rendu compte que la pratique de cet exercice aide mes clients à distinguer clairement le type de changement qu'ils souhaiteraient apporter dans leur vie, et ce, en se basant sur notre travail commun.

Permettez-moi de vous demander d'agir de manière similaire. Marquez une pause durant quelques instants – peut-être en fermant les yeux ou en mettant la main sur votre cœur – et imaginez-vous en train de refermer ce livre en vous sentant heureux et excité parce que vous aurez fait une découverte ou eu une révélation. Après avoir lu *L'art d'être un parent présent*, peut-être aurez-vous réussi à améliorer un aspect de votre vie de famille où vous devez lutter le plus en tant que parent. Y a-t-il une dimension de votre vie familiale dont vous êtes satisfait et que vous souhaiteriez privilégier encore plus ? Que souhaiteriez-vous changer ?

Soyez conscient de ce à quoi vous souhaiteriez que ressemble idéalement votre vie familiale, en imaginant, pour ce faire, des rapports plus sains et plus aimants avec votre enfant, ainsi qu'avec vous-même. En vous fixant une intention claire ou un résultat escompté, vous pourriez vous rendre compte que vous obtiendrez plus en travaillant à partir de la documentation et des données contenues dans cet ouvrage, particulièrement si vous voulez prendre quelques notes auxquelles vous pourrez vous référer de temps à autre.

Je vous conseille d'utiliser ce journal personnel pour vous interroger sur ce qui fonctionne dans votre vie parentale et sur ce que vous souhaiteriez développer, modifier ou transformer dans les relations que vous entretenez avec votre enfant, votre partenaire de vie et ultimement avec vous-même.

CHAPITRE 1

Vous vivez avec votre meilleur professeur

L'éducation parentale est un miroir dans lequel nous découvrons le meilleur et le pire de nous-mêmes; les moments les plus précieux de la vie et les plus effrayants.

– MYLA ET JON KABAT-ZINN

En Inde, on les appelle les yogis maîtres de maison – des hommes et des femmes qui, en dépit de leur engagement indéfectible envers leur voie spirituelle, ont fait le choix d'avoir une famille plutôt que de vivre dans des grottes ou des ashrams. En effet, ils ont choisi de croître et d'évoluer à travers les expériences qu'ils vivent chez eux ou sur leurs lieux de travail, en utilisant les défis de leur existence quotidienne comme moyen privilégié de stimuler leur transformation.

La plupart d'entre nous croient que la croissance personelle résulte de la méditation quotidienne, de retraites spirituelles et de ce que nous inspirent des sommités sages et éclairées. Pourtant, un des meilleurs enseignants que vous pourriez espérer rencontrer vit sous votre toit,

> Un des meilleurs enseignants que vous pourriez espérer rencontrer vit sous votre toit, même si (spécialement si) il ou elle vous pousse à bout et remet en cause les limites que vous lui imposez.

et ce, même si (*spécialement* si) il ou elle vous pousse à bout et remet en cause les limites que vous lui imposez.

En termes d'éducation parentale, les situations peuvent évoluer très vite et de façon très concrète. Apprendre à faire face à une situation où votre enfant renverse du jus sur votre nouveau canapé ou gérer vos réactions lorsque vos enfants se taquinent durant des heures pendant le long trajet en auto pour aller rendre visite à leur grand-mère équivaut à un cours avancé en développement personnel. Dans un tel contexte, vous effondrez-vous ou êtes-vous capable de demeurer présent, amplifiant ainsi votre aptitude à accepter « ce qui est », et de répondre au lieu de réagir ?

> *Le bouddha pleure dans la pièce d'à côté. La façon dont vous gérerez cette situation constituera une expérience unique pour votre évolution spirituelle*

La véritable spiritualité ne se manifeste pas uniquement dans une grotte au sommet d'une montagne. Elle est présente tout autour de nous et peut se manifester dans le fait d'essuyer un nez qui coule, de rejouer pour la énième fois une partie de Candyland, ou de bercer un bébé souffrant de coliques à deux heures du matin. Le bouddha pleure dans la pièce d'à côté. La façon dont vous gérerez cette situation constituera une expérience unique pour votre évolution personnelle.

Qu'est-ce qu'un enseignant ?

Certains d'entre nous sont charmés par l'image de nos fils et de nos filles, qu'ils considèrent comme des enseignants divinement désignés qui peuvent les aider à transformer leur cœur et leur âme. Cependant, bien que l'idée de considérer notre enfant comme l'un de nos enseignants spirituels privilégiés ait une connotation lyrique et éclairée, il y a néanmoins une grande différence entre accepter une idée quelconque et embrasser sa réalité.

Certes, nos enfants peuvent catalyser un immense amour à l'intérieur de nous-mêmes, un amour que nous n'aurions jamais cru pouvoir éprouver. Mais ils peuvent aussi faire ressortir de puissants aspects de notre nature et de notre personnalité cachée, tels que l'impatience et l'intolérance, qui nous bouleversent et dont nous avons souvent honte.

Maintenir un équilibre sain est un élément essentiel pour vivre dans l'instant présent, mais rien n'est comparable aux relations parents-enfants pour mettre à l'épreuve notre capacité à rester centrés. Élever des enfants est tout, sauf paisible; en règle générale, la vie de famille est rythmée par des querelles entre frères et sœurs, des disputes pour qu'ils fassent leurs devoirs et des arguments sans fin sur le choix des jeux vidéo. En conséquence, il est évident que les principes les plus élevés et les plus généreux peuvent se heurter de front aux réalités quotidiennes de la vie de famille, particulièrement avec de jeunes enfants qu'il faut surveiller en permanence. Même la yogi ou la méditante la plus chevronnée peut facilement finir par hurler, menacer, pactiser ou punir, en dépit de ses intentions affirmées de rester calme et aimante quelle que soit la situation.

Selon un adage populaire, «lorsque l'élève est prêt, le professeur apparaît». J'ai longtemps cru en la véracité de ce dicton; en effet, lorsque je suis intellectuellement, psychologiquement et spirituellement prête à élargir mes horizons, une occasion en apparence divinement orchestrée se présente souvent à moi pour me permettre de croître, de grandir et d'apprendre. Ceci étant dit, je ne veux pas toujours croître, grandir et apprendre. En fait, j'éprouve parfois le sentiment d'avoir été inscrite contre mon gré dans un cours que je n'ai absolument pas envie de suivre!

Lorsqu'il est question d'éducation parentale, quoique nous n'ayons pas signé sciemment pour suivre le cours offert par nos enfants, nous nous sentons néanmoins forcés («invités ou incités à saisir l'occasion?») de croître et d'évoluer profondément. À cet égard, je crois que nos enfants peuvent devenir nos meilleurs professeurs. Bien que nous n'ayons pas délibérément choisi d'être parents pour guérir nos blessures d'enfance ou obtenir une version améliorée de nous-mêmes, force est de constater que de telles possibilités – ainsi que des milliers d'autres – sont intrinsèquement liées au fait d'avoir des enfants.

Quand notre bambin nous demande de nous arrêter pour respirer chaque fleur poussant le long du trottoir, nous devons maîtriser notre impatience et apprendre à ralentir. Nous pouvons aussi apprendre à faire preuve de force morale en survivant aux cauchemars de notre enfant et en découvrant que nous pouvons être raisonnablement gentils et aimants, même après une longue série de nuits sans sommeil.

La manière dont nos enfants nous aident à mener à terme les tâches inachevées est tout aussi importante. En effet, nous pouvons identifier des aspects moins désirables de notre propre personnalité dans la propension qu'a notre enfant à tergiverser ou à remettre à plus tard la corvée des devoirs, nous faisant ainsi prendre conscience – si nous le souhaitons – que nous sommes nous aussi coupables de reporter indéfiniment certaines des tâches que nous trouvons particulièrement ingrates. De même, nous pouvons avoir l'impression de nous contempler dans un miroir lorsque notre enfant facilement frustré se livre à des crises de larmes ou de colère quand les choses ne se déroulent pas comme il le souhaite. Nous revivons alors des moments de notre passé (peut-être aussi récent que ce qui s'est passé le matin même !) quand nous nous énervons inutilement parce que les événements de la vie quotidienne ne correspondent pas à nos attentes.

Parfois, les leçons que nos enfants nous enseignent sont douces et légères ; en effet, nos tout-petits nous apprennent à développer notre capacité à donner et recevoir plus de joie et d'amour que nous n'aurions jamais imaginé pouvoir le faire. Mais souvent, certains aspects du caractère de notre enfant nous poussent dans nos derniers retranchements. Nous pouvons alors projeter nos propres besoins sur nos enfants en ayant le sentiment d'évoluer du matin jusqu'au soir en mode combat lorsque nous ne pouvons les contraindre à se comporter d'une manière susceptible d'apaiser nos peurs et notre anxiété. Et à la fin de la journée, nous nous couchons épuisés en redoutant la perspective de nous réveiller le lendemain matin et de devoir tout recommencer.

Un des moyens que j'ai choisis pour considérer une personne complexe et exigeante comme essentielle à mon évolution est de nous imaginer ensemble dans un état préincarné – soit en tant qu'êtres désincarnés éprouvant l'un pour l'autre un amour pur et sans limites. (Ce n'est qu'une idée ; il n'est pas nécessaire de croire en la réincarnation pour en bénéficier. Suivez cette logique quelques instants et voyez si cette allégorie vous est utile.)

Je nous imagine engagés tous deux dans une conversation (et ce, quelle que soit la manière dont deux êtres désincarnés peuvent communiquer !) lors de laquelle nous partageons ce que nous voulons apprendre de notre vie future. Supposons que l'un de nous dise : «Je veux apprendre la patience.» Et que son âme sœur lui rétorque : «J'aimerais développer mon aptitude à recevoir de l'amour et de l'attention. Voici ce que je te propose. Je me réincarnerai en la personne de ton enfant handicapé. J'apprendrai ainsi à accepter l'amour plus pleinement, et tu auras par le fait même l'occasion d'apprendre la patience. Es-tu prêt à conclure un tel pacte ?» Ainsi seraient posés les fondements de ce que Caroline Myss, conférencière et spécialiste des médecines énergétique et intuitive, qualifie de *contrat sacré*, c'est-à-dire un accord que nous passerions avec les personnes les plus significatives de nos vies et qui aurait pour finalité d'orchestrer les circonstances précises nous permettant de devenir plus pleinement ce que nous sommes en réalité.

Chacun de nos enfants nous offre la possibilité de confronter les aspects les plus sombres et les plus arides de nos cœurs et de nos esprits, créant ainsi les conditions optimales pour susciter le type

> *Chacun de nos enfants nous offre la possibilité de confronter les aspects les plus sombres et les plus arides de nos cœurs et de nos esprits, créant ainsi les conditions optimales pour susciter le type d'apprentissage susceptible de nous libérer des anciens paradigmes, ce qui nous permettra ultimement de mener des vies plus ouvertes et plus épanouissantes.*

d'apprentissage susceptible de nous libérer des anciens paradigmes, ce qui nous permettra ultimement de mener des vies plus ouvertes et plus épanouissantes. L'histoire qui suit vous présentera une dynamique semblable à l'œuvre entre un parent et sa fille.

Il suffit de demander

Catherine a deux filles : Ella, âgée de quatorze ans, et Shay, âgée de seize ans. Voici ce qu'elle m'a dit : «Je m'entends bien avec mes deux filles – nous sommes très proches. Mais, à vrai dire, Shay est un peu souillon. Elle laisse traîner ses serviettes sur le sol de la salle de bains, ses vêtements sont éparpillés aux quatre coins de sa chambre, et je dois toujours lui rappeler de laver ses plats et sa vaisselle. Son comportement me pousse vraiment à bout. Nous en avons parlé, mais je dois sans cesse la harceler et menacer de la punir pour qu'elle range ses affaires.»

Catherine poursuit : «Hier, j'ai très gentiment demandé à Shay de ranger sa chambre avant que nos invités n'arrivent pour le dîner. Elle m'a à peine regardée lorsque je lui parlais, puis elle a levé les yeux au ciel et m'a dit : "Maman, ils ne viendront même pas dans ma chambre ! Ne sois pas aussi tendue ! Tu es toujours nerveuse lorsque des gens viennent dîner chez nous." J'ai piqué une crise ; je fais tant de choses pour elle ! Pourquoi ne peut-elle pas en faire autant pour moi ?»

J'ai écouté Catherine pendant un certain temps, puis je lui ai demandé : «Comment vos parents réagissaient-ils lorsque vous exprimiez un souhait ou un besoin ? Vous écoutaient-ils et validaient-ils vos demandes, ou les ignoraient-ils ?»

Immédiatement, sa réponse fusa. Avec une pointe de sarcasme, elle déclara : «Quand j'avais un besoin ? Mais je n'étais pas autorisée à avoir des besoins. Cela n'existait pas dans notre famille. Si j'avais osé dire à ma mère ou à mon père que je refusais de faire ce qu'ils me disaient, ils m'auraient contemplée comme si j'étais folle et m'auraient reproché d'agir de façon égoïste. Très tôt, j'ai appris à ne pas demander ce que je voulais et je suis restée assise sur le siège du passager dans toutes mes relations importantes, incluant dans mon mariage. »

J'ai répondu à Catherine en lui proposant une analogie : « Vous savez ce que sont les autos tamponneuses, n'est-ce pas, celles que l'on trouve dans les parcs d'attractions ? Eh bien, j'ai remarqué que certains enfants se trouvent totalement démunis dans ces petites voitures. Comme ils ne se sont jamais retrouvés derrière le volant d'une automobile, ils ne comprennent pas qu'il suffit d'appuyer sur la pédale d'accélérateur pour que leur voiture avance. En conséquence, ils se retrouvent bloqués au beau milieu de la piste et se font heurter de plein fouet par des conducteurs plus téméraires.

Il y a également les enfants qui se situent à l'autre extrémité du spectre. Ce sont ceux qui appuient à fond sur la pédale d'accélérateur sans jamais relâcher la pression. Quelle que soit la direction vers laquelle ils tournent leur volant, en quelques secondes ils entrent en collision avec d'autres autos tamponneuses. Dans ces deux cas, ces jeunes conducteurs ne savent pas comment appuyer de façon appropriée sur la pédale d'accélérateur. Soit ils restent bloqués au milieu de la piste, soit ils foncent avec insouciance à pleine vitesse. »

J'ai alors expliqué à Catherine que de nombreuses personnes ont du mal à exprimer ce qu'elles veulent ou ce dont elles ont besoin. « Certains d'entre nous demeurent passifs et silencieux ; ils ne demandent rien et ont le sentiment d'être invisibles et sans importance, ce qui les rend amers. »

« C'est exactement mon cas, me répondit-elle. En fait, c'est l'histoire de ma vie, de mon enfance jusqu'à mon mariage puis mon divorce. Très tôt, j'ai appris qu'exprimer ce que je voulais n'avait pour effet que d'agacer les gens de mon entourage. »

« D'autres personnes demandent ce qu'elles veulent en faisant feu à volonté, lui ai-je rétorqué. Elles imposent leur volonté à ceux qui les entourent, se montrent déterminées à obtenir ce qu'elles veulent et totalement indifférentes au fait d'aliéner autrui. Sachant cela, seriez-vous prête à considérer la situation que vous vivez avec votre fille en adoptant une perspective différente ? Pourriez-vous la considérer comme un professeur qui vous confierait une tâche formidable ? Seriez-vous prête à apprendre comment demander ce que vous voulez, et ce, d'une manière reflétant la compréhension que vos souhaits sont tout aussi valables que ceux exprimés par les gens qui vous entourent ? »

Catherine demeura un instant silencieuse. Toute trace de sarcasme avait disparu lorsqu'elle me répondit : « Oui. Il est temps pour moi d'apprendre à formuler ce dont j'ai besoin. »

Je lui ai répondu : « En comprenant pourquoi le comportement de votre enfant déclenche en vous des réactions si profondes, vous pourrez guérir des blessures qui remontent très loin dans le temps et donner vie à une version plus saine et plus entière de vous-même. »

Catherine avait compris mon message. Par la suite, notre travail commun ne se limita pas à « régler » le comportement désordonné de sa fille, mais plutôt à soigner la tristesse qu'elle avait ressentie dans son enfance lorsqu'elle avait conclu que ses désirs et ses besoins n'avaient aucune importance – des sentiments qui depuis longtemps sont chose du passé. Je l'ai aidée à comprendre que l'intensité qu'elle avait manifestée pour obliger Shay à coopérer résultait du fait qu'elle projetait sur sa fille son aspiration non résolue, à savoir que ses propres souhaits et désirs avaient de l'importance.

Je lui ai aussi expliqué que nos enfants n'avaient pas pour responsabilité de régler nos problèmes. En fait, ils savent très bien s'entêter et même se montrer bornés lorsque nous manifestons notre détresse ou notre désespoir. Intuitivement, ils comprennent qu'il n'est pas de leur responsabilité de se comporter d'une manière susceptible de guérir nos blessures, issues de relations antérieures. En conséquence, les écarts et la mauvaise conduite de nos enfants peuvent parfois représenter un véritable cadeau de la vie ; en effet, si nous sommes prêts à plonger à l'intérieur de nous-mêmes plutôt que de projeter nos souffrances sur eux, nous pourrons alors mener à terme un travail émotionnel inachevé.

J'ai encouragé Catherine à être simplement présente, quels que soient les
sentiments qu'elle éprouvait lorsqu'elle
était confrontée à la résistance de sa fille.

« Pratiquez la prise de conscience
sans porter de jugements et permettez-
vous d'accorder une place à toutes les
émotions qui vous habitent. Soyez triste
ou en colère. Soyez confuse ou inquiète.
Et puis, peut-être, soyez triste de nouveau. Laissez les sentiments se propager à
l'intérieur de vous sans essayer de les censurer ou de les contrôler.

Localisez la région de votre corps où
vous expérimentez ce que vous ressentez.
Cette sensation est-elle lourde, aiguë, fré-
missante ? Acceptez simplement la réalité
de ce que vous expérimentez, sans chercher à amoindrir ou à magnifier vos émo-

Intuitivement, nos enfants comprennent qu'il n'est pas de leur responsabilité de se comporter d'une manière susceptible de guérir nos blessures, issues de relations antérieures. En conséquence, les écarts et la mauvaise conduite de nos enfants peuvent parfois représenter un véritable cadeau de la vie ; en effet, si nous sommes prêts à plonger à l'intérieur de nous-mêmes plutôt que de projeter nos souffrances sur eux, nous pourrons alors mener à terme un travail émotionnel inachevé.

tions. Qualifiez vos sentiments avec amour et compassion. "Il y a de la
tristesse dans ma poitrine. C'est lourd, plat et sombre. Et maintenant,
il y a de la colère. Si dure et si aiguë. Dans tout mon corps !"

Opposez-vous aux tentatives de votre cerveau gauche et rationnel, qui cherchera à expliquer les raisons de votre inconfort. Résistez
à la tentation de porter toute votre attention sur votre fille ou sur une
situation spécifique. Contentez-vous de constater ce que vous expérimentez. Soyez patiente. Les émotions disparaîtront. Vous vous sentirez mieux. Pour vous en sortir, vous devez surmonter cette épreuve. Il
s'agit d'un processus de deuil, le deuil de la voix que vous n'avez pas
eue, de l'empathie que vous n'avez pas reçue et de la douleur de vous
être sentie invisible. »

C'était – et c'est encore – un processus très profond. Ce n'est ni
facile ni rapide. Les vieilles blessures prennent du temps à guérir.
Au fur et à mesure que vous progressez dans ce processus, je vous

encourage à être gentil et patient avec vous-mêmes, et ce, même si vous commencez à expérimenter de nouvelles façons d'interagir avec votre enfant lorsqu'il réactive une vieille blessure. Avec attention et compassion, vous pouvez entreprendre de vous libérer de telle ou telle dynamique et, ce faisant, de vous guérir.

Lorsque Catherine s'autorisa à porter le deuil des parties de sa personnalité qui avaient eu peur d'exprimer leurs désirs et leurs souhaits, elle se sentit prête à expérimenter de nouvelles approches pour exprimer des demandes à ses filles. Je lui ai fait part d'une phrase que Diane Sawyer avait prononcée quand on lui avait demandé quel était le secret du succès de son mariage de longue durée. Voici ce qu'elle a répondu : « Très tôt, j'ai appris qu'une critique est la pire manière de formuler une demande. En conséquence, contentez-vous de faire votre demande ! »

Les quatre modalités de l'interaction

Dans nos interactions avec autrui, nous tombons généralement dans l'une des quatre catégories suivantes : nous sommes soit passifs, soit agressifs, soit passifs-agressifs, soit affirmatifs.

Nous évoluons dans un *mode passif* quand nous étouffons ce que nous ressentons vraiment et prétendons que tout va parfaitement bien. Lorsque nous sommes passifs, nous disons oui alors qu'en fait nous voulons dire non, nous faisons passer les besoins des autres avant les nôtres, et nous sommes terrifiés à l'idée de froisser la susceptibilité d'autrui. Les parents passifs veulent désespérément être aimés par leurs enfants et ont peur de les contrarier ; en conséquence, ils accèdent à leurs demandes.

Quand nous sommes *agressifs*, nous interagissons avec nos enfants en recourant aux menaces et à l'intimidation pour qu'ils se plient à notre volonté. De l'extérieur, cela peut sembler efficace – les écarts et la mauvaise conduite cessent –, mais cette approche risque d'entraîner de lourdes conséquences. En effet, nos enfants ne peuvent pas se sentir proches de nous car nous ne sommes pas en sécurité sur le plan affectif.

Les parents *passifs-agressifs* contrôlent leurs enfants en recourant à la honte et à la culpabilité. Ils peuvent fort bien ne pas être ouvertement agressifs, mais la manipulation et la culpabilisation subtile qu'ils exercent sont extrêmement nocives pour leurs enfants, particulièrement dans le développement de leur identité distincte. Leurs enfants se sentent indûment responsables des besoins et du bonheur de leurs parents plutôt qu'en phase avec leurs propres aspirations. Si vous dites : « Tu es le seul enfant dans cette famille qui ne semble pas saisir comment mettre la table correctement », votre enfant ressentira de la honte. Si vous déclarez à votre fille : « Je n'ai pas pu fermer l'œil de la nuit ; je m'inquiète car je ne sais pas comment je vais pouvoir payer cette excursion scolaire à laquelle tu sembles tant tenir », elle ne pourra s'empêcher de se sentir coupable. Ce sont des manières très malsaines d'interagir avec des enfants.

Nous sommes *affirmatifs* lorsque nous agissons comme le capitaine du bateau en ce qui concerne la vie de nos enfants. (J'aborderai ce thème au chapitre 2.) Quand nous évoluons dans un mode affirmatif, nous établissons et maintenons des barrières saines avec nos enfants en leur permettant d'exprimer leurs besoins, leurs souhaits, leurs sentiments et leurs préférences sans pour autant les culpabiliser lorsque leurs désirs ne correspondent pas à nos attentes. Il n'est pas nécessaire de plaire à tout prix à nos enfants et nous ne redoutons pas leur tristesse ou leur insatisfaction car nous savons fort bien que si nous réglons tous leurs problèmes nous limiterons leur aptitude à développer une véritable résilience. Nos enfants savent qu'ils sont aimés pour ce qu'ils sont et non pas pour ce qu'ils peuvent faire pour nous ou pour le jugement que les autres porteront sur nous en fonction de leurs réalisations.

De plus, lorsque nous sommes affirmatifs, nous pouvons aisément accepter que nos enfants puissent ne pas vouloir faire ce que nous leur demandons, sans pour autant nous sentir personnellement visés par leurs plaintes ou leurs réclamations et sans que ce désaccord dégénère en une lutte de pouvoir. Nous comprenons leur position et nous leur permettons de ressentir ce qu'ils éprouvent, mais nous n'hésitons pas à fixer des limites qui peuvent les décevoir.

Mon intervention auprès de Catherine avait pour finalité de l'aider à faire le deuil de l'enfance douce et aimante qu'elle n'avait jamais eue. Certes, elle se sentait vulnérable, mais elle était déterminée et elle a pu ainsi confronter avec courage ses anciennes émotions.

Nous avons ensuite commencé à pratiquer l'affirmation de soi. Comme elle n'avait aucune expérience d'un comportement affirmatif dans son enfance ou dans son mariage, cela représentait pour elle un territoire inconnu. Pourtant, cet exercice nous procura beaucoup de plaisir ; nous pratiquâmes des jeux de rôles au cours desquels elle pouvait exprimer ses désirs d'une façon non agressive (appuyer à fond sur la pédale d'accélérateur), non passive (rester bloquée au milieu de la piste) et non agressive-passive (recourir aux critiques ou à la honte). Catherine aimait le sentiment qu'elle ressentait lorsqu'elle exprimait ses besoins avec force et assurance.

> *Lorsque nous sommes affirmatifs, nous pouvons aisément accepter que nos enfants puissent ne pas vouloir faire ce que nous leur demandons, sans pour autant nous sentir personnellement visés par leurs plaintes ou leurs réclamations et sans que ce désaccord dégénère en une lutte de pouvoir.*

À la suite d'un long travail sur son bagage émotionnel, Catherine put exprimer ses demandes avec moins de nervosité et de désespoir, ce qui incita Shay à accepter plus facilement ce que sa mère lui demandait. Catherine pratiqua aussi le rapprochement avec sa fille (ce que j'appelle *L'art d'être parent*, acte 1) en informant cette dernière qu'elle comprenait que le fait de laisser traîner ses vêtements dans sa chambre n'avait pas une grande importance à ses yeux. « Comme c'est ta chambre, tu peux légitimement penser que tu devrais avoir le droit d'arranger les choses comme tu le souhaites. » Se sachant comprise et validée par sa mère, Shay devint moins défensive et plus réceptive.

« Malheureusement, ma chérie, poursuivit sa mère avec assurance, comme ça m'ennuie de venir dans ta chambre et de voir tes vêtements éparpillés aux quatre coins de la pièce et comme c'est moi qui paye le loyer, j'aimerais que tu fasses un effort pour la garder propre. Chaque soir avant d'aller te coucher, j'aimerais que tu consacres cinq à dix minutes pour ranger tes affaires. Et ce serait génial si tu pouvais laisser la salle de bains dans l'état où tu l'as trouvée – ce qui signifie mettre tes serviettes dans le panier à linge ! »

Avant que Catherine ne découvre ce qui était enfoui sous sa sensibilité à fleur de peau, particulièrement dans ses relations avec sa fille, soit elle n'appuyait pas sur la pédale d'accélérateur (demeurant passive et silencieuse, mais bouillant de colère réprimée et de ressentiment), soit elle appuyait à fond sur la pédale d'accélérateur (en s'en prenant de façon agressive à sa fille et en s'exprimant par la colère et la critique).

En choisissant de considérer sa fille comme un merveilleux professeur qui lui offrait une tâche à accomplir, lui permettant de recouvrer son droit à la parole et de demander respectueusement ce dont elle avait besoin, Catherine commença à se sentir encore plus proche de Shay. Et la maison devint beaucoup plus propre et mieux rangée !

MAINTENANT, C'EST VOTRE TOUR

Dans votre journal, inscrivez le nom de votre enfant. En dessous, inscrivez un trait de caractère de votre enfant que vous avez beaucoup de mal à gérer – une caractéristique ou un comportement qui vous pousse à bout et vous incite à réagir vivement, ce qui signifie que vous êtes extrêmement contrarié là où d'autres parents se sentiraient seulement légèrement ennuyés. Évitez de vous censurer. Soyez vrai.

Voici quelques exemples : *impatient, désordonné, autoritaire, égocentrique, ultrasensible, inflexible, excessivement prudent, impoli, négatif, superficiel, agressif, timide, immature, sournois, pointilleux, provocateur, facilement frustré, insolent, distrait, susceptible de porter des jugements, avare d'affection, têtu, contrôlant, ingrat, excessivement rationnel, hypocondriaque, querelleur, peu motivé, faible, timide, persistant, plaintif, susceptible d'abandonner facilement, pleurnichard, hyperactif, agité, n'acceptant pas de réponse négative, procrastinateur, incapable de respecter ses engagements.*

Répondez maintenant à ces questions, en vous concentrant particulièrement sur celles qui s'appliquent à vous. Ne vous pressez pas ; il faut parfois du temps pour découvrir la vérité qui se cache sous notre interprétation impulsive de ce qui est à l'œuvre.

- À quelle personne de votre passé votre enfant vous fait-il penser lorsqu'il manifeste son comportement ? Un parent ou un professeur ? Son grand frère ou sa petite sœur ? Votre ancien conjoint ?
- Comment réagissiez-vous quand cette personne manifestait ce comportement ou ce trait de caractère ? Vous retiriez-vous ? Deveniez-vous agressif ? Argumentiez-vous ? Piquiez-vous une crise de colère ? Vous cachiez-vous ? Pleuriez-vous ? Étiez-vous passif ? Agressif ? Passif-agressif ?
- Comment cette personne réagissait-elle à vos plaintes ou à vos problèmes ? Vous blâmait-elle pour vos provocations ? Rejetait-elle ou banalisait-elle vos préoccupations ? Vous reprochait-elle de réagir de façon excessive ? Vous punissait-elle pour votre bavardage ou pour avoir colporté des ragots ? Vous conseillait-elle de résoudre vous-même vos problèmes ? Vous faisait-elle sen-

tir coupable de vous être exprimé ? Vous disait-elle que sa vie était bien plus difficile que la vôtre ? Vous ridiculisait-elle en prétendant que vous étiez trop sensible ?

- Votre enfant exprime-t-il un trait de caractère indésirable qui vous rappelle quelque chose de vous-même que vous avez du mal à accepter ? Faites-vous exactement la chose que vous jugez inacceptable chez votre enfant ? Quels sentiments ressentez-vous lorsque vous explorez la manière que vous et votre enfant partagez pour exprimer cette qualité ?

- Dans votre enfance, comment votre famille et vos proches réagissaient-ils lorsque vous manifestiez ce comportement ou ce trait de caractère déplaisant ? Étaient-ils critiques à votre égard et cherchaient-ils à vous faire honte ? Vous comparaient-ils à l'un de vos frères ou à l'une de vos sœurs, qui leur semblait plus agréable ? Étiez-vous isolé ou envoyé dans votre chambre pour «réfléchir à votre mauvais comportement» ? Un de vos parents vous refusait-il son amour ? Hurlait-il et vous menaçait-il ? Vous violentait-il physiquement ?

- Qu'est-ce qui vous afflige dans le fait que votre enfant présente ce trait de caractère particulier ? Quelle qualité devez-vous mettre de l'avant pour accepter votre enfant tel qu'il est ? Que vous invite-t-il à apprendre ? Votre enfant vous fait-il le don précieux d'apprendre à être plus patient ? À vous accepter tel que vous êtes ? À vous affirmer ? À faire preuve de flexibilité ?

Soulever le voile recouvrant les comportements de notre enfant peut déclencher des émotions non résolues dans nos esprits et dans nos cœurs, ce qui suppose un travail en profondeur qui ne doit pas être pris à la légère. Si vous éprouvez des difficultés à gérer par vous-même les émotions qui remontent à la surface, sollicitez le soutien d'un ami de confiance ou d'un thérapeute chevronné.

Si, comme Catherine, vous choisissez de considérer votre enfant comme votre professeur et d'embrasser par le fait même la guérison et la transformation qui vous seront offertes, les récompenses que vous recevrez seront illimitées.

SOYONS PRATIQUES
L'art d'être un parent présent dans la vie quotidienne

Comment faire pour ne pas être agacé par les gémissements de mon enfant ?

Question : Les pleurnichements de ma fille de quatre ans me rendent dingue. Je sais qu'elle est encore toute petite et qu'elle ne peut pas toujours exprimer ses souhaits par des mots, mais pour une raison ou une autre sa voix pleurnicharde me fait perdre la tête !

Suggestion : Vous n'êtes pas seul dans ce cas-là. Une sonorité particulière dans les gémissements aigus et stridents d'un enfant peut agacer les parents au plus haut point. Mais réagir de la sorte ne fait qu'empirer le problème.

Essayez de considérer ses pleurnichements comme un événement complètement neutre. Exactement comme dans le cas d'un enfant qui tape sur la table avec son crayon ou qui frappe le sol avec son pied, ces comportements ne sont pas intrinsèquement bons ou mauvais. Ils deviennent ennuyeux uniquement si nous décidons qu'ils le sont, ce qui laisse présager une lutte de pouvoir. Si vous voulez que votre enfant cesse de faire une chose que vous jugez irritante, vous ne ferez probablement que l'inciter à persister dans cette attitude, sauf si vous entretenez avec lui un lien très puissant.

Cela peut sembler très zen, mais si vous pouvez prendre un certain recul et remarquer sa voix pleurnicharde plutôt que de l'étiqueter ou de la juger, vous pourrez alors lui dire : « Chérie, je veux comprendre ce dont tu as besoin, et je serais heureux d'attendre jusqu'à ce que tu retrouves ta voix habituelle. » Lorsque vous agirez de manière moins réactive, votre fille saura comment vous demander ce qu'elle désire de façon appropriée.

Qu'est-ce que mon ado insolente peut bien m'enseigner ?

Question : Ma fille de onze ans lève les yeux au ciel et m'imite lorsque je lui demande de faire quelque chose. Je considère ce comportement comme totalement irrespectueux. Que pourrais-je apprendre en interagissant avec une adolescente insolente?

Suggestion : De combien de temps disposez-vous? Les enseignements que nous pouvons tirer de nos adolescents insolents pourraient remplir des volumes entiers! Peut-être pourriez-vous commencer par ne pas prendre les choses de manière trop personnelle.

Il y a un manque criant de modèles de référence positifs pour les jeunes qui ont l'âge de votre fille et qui essaient désespérément de comprendre comment basculer dans l'adolescence tout en commençant à se différencier de leurs parents. Malheureusement, nombreux sont ceux qui adoptent pour ce faire le comportement ricaneur des gamins que l'on voit dans les séries télévisées les plus populaires, où le roulement des yeux et les réparties cinglantes sont accueillis avec enthousiasme par des rires enregistrés.

Refusez d'accorder au roulement des yeux de votre fille plus d'importance qu'il n'en a en réalité – ce n'est qu'une manière maladroite et (heureusement) inefficace de tester vos limites ou de vous annoncer qu'elle n'a pas envie de faire ce que vous lui avez demandé. Si vous pouvez éviter de prendre sa réaction de façon trop personnelle, vous pouvez lui répondre simplement : «Chérie, pourquoi n'essaies-tu pas de tout reprendre à zéro?», et ce, avec le moins d'insolence possible dans votre voix!

Que puis-je apprendre en étant ignoré?

Question : J'ai un fils de quinze ans qui me traite comme si je n'existais pas. Il ouvre la porte d'entrée et va directement dans sa chambre sans même me saluer. Que peut-il bien m'enseigner?

Suggestion : Hélas, élever des enfants peut être une expérience brutale, particulièrement pour ceux qui ont encore des blessures à guérir et qui se sont sentis invisibles, impopulaires et sans importance. La bonne nouvelle est qu'en abordant consciemment ces expériences, nous pouvons non seulement devenir des parents plus efficaces, mais aussi guérir certaines des blessures issues de notre enfance.

Soyez présent dans tout ce que vous expérimentez au lieu de vous concentrer sur la meilleure façon de changer votre fils. Si vous éprouvez une réaction physique – une tension ou de la colère –, accueillez ces sensations sans les rendre plus petites ou plus grandes qu'elles ne sont en réalité. N'hésitez pas à les nommer – *je ressens… un serrement dans mon ventre… un nœud de plus en plus serré.*

Si votre réaction est de nature plus émotionnelle, soyez présent et attentif à ce que vos sentiments vous apportent. *Il y a de la tristesse… je me souviens à quel point je me sentais invisible à l'école secondaire… Je détestais la façon dont mes camarades m'ignoraient à l'heure du déjeuner…*

Bien que chacun de nous dispose d'un ensemble unique d'émotions et de sentiments qui ressurgissent quand il devient plus présent aux réactions déclenchées par ses enfants, ma recommandation est la même pour tous : réglez d'abord ce qui se passe à l'intérieur de vous avant d'essayer de résoudre un problème quelconque avec votre enfant. C'est seulement après avoir procédé ainsi que vous serez en mesure de régler le problème en tant que capitaine du bateau, et ce, sans y infuser vos propres manquements et insuffisances.

CHAPITRE 2

• ## Grandir
en élevant des enfants •

Il est plus facile de construire des enfants forts
que de réparer des hommes brisés.

– FREDERICK DOUGLASS

Il y a des années de cela, alors que je conduisais mon fils à l'école, un autre parent qui se dirigeait en voiture vers la même destination eut une crise d'hypoglycémie. Voyant que sa mère inconsciente ne pouvait plus contrôler le véhicule, son fils de onze ans détacha sa ceinture de sécurité, saisit le volant et tenta de maîtriser la situation. Lorsqu'il se rendit compte qu'il ne savait pas ce qu'il devait faire, il rattacha frénétiquement sa ceinture de sécurité, et ce, quelques secondes avant que leur Suburban ne heurte de plein fouet quatre autres véhicules – dont le nôtre. Sa mère reprit connaissance lorsque leur automobile s'encastra dans une barrière de sécurité. Heureusement, aucune des onze personnes impliquées dans cet accident ne fut sérieusement blessée.

Les enfants sont censés être des passagers. Ils ne sont pas en mesure de conduire une voiture ou de manœuvrer

> *Les enfants ne veulent pas être responsables, mais ils savent que quelqu'un doit assumer cette responsabilité car ils comprennent que leur vie est en danger s'il n'y a pas une personne compétente derrière le volant.*

un bateau dans une tempête – et ils le savent fort bien. Cependant, quand il n'y a personne dans le siège du conducteur, ils essaient d'instinct de prendre le contrôle. Ils ne veulent pas être responsables, mais ils savent que quelqu'un doit assumer cette responsabilité car ils comprennent que leur vie est en danger s'il n'y a pas une personne compétente derrière le volant.

Capitaine, avocat, dictateur

Dans mon livre *Parenting Without Power Struggles* (L'art d'être parent sans luttes de pouvoir), j'ai décrit les trois comportements que les parents adoptent pour interagir avec leurs enfants : assumer leurs responsabilités avec calme et confiance, négocier pour obtenir le pouvoir, ou lutter avec leurs enfants pour s'assurer le contrôle.

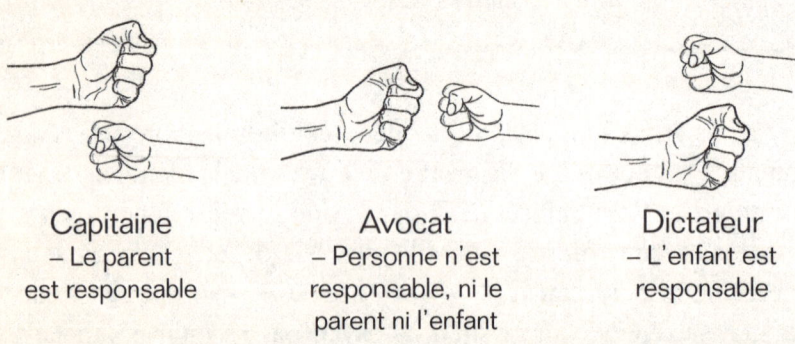

Capitaine	Avocat	Dictateur
– Le parent est responsable	– Personne n'est responsable, ni le parent ni l'enfant	– L'enfant est responsable

Les parents qui assument leurs responsabilités avec calme et confiance, en tant que capitaines du bateau, sont perçus comme des personnes aimantes, limpides et capables de prendre de bonnes décisions au nom de leurs enfants – même si ces décisions perturbent ces derniers, qui ne peuvent pas toujours obtenir ce qu'ils désirent. Lorsque nous assumons le rôle de capitaine du bateau, nous sommes à la fois flexibles et attentifs, et nous choisissons notre manière d'interagir avec notre enfant lorsqu'il traverse une crise, au lieu de réagir de façon impulsive en nous fondant sur des comportements conditionnés que nous avons hérités de notre propre éducation.

Voici un exemple révélateur. Votre fille de treize ans vous demande si elle peut participer à une fête où elle sera supervisée par la sœur aînée d'une de ses amies, qui n'est pas réputée pour son discernement.

Maman : «Chérie, je sais que tu veux y aller mais, malheureusement, je ne crois pas que ce soit une bonne idée.»

Fille : «S'il te plaît, maman. Je te promets que tout se passera bien.»

Maman : «Oh, ma puce, je sais que ce n'est pas très juste et je sais aussi que tu meurs d'envie d'y aller, mais je crains que ce ne soit pas possible.»

Tout en manifestant de la gentillesse et de l'empathie, la mère assume le rôle du capitaine en faisant preuve de clarté et d'esprit de décision. Selon que votre enfant est habitué ou pas à ce que vous tergiversiez ou changiez d'opinion, il pourra tenter de vous entraîner dans un autre mode d'interaction.

> *Quand les parents négocient, se querellent ou s'engagent dans des luttes de pouvoir avec leurs enfants, personne n'est responsable.*

Quand les parents négocient, se querellent ou s'engagent dans des luttes de pouvoir avec leurs enfants, personne n'est responsable. C'est ce que j'appelle le «mode Avocat». Les enfants exercent une pression sur leurs parents, les parents exercent une pression sur leurs enfants, et leur relation est empreinte de tension et de ressentiment. Voici un exemple :

Fille : «Maman, tu me traites comme si j'avais deux ans. Tu ne me fais jamais confiance!»

Mère : «Tu n'es jamais contente quand tu n'obtiens pas ce que tu veux! La sœur de Carey est immature et je sais très bien qu'elle ne vous surveillera pas. Elle ne pensera qu'à elle et s'amusera de son côté! En fait, l'année dernière, j'ai appris que…»

Dans un tel cas de figure, la mère défend sa position et sa fille fait de même, lui répondant du tac au tac.

Fille : «Ce n'est pas vrai! On l'a accusée d'avoir fumé du cannabis dans les toilettes, mais elle ne fumait pas! Elle se trouvait là par hasard, pendant que d'autres filles fumaient!»

Ce type d'interaction parent-enfant est caractérisé par l'affrontement, l'argumentation et la négociation.

Demeurer dans le mode Capitaine exige que nous n'ayons aucune difficulté à fixer des limites de façon à pouvoir exercer notre rôle de parent avec gentillesse, clarté et confiance.

Finalement, lorsque c'est l'enfant qui est aux commandes, les parents sentent qu'ils perdent le contrôle et ils éprouvent parfois une sorte de panique, particulièrement s'ils s'imaginent que d'autres parents les jugent et trouvent qu'ils élèvent mal leurs enfants. En conséquence, ils s'efforcent de restaurer un semblant d'ordre et de contrôle en accablant leurs enfants de menaces, de gratifications de toute nature ou d'ultimatums, semblables en cela aux tyrans et aux despotes – sans autorité authentique – qui imposent leur contrôle par la peur et l'intimidation. Nous avons là affaire au «mode Dictateur». Voici un exemple.

Fille : «Tu ne comprends pas que je ne suis plus ton petit bébé. Occupe-toi de ta vie et n'essaie pas de contrôler la mienne!»

Mère : «Ne le prends pas ainsi, petite dame. Tu n'apprécies pas à sa juste valeur tout ce que nous faisons pour toi. Je travaille dur pour mettre du pain sur la table, et tu ne sais même pas dire merci. Tu ne manques pas de culot!»

Comme vous le constatez, une telle confrontation peut rapidement dégénérer lorsque la mère perd pied et passe successivement du mode Capitaine, au mode Avocat, puis au mode Dictateur.

Demeurer dans le mode Capitaine exige que nous n'ayons aucune difficulté à fixer des limites de façon à pouvoir exercer notre rôle de parent avec gentillesse, clarté et confiance.

Fixer des limites

Dans ma pratique professionnelle, je rencontre souvent des parents bien intentionnés qui sont fermement résolus à éviter de reproduire les erreurs que leurs parents ont commises, mais qui reconnaissent cependant qu'ils éprouvent un incroyable manque de confiance lorsqu'ils doivent gérer des situations éprouvantes. « Dois-je laisser mon fils de quatorze ans fumer du cannabis ? Tous ses amis ont déjà essayé. » « Lorsque j'ai voulu annuler l'inscription de mon fils au jeu *World of Warcraft*, ça l'a rendu si furieux qu'il a donné un coup de poing dans le mur qui a laissé un trou ! » « Mes

> *Les enfants qui font des crises de colère lorsqu'ils n'obtiennent pas ce qu'ils veulent aspirent presque toujours à ce que leurs parents créent des liens réels et une véritable structure.*

enfants deviennent de véritables terreurs lorsque nous allons dîner au restaurant et ils exigent que je leur remette mon téléphone cellulaire. Dois-je accepter pour avoir la paix ? »

Manquant de confiance en eux-mêmes et craignant de fixer des limites, ils donnent l'impression à leurs enfants qu'ils ne savent pas où ils se situent, ou peut-être plus précisément qu'ils ont tout simplement peur de prendre position, par crainte de perturber leur progéniture.

L'aspect le plus intéressant de cette dynamique est que les enfants qui font des crises de colère lorsqu'ils n'obtiennent pas ce qu'ils veulent aspirent presque toujours à ce que leurs parents créent des liens réels et une véritable structure. Parfois, lorsque je rencontre des jeunes semblables à ceux que j'ai évoqués, ils m'avouent qu'ils souhaiteraient ardemment que leurs parents ne soient pas aussi mous et insipides. Et, dans d'autres circonstances, ils confirment ce fait en répondant positivement lorsqu'ils sont confrontés à des adultes qui savent fixer des limites tout en leur manifestant un attachement profond et sécurisant. Henry était un de ces enfants.

Forger une véritable relation

Henry était âgé de onze ans lorsque ses parents, Bradley et Melissa, me le présentèrent. Lors de cette première consultation, il se déplaçait dans mon bureau avec désinvolture en jouant avec sa console portable (c'était il y a quelques années de cela) et en manifestant une attitude altière. Quand ses parents lui suggérèrent gentiment de déposer sa console pour me saluer, il les contempla avec arrogance et continua à jouer. Lorsque je pus les rencontrer seuls, ses parents reconnurent qu'ils ne savaient absolument pas comment gérer les crises sévères de leur fils. Élevé par un père âgé, qui considérait que les garçons devaient être élevés à la dure, Henry avait appris très jeune à étouffer ses sentiments les plus tendres, perdant ainsi sa capacité à ressentir des émotions telles que la peur, la tristesse et la douleur. En conséquence, son répertoire émotionnel se limitait à la frustration et à la colère. Henry était un enfant grand et fort, qui pouvait devenir violent lorsqu'on le provoquait. Ses parents en avaient une peur bleue.

Cependant, quand j'ai rencontré Henry en tête à tête, j'ai vite compris qu'il était un enfant doux, mais sans aucune assise. Il semblait flotter au-dessus de lui-même et il n'était pas habitué à entretenir une relation pleine et entière avec un adulte attentionné qui n'exigeait rien de lui. En fait, la plupart des adultes avec lesquels il interagissait le forçaient à faire des choses qu'il ne voulait pas faire.

J'ai commencé par lui manifester mon intérêt à découvrir qui il était en réalité. Au fil de nos discussions, il a fini peu à peu par s'ouvrir et m'a avoué son amour pour le dessin et son rêve de concevoir des jeux vidéo. Lorsque je me suis rendu compte qu'il partageait en permanence son attention entre notre conversation et sa console portable, je lui ai demandé – de manière amicale – de me remettre son appareil tout en lui expliquant qu'il semblait exercer une forte emprise sur lui. Henry se contenta d'acquiescer en manifestant un étonnant degré d'acceptation tandis que je déposais la console sur une étagère de mon bureau, où elle resta durant des mois.

Par la suite, nous avons tous deux réussi à forger une véritable relation. Comme je lui manifestais constamment de la gentillesse et de l'intérêt, Henry commença peu à peu à me faire confiance et à me considérer comme son alliée. Par ailleurs, les séances de formation que j'offrais à ses parents devenaient chaque jour plus éprouvantes. Melissa et Bradley rechignaient à mettre en pratique ce que nous évoquions lors de nos rencontres – soit être à l'écoute d'Henry plutôt que de le confronter. Ils recouraient sans cesse à la logique, aux compromissions et aux menaces pour l'obliger à faire ce qu'ils voulaient. En fait, ils semblaient plus intéressés par ma capacité à changer leur fils, de façon qu'il fasse ce qu'ils lui demandaient, que par le fait d'améliorer la relation qu'ils entretenaient avec lui.

Un jour, en début de soirée, mon téléphone sonna. C'était Bradley qui m'appelait, affolé, de l'aire de stationnement d'un restaurant. Apparemment, Henry avait piqué une grosse colère dans cet établissement, puis il s'était réfugié dans l'aire de stationnement, où il évitait ses parents et refusait toute communication avec eux. Bradley et Melissa s'efforçaient désespérément de pousser leur fils à monter dans leur voiture, de façon à pouvoir rentrer chez eux. Bradley me supplia d'intervenir : « Pourriez-vous parler à Bradley ? Pourriez-vous le convaincre de monter dans la voiture ? »

Il s'agissait là d'une requête inhabituelle, mais je finis par accepter, sans trop savoir ce à quoi je m'exposais. Voici comment la suite des événements se déroula : Bradley se rapprocha de son fils pour l'informer que j'étais à l'autre bout de la ligne et que je voulais lui parler. Aussitôt Henry se saisit du téléphone. Je me contentai alors de lui dire : « Chéri, il est temps que tu remontes dans la voiture de tes parents. »

« Okay », me répondit-il simplement.

Ce fut la fin de l'histoire. Il tendit le téléphone à son père et monta dans l'automobile.

Qu'avais-je donc fait que ses parents n'avaient pu faire ? Quel pouvoir avais-je sur lui, qui l'avait convaincu d'accepter ? Aucun. Néanmoins, je disposais de deux atouts importants : j'avais noué une véritable relation avec lui – il savait que je l'appréciais et le respectais – et je disposais du statut légitime de capitaine du bateau dans notre relation. Je n'avais pas peur de lui, je n'avais pas besoin de lui pour renforcer mon estime personnelle, et je lui avais prouvé que je me souciais réellement de son sort. Bref, il savait que j'étais à ses côtés.

Comment étais-je parvenu à obtenir un tel résultat ? En l'écoutant, en étant totalement présente et en l'acceptant tel qu'il était. Il savait que je le trouvais amusant et intéressant. Il savait aussi que je n'étais animée par aucune motivation cachée ; je n'attendais absolument rien de lui. C'est en ayant conscience de cela qu'il répondit positivement à ma demande, car nous avons tous tendance à acquiescer aux demandes de ceux que nous apprécions.

Assez tristement, Henry recevait une totale attention de la part de ses parents lorsqu'ils essayaient de le convaincre de faire quelque chose qu'il ne voulait pas faire – terminer ses devoirs, prendre une douche, s'asseoir à table pour dîner – ou quand ils voulaient qu'il cesse de faire ce qu'il voulait – jouer à des jeux vidéo ou faire la grasse matinée. De plus, ils investissaient rarement leur temps à essayer de connaître leur fils en tant que personne – non pas par manque d'amour mais parce qu'ils étaient, comme de nombreux parents, distraits et soumis aux exigences et aux facteurs de stress de leurs vies trépidantes. En conséquence, Henry ne ressentait aucun sentiment d'allégeance à l'égard de ses parents, ce qui ne l'incitait pas à leur faire plaisir. Comme il ne manifestait aucune bienveillance ou bonne volonté envers eux, ses parents se sentaient forcés de recourir au chantage ou de le menacer pour le pousser à coopérer.

Guérir les blessures du passé

Vous souvenez-vous du cas d'Éric et Angie, que j'ai abordé dans l'introduction ? J'y décrivais comment la dure réalité de l'éducation d'un enfant difficile heurtait de plein fouet leur vision idyllique et béate de l'art d'être des parents conscients. J'ai commencé à intervenir auprès d'eux alors que Charlie était âgé de quatre ans et demi. Ils étaient venus me consulter parce que leur fils risquait d'être renvoyé de la maternelle à cause de son comportement agressif. Par ailleurs, ils avaient atteint leur limite dans la sphère privée, où les crises de colère de Charlie avaient fini par créer un climat permanent de tension et de chaos.

J'ai d'abord exploré les conflits internes auxquels Angie et Éric pouvaient être confrontés lorsqu'il s'agissait de fixer des limites. En fait, les parents du petit Charlie ne savaient pas où, quand et comment établir des limites. Dans le cas d'Éric, son manque de clarté résultait du fait qu'il avait été élevé par des parents excessivement restrictifs et sévères, qui avaient contrôlé chacun de ses gestes. Il était donc fermement déterminé à offrir à ses enfants la liberté d'opérer leurs propres choix. En conséquence, il reconnaissait qu'il avait beaucoup de mal à fixer des limites à son fils et à lui imposer des lignes directrices clairement définies.

Nous avons alors évoqué l'idée d'exercer un effet apaisant sur l'esprit de ses enfants. « Éric, il me semble que vous voulez sincèrement que vos enfants expriment leurs souhaits et fassent entendre leurs voix. » En guise de réponse, il hocha la tête en affirmant qu'il était très attaché à leur liberté d'expression. Lorsque je lui ai demandé de me parler de son enfance, il m'a avoué qu'il s'était toujours senti écrasé par ses parents, qui lui dictaient chacun de ses gestes. « S'ils voulaient que je prenne des leçons de piano, je devais m'incliner – et pratiquer jour après jour. Je détestais le piano, mais cela n'avait aucune importance. Ils m'imposaient toujours leur volonté. Il en allait de même avec les vêtements que je portais, les émissions télévisées que je regardais, les activités sportives que je pratiquais – dans cette famille, je n'avais pas le droit d'exprimer ma volonté. Je me sentais faible et dépossédé, et j'ai la ferme intention de ne pas élever mes enfants de cette manière. » Avec sagesse, Éric comprenait que ses enfants étaient des individus uniques ayant chacun leur propre personnalité et qu'ils n'étaient pas censés assouvir les rêves que lui n'avait jamais pu réaliser.

Cependant, le fait qu'Éric n'avait pas réussi à guérir totalement des blessures du passé exerçait un impact négatif sur sa manière d'éduquer son fils. « Malheureusement, comme vos blessures d'enfance sont encore présentes, vous courez le risque de surcompenser la rigidité de vos parents en étant excessivement permissif avec Charlie, ce qui lui est très néfaste.»

Je lui ai déclaré que des cas similaires au sien étaient très courants, particulièrement chez des parents qui accordent une grande importance aux pratiques spirituelles ou à leur développement personnel. J'éprouve une grande admiration pour ceux et celles qui s'engagent résolument dans une éducation parentale consciente, qui permettent à leurs enfants d'exprimer leurs pensées et leur cœur, et de faire confiance à leurs sentiments et à leurs intuitions. Mais nous devons aussi leur offrir une structure et ne pas avoir peur de fixer des limites. Étant donné la dégradation du comportement de Charlie, Éric était ouvert à l'idée d'être plus affirmatif envers son fils, sans pour autant annihiler son esprit.

> *J'éprouve une grande admiration pour ceux et celles qui s'engagent résolument dans une éducation parentale consciente, qui permettent à leurs enfants d'exprimer leurs pensées et leur cœur, et de faire confiance à leurs sentiments et à leurs intuitions. Mais nous devons aussi leur offrir une structure et ne pas avoir peur de fixer des limites.*

Excédée par les crises de son fils qui lui rappelaient les accès de rage imprévisibles de sa propre mère, Angie estimait qu'il lui était plus facile d'accéder aux demandes de Charlie que de fixer des limites clairement définies. De plus, la tension constante qu'il créait se traduisait par le fait qu'elle avait de moins en moins envie de passer du temps avec lui. En conséquence, pour avoir la paix, elle se contentait de l'installer devant un iPad ou un écran de télévision. Mais le petit Charlie recherchait sans cesse le contact avec sa mère, et ce, même si l'expression de ce besoin se manifestait par des écarts de conduite. Il s'était rendu compte qu'en agissant de la sorte il recevait toute l'attention de sa mère. Dans une certaine mesure, c'était un petit Henry en formation.

Pour l'essentiel, Charlie avait besoin de savoir si ses parents étaient capables de créer pour lui un cadre à l'intérieur duquel il pourrait en toute sécurité explorer le monde. En réalité, son comportement avait pour finalité de leur annoncer qu'il ne se sentait pas en sécurité et n'était pas prêt à affronter les aléas de sa vie en l'absence d'un capitaine compétent. En conséquence, quand Charlie éprouvait une frustration, il ressentait le besoin de se jeter sur le sol, de lancer des objets ou de donner des coups de pied à ses parents.

J'ai expliqué à Angie et Éric les trois modes de l'éducation parentale tout en soulignant l'importance d'assumer le rôle de capitaine du bateau. Ils ont tous deux reconnu qu'ils évoluaient principalement dans le mode Dictateur – en laissant Charlie aux commandes jusqu'à ce que les choses empirent et qu'ils soient contraints de recourir aux menaces et aux punitions sévères pour le ramener à la raison.

Pourtant, le recours à la colère ne correspondait en rien à leurs valeurs spirituelles les plus profondes, ce qui faisait en sorte qu'ils se sentaient honteux et coupables. Et ainsi, le cycle délétère se reproduisait sans fin – ils supportaient sans broncher les récriminations de leur fils jusqu'à ce qu'ils n'en puissent plus et ils explosaient alors puis se sentaient honteux de leur incapacité à rester calmes et centrés.

Pour les aider, je leur ai fait part d'un concept développé par Eckhart Tolle, celui du «corps de souffrance», soit une souffrance émotionnelle résiduelle qui nourrit la négativité. Voici ce qu'il a écrit : «Lorsque l'enfant subit une attaque de son corps de souffrance[1], il n'y a pas grand-chose que vous puissiez faire, excepté demeurer présent de façon à ne pas être attiré dans une réaction émotionnelle. Si tel était le cas, le corps de souffrance de l'enfant s'en nourrirait. Les manifestations des corps de souffrance peuvent être extrêmement spectaculaires. Ne vous laissez pas entraîner dans ce drame. Ne les prenez pas trop au sérieux. Si l'expression du corps de souffrance a été déclenchée par un désir contrecarré, n'accédez pas immédiatement à ses demandes. Si vous agissez autrement, l'enfant se dira : "Plus je suis malheureux, plus j'ai de chance d'obtenir ce que je veux."» Selon Tolle, lorsqu'un enfant pique une crise, cela correspond à une tentative inconsciente de la part de son corps de souffrance d'attirer ceux qui l'entourent dans ce drame et cette détresse.

« *Lorsque l'enfant subit une attaque de son corps de souffrance, il n'y a pas grand-chose que vous puissiez faire, excepté demeurer présent de façon à ne pas être attiré dans une réaction émotionnelle. Si tel était le cas, le corps de souffrance de l'enfant s'en nourrirait. Les manifestations des corps de souffrance peuvent être extrêmement spectaculaires. Ne vous laissez pas entraîner dans ce drame. Ne les prenez pas trop au sérieux. Si l'expression du corps de souffrance a été déclenchée par un désir contrecarré, n'accédez pas immédiatement à ses demandes. Si vous agissez autrement, l'enfant se dira : "Plus je suis malheureux, plus j'ai de chance d'obtenir ce que je veux." »*

Qu'un tel langage vous soit familier ou pas, l'idée sous-jacente ne vous est probablement pas étrangère. En effet, lorsque nous prenons de manière personnelle les écarts de conduite de notre enfant, notre ego est aussitôt impliqué, ce qui génère du désespoir ou le besoin de contrôler. Pour nous affirmer, nous utilisons alors tous les moyens et toutes les interdictions possibles. Dès que cette dynamique est en place, nous nous dirigeons inévitablement vers le mode Avocat ou Dictateur car, dans un certain sens, notre ego a commis une mutinerie, oblitérant pour ce faire le Capitaine et, par voie de conséquence, la direction calme et sereine nous permettant de surmonter les tempêtes que traversent nos enfants.

Demeurer clair, connecté et présent

Sa gardienne était la seule personne avec laquelle Charlie semblait bien se comporter. Cette jeune femme dans la mi-vingtaine n'avait pas d'enfant, mais elle avait été élevée au sein d'une grande famille très unie. Elle faisait preuve d'une attitude ferme et pragmatique qui manifestait clairement qu'elle n'éprouvait aucune difficulté à assumer ses responsabilités. Alison et Charlie entretenaient une relation très ludique et très aimante, et quand elle lui disait d'aller se brosser les dents ou de cesser de taquiner sa sœur, il coopérait presque toujours. Je me doutais bien que certaines raisons devaient pousser Charlie à gérer aussi bien son comportement avec Alison. Tout d'abord, elle ne prenait pas de manière personnelle ses écarts de conduite ; de plus, contrairement à Angie et Éric, elle ne lui demandait pas d'être un « bon garçon ». En interagissant avec lui de cette manière, elle ne se sentait ni désespérée ni démunie. En d'autres termes, elle n'instrumentalisait pas Charlie pour se prouver à elle-même qu'elle était une personne bonne ou compétente.

Mais il y avait bien plus que cela. Lorsqu'Angie évoquait la relation qu'Alison entretenait avec son fils, il ressortait clairement qu'Alison appréciait Charlie. Quand ils se retrouvaient ensemble, ils riaient beaucoup et Alison investissait le temps nécessaire pour le rejoindre exactement là où il se trouvait – qu'il s'agisse de jouer avec des robots, de construire des forts ou de courir l'un après l'autre dans la cour. Alors que la plupart des interactions entre Angie et son fils avaient pour finalité d'accomplir des tâches inscrites sur une liste de choses à faire – déjeuner, s'habiller pour aller à l'école, prendre un bain –, Alison savait ralentir le rythme tout en étant véritablement présente auprès de Charlie. Quand il lui racontait une histoire sur les dinosaures, elle l'écoutait attentivement, lui posait des questions et éprouvait un réel plaisir à découvrir les ressorts de son imagination. Lorsqu'ils jouaient ensemble, elle éteignait son téléphone cellulaire, de façon que Charlie n'ait pas le sentiment d'être constamment en concurrence avec des personnes extérieures qui empiétaient sur leur temps de jeu, contrairement à ce qu'il éprouvait lorsqu'il interagissait avec ses parents. Chaque jour, Alison s'amusait avec Charlie durant un certain laps de temps en lui démontrant clairement qu'elle l'appréciait, ce qui constitue un facteur essentiel pour inciter un enfant à coopérer.

Par ailleurs, Alison effectuait en permanence des dépôts sur le compte en banque émotionnel qu'elle possédait avec Charlie, lui manifestant du fond du cœur sa présence, sa vigilance et son attention indéfectibles. Chaque interaction amicale équivalait au dépôt d'une pièce dans le « compte en banque » de leur relation, ce qui facilitait grandement la tâche d'Alison, car Charlie redoutait les « retraits » qu'elle aurait pu effectuer s'il avait refusé d'accéder à ses demandes.

En conséquence, Charlie était plus enclin à coopérer avec elle non par peur qu'elle le punisse, mais parce qu'il voulait lui plaire, car il savait qu'elle se souciait réellement de lui.

> *Charlie était plus enclin à coopérer avec Alison non par peur qu'elle le punisse, mais parce qu'il voulait lui plaire.*

Au fur et à mesure qu'Angie et Éric me décrivaient le style de communication d'Alison, il devint évident que, lorsqu'elle formulait une requête, elle était sérieuse, ce dont Charlie était parfaitement conscient. Alors qu'il ressentait le manque d'esprit de décision de ses parents quand ces derniers lui demandaient de passer à table ou de mettre ses chaussures, la manière qu'utilisait Alison pour exprimer ses demandes lui apparaissait claire, aimante et ferme, ce qui l'incitait à consentir. De plus, elle ne concluait pas ses demandes par des formules lapidaires du genre « … OK ? » ou « … n'est-ce pas ? ». En tant que capitaine du bateau, elle lui annonçait plutôt ce qui devait être fait, sans cesser d'être bienveillante lorsqu'il exprimait des réticences mais inébranlable dans sa clarté.

Angie et Éric reconnurent qu'ils se sentaient un peu jaloux de la capacité d'Alison à s'attendre à un comportement coopératif de la part de Charlie et à l'obtenir. Ils essayèrent d'imiter les mots et les expressions qu'elle employait, mais Charlie continua à leur résister. Je leur ai expliqué alors que ce n'étaient pas les mots d'Alison qui incitaient Charlie à bien se comporter. Lorsque les enfants ressentent une connexion avec la personne qui formule une requête, leur instinct de coopération est éveillé, ce qui les pousse naturellement à se conformer. Charlie savait que sa gardienne l'appréciait, ce qui l'incitait à bien se comporter lorsqu'il était avec elle.

Laisser votre enfant éprouver de la tristesse

Un autre facteur existe que j'ai souhaité aborder lors de mes rencontres avec Éric et Angie : je voulais savoir comment ils se sentaient à l'idée de permettre à leur fils d'être triste ou déçu, un élément que j'étudie toujours lorsqu'un enfant est chroniquement agressif ou colérique. J'ai souvent constaté que les parents éprouvent de grandes difficultés à accepter que leur enfant puisse être malheureux. En fait, il y a un adage à ce sujet : « Un parent est seulement aussi heureux que son enfant le plus triste. » Bien qu'il s'agisse là d'un noble sentiment, il souligne un des plus grands défis auxquels nous pouvons être confrontés : reconnaître que nos enfants sont des personnes uniques et séparées de nous qui ont leur propre vie à vivre.

À cet égard, je me souviens encore d'une discussion que j'ai eue avec Sally, une de mes meilleures amies, quand je me suis rendu compte que mon mariage battait de l'aile. J'avais le cœur brisé car je ne savais pas comment protéger mon fils en lui épargnant l'épreuve de notre rupture. Comment était-il possible que je puisse, moi la thérapeute qui avait vu tant d'enfants souffrir lors du divorce de leurs parents, faire subir cela à mon fils ? J'ai déclaré à Sally : « Ari n'a pas à supporter cette épreuve – la déchirure brutale de sa famille. Il n'est pas censé avoir à gérer ce type de situation. » Je n'oublierai jamais sa réponse. Elle me regarda droit dans les yeux et déclara : « Comment peux-tu savoir ce qu'il est censé vivre ? »

J'ai saisi le message. Bien que rien ne puisse me retenir de faire tout ce qui est en mon pouvoir pour offrir la meilleure vie possible à mon fils, j'ai compris qu'il allait vivre des expériences – des expériences difficiles – que je ne pourrais jamais empêcher malgré tous mes efforts.

Lorsqu'il traverse des périodes de souffrance et de déception, la meilleure chose que je puisse faire, c'est de rester aimante et présente pour lui. Aujourd'hui, alors qu'il est âgé de vingt-quatre ans, je peux constater à quel point il s'est renforcé et il est devenu plus compatissant en surmontant les épreuves dont j'ai tant voulu le protéger.

Cela ne signifie pas que je suggère de faire traverser des épreuves aux enfants pour forger leur caractère ; rien n'est plus éloigné de la vérité. Mais quand nous ne pouvons pas protéger nos enfants des expériences pénibles de la vie, la meilleure attitude est d'être totalement présent pour eux et de les aider durant ce processus en les laissant ressentir pleinement leur déception et leur tristesse.

Dans la série télévisée *Parenthood*, une scène très poignante illustre parfaitement cette approche. Âgé de quinze ans, Max, le fils de Kristina et Adam, doit déployer des trésors d'ingéniosité pour se faire accepter dans son école secondaire. Atteint du syndrome d'Asperger, il est rejeté par ses camarades. Heureusement, il découvre qu'il a un grand talent pour la photographie, ce qui lui permet d'obtenir le travail de photographe pour l'album de fin d'année. Malheureusement, il se met à prendre des photos d'une fille qui sanglote, entourée de ses amies. Les filles demandent à Max de s'éloigner, mais il insiste et poursuit son travail sans manifester la moindre sensibilité et en leur disant qu'il a été chargé de prendre des clichés pour l'album. Les parents de Max sont ensuite convoqués à l'école pour participer à une réunion où on les informe que Max ne peut plus continuer à prendre de photos et que son professeur lui a confié une nouvelle tâche : la mise en pages de l'album. Ils supplient le professeur et le directeur de l'école de revenir sur leur décision, faisant tout ce qui est en leur pouvoir pour s'assurer que leur fils vive au moins une fois une expérience scolaire satisfaisante, mais la plainte de la jeune fille rend leur démarche impossible.

Kristina doit assumer la lourde tâche d'annoncer la mauvaise nouvelle à Max. Elle entre dans la chambre de son fils, s'assied et, saisie d'angoisse, lui annonce qu'il a perdu son travail de photographe et qu'il a été affecté à la mise en pages de l'album. «Quoi ? Je ne veux pas m'occuper de la mise en pages ! Je veux être photographe ! Je suis le meilleur pour ce travail !» rétorque-t-il. Kristina lui répond : «Je sais, Max, mais le professeur a pris sa décision et il ne changera pas d'idée.» Max est furieux. Tout cela n'a vraiment aucun sens ; selon lui, il n'a rien fait de mal et en toute logique il devrait pouvoir continuer à prendre des photographies pour l'album. «Que comptes-tu faire à sujet ?» demande-t-il à sa mère. Le cœur brisé, Kristina contemple son fils et lui répond simplement : «Je vais m'asseoir là, à tes côtés, et être triste.»

J'ai été énormément touchée par cette scène. Après avoir surmonté le chagrin de n'avoir pas pu empêcher son fils de perdre un travail qui était si important à ses yeux, Kristina fut néanmoins capable de se tenir à ses côtés pour l'aider à faire le deuil de quelque chose qu'il désirait si ardemment. Elle n'a pas essayé d'expliquer ou de justifier quoi que ce soit, ni même tenté de lui remonter le moral. À la place, elle s'est contentée d'être simplement présente à ses côtés, sachant que les vagues de la déception le submergeraient puis s'évanouiraient et qu'ultimement il parviendrait à accepter cette perte et à trouver sa voie.

Aider les enfants à évoluer par-delà les pertes

Sachant qu'Éric et Angie voulaient que Charlie soit heureux, j'étais consciente qu'ils avaient pris l'habitude d'accéder à ses demandes ou d'essayer de lui faire entendre raison pour apaiser ses tourments. Sans surprise, ils m'avouèrent que leur fils pleurait rarement. Leur petit garçon avait des accès de rage lorsqu'il n'obtenait pas ce qu'il voulait, mais sa colère se traduisait rarement par des larmes ou une réelle tristesse. J'ai demandé à Angie et Éric de réfléchir à ce à quoi ressemblerait la situation s'ils aidaient leur fils à ressentir son mal-être et sa tristesse plutôt que de s'efforcer en permanence de régler les problèmes de Charlie lorsque ce dernier était frustré. Ma suggestion les mit mal à l'aise. «Si j'aime mon fils, me répondit Éric, comment pourrais-je accepter qu'il ne soit pas heureux ?»

Je leur ai demandé alors ce qu'ils souhaitaient ultimement pour Charlie lorsque celui-ci aurait atteint l'âge adulte – quels talents et quelles ressources il aurait intégrés pour vivre une existence pleine et entière. «Nous voulons qu'il apprenne à interagir harmonieusement avec les gens et qu'il manifeste une attitude positive qui lui permettra d'obtenir de bons résultats. Nous voulons aussi qu'il apprenne à gérer les moments les plus difficiles.»

Je leur ai expliqué que pour que les enfants développent les ressources internes leur permettant d'accepter la vie telle qu'elle est ils devaient pouvoir traverser toutes les étapes du déni, de la colère et de la négociation lorsqu'ils ne pouvaient pas obtenir ce qu'ils désiraient, et ce, de façon à pouvoir évoluer et passer du stade de la déception à celui de l'acceptation – une idée que j'ai empruntée à Elisabeth Kübler-Ross, qui a longtemps œuvré auprès des mourants, et que je développe dans mon ouvrage intitulé *Parenting Without Power Struggles*. L'acronyme anglais DABDA désigne les différentes étapes de ce processus : le déni, la colère, la négociation, la déception, et l'acceptation.

Angie et Éric avaient la volonté farouche d'isoler leur fils du poids de ses déceptions, ce qui avait pour effet de maintenir ce dernier dans la phase DAB – soit les trois premiers stades du chagrin : le déni, la colère et la négociation. Comme ils avaient pris l'habitude d'accéder aux demandes de Charlie quand sa frustration augmentait, ce dernier se situait d'emblée dans un état de déni lorsqu'il avait une demande à formuler. Naturellement, en se fondant sur ses expériences passées, Charlie ne croyait pas qu'un « non » voulait dire « non »; en conséquence, il demeurait en permanence dans un état de déni, incapable d'accepter que ses parents puissent cette fois-là ne pas accéder à ses demandes.

Par ailleurs, quand ses parents rejetaient ses demandes avec une virulence comparable à la sienne, cela avait pour effet de le maintenir dans un état de colère. Les parents et leur enfant échangeaient sans cesse des remarques blessantes et impulsives, et ce, avec une rage croissante de la part des deux parties. Lorsque ses parents s'engageaient dans un débat houleux portant sur la raison pour laquelle Charlie ne pouvait pas obtenir ce qu'il voulait, ils alimentaient le stade de la négociation, encourageant par le fait même leur fils à argumenter pour obtenir ce qu'il demandait.

Assumer le rôle du capitaine auprès de Charlie supposait que ses parents soient suffisamment ancrés à l'intérieur d'eux-mêmes pour endurer sa peine ou sa déception. (Kübler-Ross qualifie ce stade de «dépression».) C'était une étape essentielle pour aider Charlie à réduire le réservoir de frustration qui explosait si facilement quand il était confronté à une situation qu'il ne pouvait ni changer ni contrôler. Si un enfant ne peut pas ressentir de tristesse lorsqu'il n'obtient pas ce qu'il désire, il ne parviendra jamais au stade d'acceptation.

«Quel message envoyez-vous à Charlie? Pensez-vous réellement l'aider à croire en sa capacité à gérer la déception alors que vous faites tout ce qui est en votre pouvoir pour l'empêcher de se sentir triste?» leur ai-je demandé. Voir la situation ainsi eut un impact sur eux. En effet, ils commencèrent à se rendre compte qu'en réglant continuellement les

> *Ils commencèrent à se rendre compte qu'en réglant continuellement les problèmes de Charlie ou en essayant de justifier ses accès de colère, ils lui disaient en fait qu'ils n'avaient pas foi en lui et qu'ils ne croyaient pas qu'il disposait de suffisamment de ressources intérieures pour faire face aux aléas de la vie lorsque celle-ci ne répondait pas à ses attentes – ce qui n'est pas un bon message à transmettre à un enfant si nous espérons qu'il devienne un jour un adulte résilient.*

problèmes de Charlie ou en essayant de justifier ses accès de colère, ils lui disaient en fait qu'ils n'avaient pas foi en lui et qu'ils ne croyaient pas qu'il disposait de suffisamment de ressources intérieures pour faire face aux aléas de la vie lorsque celle-ci ne répondait pas à ses attentes – ce qui n'est pas un bon message à transmettre à un enfant si nous espérons qu'il devienne un jour un adulte résilient.

Pourtant, Angie avait du mal à faire preuve de fermeté avec Charlie. Le seul fait de songer à cette éventualité la faisait trembler de l'intérieur. «Je répugne à l'admettre, mais j'ai tendance à laisser faire. Je ne peux pas m'imaginer me dressant contre Charlie lorsqu'il se lance dans une de ses tirades. Ce serait comme essayer de se tenir debout en plein ouragan!»

J'ai alors demandé à Angie de se lever, de se placer devant moi et de s'imaginer en compagnie de Charlie lorsque celui-ci est sur le point de succomber à une de ses crises. «Essayez de ressentir ce qui se passe en cet instant précis dans votre corps.» Elle ferma les yeux, s'apaisa, puis décrivit ce qu'elle éprouvait. Elle se sentait très jeune et très fragile. «J'ai l'impression d'être une petite fille – pas assez forte pour affronter la situation. Je voudrais me glisser sous une pierre pour me cacher.» Elle reconnut qu'il s'agissait là de sentiments familiers qui lui rappelaient tous les moments de sa vie où elle s'était sentie trop faible pour faire face à l'intensité et l'instabilité de sa mère. Alors qu'elle était encore dans cet état, je l'ai informée que j'allais la pousser gentiment. Lorsque je le fis, elle perdit aussitôt l'équilibre, mais elle put se rattraper juste avant de tomber.

«Maintenant, j'aimerais que vous imaginiez un câble d'acier qui irait du sommet de votre crâne jusqu'à la plante de vos pieds en passant par l'intérieur de votre corps et qui plongerait ensuite jusqu'au centre de la Terre. Imaginez que ce câble d'acier est rigide et inébranlable. Rien ne peut le faire bouger ou l'altérer. Sentez votre force; sentez-vous aussi solide qu'un vieux séquoia dont les racines s'enfoncent profondément dans le sol.» Alors qu'elle imaginait cela, je l'ai poussée exactement comme je l'avais fait auparavant. Mais cette fois-ci, au lieu de perdre facilement l'équilibre, elle demeura parfaitement inébranlable.

«Comment vous sentez-vous, Angie?»

«Je me suis sentie super bien! J'ai ressenti ma force, je me suis sentie stable et solide. Puissante aussi, sans avoir à me forcer à résister ou à être forte. J'ai eu l'impression d'être une adulte!»

J'ai invité Angie et Éric à pratiquer cet exercice à quelques reprises; pour ce faire, je leur ai demandé de se représenter en présence de Charlie, lorsqu'il s'apprêtait à basculer dans une de ses tempêtes, tout en imaginant qu'un câble d'acier les traversait, leur donnant ainsi une colonne vertébrale forte et puissante. «Souvenez-vous bien, vous ne lui rendez pas service lorsque vous modifiez les choses pour lui plaire. Si vous voulez que votre fils devienne un adulte capable de gérer des situations qui ne correspondent pas à ses attentes, vous devez l'aider à développer dès aujourd'hui sa résilience en demeurant présents à ses côtés alors qu'il expérimente la pleine pesanteur de ses déceptions. Allez de l'avant et acceptez d'avoir le cœur lourd, car vous ne pouvez pas protéger Charlie de toutes les pertes et toutes les frustrations, et imaginez-vous vous tenant bien droit, dans une position solide et stable, avec ce câble d'acier qui vous traverse et vous ancre à la terre. Appropriez-vous une force douce et indéfectible tout en reconnaissant avec amour les sentiments de votre fils, et permettez-lui de progresser dans le déni, la colère et la négociation, de façon qu'il puisse se sentir tout simplement triste.»

Durant trois mois, je suis intervenue auprès de cette famille. Nous nous sommes attachés à réduire le malaise résultant des frustrations de Charlie, sans pour autant ressentir en permanence le besoin de manipuler les choses afin qu'elles répondent à ses attentes. Nous avons évoqué leurs craintes d'entraver son esprit et nous avons étudié les meilleures manières de gérer avec plus de confiance son tempérament fougueux. Je les ai aidés à apprendre comment communiquer avec Charlie d'une manière lui permettant de se sentir compris, et ce, même s'il ne pouvait obtenir ce qu'il voulait. Plutôt que d'affirmer : «Non, tu n'auras pas de biscuits pour le dîner» (*non* étant un mot qui déclenche de nombreuses réactions chez les enfants), je leur ai montré comment répondre à leur enfant de façon non conflictuelle, du moins pour certaines de ses requêtes. «Des biscuits pour dîner! Ça pourrait être amusant! Pourquoi ne pas essayer à ton prochain anniversaire?» Par ailleurs, Angie et Éric se débrouillèrent pour passer plus de temps avec Charlie et être simplement présents à ses côtés, et ce, afin qu'il puisse expérimenter le type de connexion et de proximité dont il avait tant besoin, et qui ultimement l'inciterait à mieux se comporter et à faire plaisir à ses parents.

Les écueils de la culpabilité parentale

Finalement, la situation d'Angie et Éric s'améliora. Cependant, un problème de taille restait à régler : la culpabilité et la honte parentales. Quand je leur fis certaines suggestions sur la façon d'interagir avec Charlie, ils me répondirent en émettant des commentaires tels que «J'aurais dû le savoir» ou «Nous avons probablement gâché pour toujours la vie de notre fils». Leur réaction ne m'a pas surprise. J'interviens depuis des décennies auprès des parents et je suis parfaitement consciente de notre tendance à nous flageller lorsque nous ne réussissons pas à vivre en fonction des idéaux stéréotypés que nous nous sommes fixés. Mais je sais aussi qu'il est très dangereux d'autoriser cette voix intérieure critique à gouverner nos actions et nos sentiments. En agissant de la sorte, non seulement nous nous faisons du mal, mais de manière détournée nous mettons aussi de la pression sur nos enfants pour les pousser à bien se comporter afin de nous sentir en accord avec nous-mêmes et de garder à distance la culpabilité et la honte.

> *En autorisant cette voix intérieure critique à gouverner nos actions et nos sentiments, non seulement nous nous faisons du mal mais nous mettons aussi de la pression sur nos enfants pour les pousser à bien se comporter afin de nous sentir en accord avec nous-mêmes et de garder à distance la culpabilité et la honte.*

C'est une dimension sur laquelle nous devons tous travailler. J'ai fait part à Éric et Angie de la manière dont j'avais choisi de confronter cette voix intérieure critique – celle-là même qui tournait en boucle dans ma tête et me racontait constamment comment je me comportais à tout moment et dans tout type d'interaction. Une de mes réalisations les plus bénéfiques a été d'apprendre à résister à cette voix – en recourant à la thérapie, à l'intégration neuroémotionnelle par les mouvements oculaires (EMDR : *Eye Movement Desensitization and Reprocessing*), à la méditation et à la prière. Mais il s'agit là d'un long processus qui ne peut s'accomplir en une seule nuit ou en cherchant simplement à rendre une intention plus positive.

Un jour où j'étais dans ma penderie, un objet me glissa des mains. Aussitôt, dans ma tête, une voix ancienne s'exclama : «Bon sang! Tu es si maladroite!» Immédiatement après, une autre voix déclara : «Je t'interdis de parler à Susan de cette manière!» J'étais excitée de constater que j'avais tellement intériorisé le travail que j'avais mené pour me convaincre de ma propre valeur qu'il était désormais devenu une partie intégrante de moi-même. Bien qu'il y ait encore en moi de nombreux domaines susceptibles d'être améliorés, j'en suis venue à accepter le fait que je puisse commettre des erreurs, perdre mon sang-froid et manquer de patience. Aussi longtemps que je peux assumer ces moments sans laisser mon ego blâmer autrui ou chercher des justifications, je permets que ces imperfections deviennent une partie constitutive de ce qui fait de moi un être humain.

Certes, Éric et Angie avaient du pain sur la planche, mais ils étaient fermement résolus à apprendre comment empêcher leurs voix intérieures dures et critiques de saboter les approches plus saines qu'ils avaient adoptées avec leurs enfants tout en s'accordant la permission de connaître des revers et des faux pas. Cette partie du travail était réellement fascinante – je les voyais se détendre et faire la paix en se contentant de faire de leur mieux. Il était également très inspirant de les voir s'engager pleinement dans une voie plus sereine où ils cesseront de considérer chaque moment éprouvant de leur expérience parentale comme un test de leur véritable valeur spirituelle, et ce, en apprenant à reconnaître leurs défaillances envers Charlie, à accorder de la légitimité à ses sentiments et à s'excuser lorsqu'ils ont tort.

Comment gérer notre propre crise de croissance

Parfois, nous hésitons à fixer des limites à nos enfants, car nous redoutons leur réaction ; leurs crises peuvent être si effrayantes et si épuisantes que nous marchons sur la pointe des pieds pour éviter de déclencher leur fureur. En d'autres circonstances, nous craignons d'entraver leur esprit en les privant de ce qu'ils désirent, et peut-être aussi en nous souvenant avec acuité de la manière dont nos parents ont étouffé nos propres aspirations. Il y a également des moments où nous négligeons d'assumer pleinement le rôle de capitaine car nous sommes ambivalents quant à notre capacité à devenir des adultes à part entière.

En effet, élever des enfants nous propulse dans l'âge adulte – ou du moins nous offre la possibilité de grandir si nous le voulons et le souhaitons. Mais ce peut être un véritable choc de nous rendre compte à quel point nous devons être responsables lorsque nous devenons parents.

Un jour, alors que mon fils était encore un bambin et qu'il venait tout juste de commencer à manger des repas réguliers, je lui ai préparé son petit-déjeuner. Je me suis ensuite demandé ce qu'il mangerait à l'heure du midi. Ma première pensée fut de regarder autour de moi pour déterminer quel serait l'adulte qui aurait à assumer cette responsabilité – l'adulte légitime qui aurait pour mission de préparer les petits-déjeuners, les repas du midi et du soir. Avant d'être parents, mon mari et moi-même étions très informels en ce qui a trait à l'heure des repas. Souvent, nous préparions notre repas ensemble, à la bonne franquette et à la dernière minute, sans trop y penser et sans rien planifier. Lorsque je pris conscience que j'allais avoir la responsabilité de nourrir cet enfant trois fois par jour durant les dix-huit prochaines années, j'en eus le souffle coupé !

Franchement, je ne croyais pas avoir suffisamment de constance ou de maturité pour y arriver. Mais, en vérité, quand j'ai eu mon bébé, j'avais déjà plus ou moins anticipé la décision d'assumer sans réserve mon rôle d'adulte. De toute façon, je devais me plier à la réalité. Et comme j'étais la seule adulte dans la pièce, autant assumer pleinement ce rôle. Si nous sommes des acteurs sur la scène de la vie, nous avons tout intérêt à investir nos rôles ! En fait, la plus grande transformation de ma vie s'est produite lorsque je suis entrée totalement dans mon rôle de parent tout en découvrant qu'il était merveilleux de grandir. Et contrairement à ce que je croyais, je n'ai pas perdu mon côté ludique et spontané.

Établir des barrières nous aide à élever des enfants qui savent comment gérer les déceptions et les désillusions et qui sont par voie de conséquence forts, capables de s'adapter, et autonomes.

Les enfants naissent démunis et dépendants. Mère Nature a instillé chez les parents un désir féroce d'assurer la survie de leurs enfants, de façon qu'ils puissent éventuellement se débrouiller seuls dans la vie sans bénéficier de la protection de leurs parents.

Naturellement, les enfants mettent à l'épreuve les limites que nous fixons pour comprendre quelles sont les barrières à ne pas franchir ; autrement, ils risqueraient de s'aventurer en territoire inconnu. Établir des barrières nous aide à élever des enfants qui savent comment gérer les déceptions et les désillusions et qui sont par voie de conséquence forts, capables de s'adapter, et autonomes.

Une des grandes récompenses de l'éducation parentale est de voir nos enfants entrer dans l'âge adulte en étant capables de gérer avec confiance les hauts et les bas inévitables de la vie. Nous comprenons alors que l'effort que nous avons nous-mêmes consenti pour grandir, tout en étant les gardiens aimants de nos enfants, valait bien toutes les crises de croissance – celles de nos enfants et les nôtres.

MAINTENANT, C'EST VOTRE TOUR

Repensez à votre enfance et voyez en quoi la manière dont vous avez été élevé peut influencer votre aptitude à assumer le rôle d'un capitaine de bateau calme et confiant auprès de vos enfants.

1. Vos parents vous ont-ils donné une saine conscience de l'importance d'assumer ses responsabilités de façon claire et aimante ?
2. La manière dont vos parents vous ont élevé influence-t-elle la manière dont vous exercez délibérément votre rôle de parent ? En quoi agissez-vous différemment ?
3. Y a-t-il des moments où vous craignez de fixer des limites à vos enfants ? Quelle est la cause de votre malaise ?
4. Décrivez les idées ou les croyances liées à votre propre évolution qui pourraient affecter votre volonté d'assumer le rôle d'un adulte responsable auprès de vos enfants.
5. Si vous éprouvez souvent la honte ou la culpabilité parentale, quelle voix critique entendez-vous dans votre tête – celle d'un parent, d'un enseignant, d'un mentor ou de toute autre personne ayant eu de l'importance à vos yeux quand vous étiez enfant ?
6. Vous pourriez souhaiter faire le même exercice qu'Angie lorsque j'ai incité cette dernière à imaginer qu'un câble d'acier traversait son corps puis plongeait jusqu'au centre de la Terre. En gardant cette image clairement présente à l'esprit, voyez si vous pouvez vous connecter à une force plus profonde à l'intérieur de vous-même, une force sur laquelle vous pourriez vous appuyer pour favoriser de meilleures interactions avec vos enfants et vous permettre d'être aimant et gentil ainsi que ferme et stable.

SOYONS PRATIQUES
L'art d'être un parent présent dans la vie quotidienne

Les enfants sont-ils nos égaux ?

Question : En tant que personne portée sur les choses de l'esprit, je crois que mes enfants sont mes égaux. En conséquence, j'éprouve certaines réticences à leur dire quoi faire ou à entraver leur esprit en fixant des limites qui les empêchent de suivre la voie de leur cœur. Comment puis-je concilier cette conviction avec l'approche plus autoritaire que vous suggérez ?

Suggestion : L'année dernière, pour mon anniversaire, mon fils m'a offert une lettre qu'il avait écrite sur son enfance, en me remerciant de l'avoir aidé à devenir l'homme qu'il est et qu'il sera demain. En lisant cette lettre, je me suis souvenue des moments où il était perturbé parce que je lui avais refusé ce qu'il voulait faire ou avoir. En tant qu'adulte, il m'avouait qu'il avait apprécié ma fermeté car il comprenait aujourd'hui qu'il n'aurait pas été dans son intérêt que j'acquiesce à certains de ses souhaits.

Je ne peux pas exprimer à quel point j'ai été touchée par cette lettre. Je me souviens encore de ces moments où j'ai dû prendre des décisions difficiles en refusant de lui accorder ce qu'il désirait. Lorsque j'étais hésitante, je l'incitais à m'expliquer respectueusement pourquoi ma décision n'était pas la plus éclairée. Parfois, il réussissait à me faire changer d'idée.

Par contre, lorsque j'étais convaincue que ma décision était la bonne, malgré la déception ou la colère de mon fils, je faisais confiance à mes instincts et je me concentrais sur la vision d'ensemble, même si cela me privait des délicieux sourires qu'il m'aurait réservés si je m'étais contentée d'acquiescer à ses demandes.

J'étais aussi parfaitement consciente que mon fils – même lorsqu'il était tout petit – était en tous points mon égal sur le plan de l'âme. (En fait, j'ai souvent ressenti qu'il avait plus de sagesse que moi !) Mais j'ai également compris que les enfants ont besoin d'une présence stable dans leur vie et de quelqu'un pour les guider, même si cela signifie ne pas les laisser faire ce qu'ils désirent – comme regarder un film qui leur donnera des cauchemars ou les laisser aller à une fête sans aucune supervision parentale.

Il n'est pas facile d'établir des barrières ou d'aller jusqu'à décevoir nos enfants, mais nous avons le devoir et l'obligation de faire tout ce qui est en notre pouvoir pour assumer totalement notre rôle d'adulte, et cela n'a rien à voir avec le fait que nos enfants soient ou ne soient pas nos égaux spirituels, car cette égalité va de soi. Cela exige que nous soyons constamment présents, même si nous devons, pour ce faire, accepter le malaise et l'inquiétude que nous éprouvons lorsque nos enfants sont en colère contre nous. Cependant, sous le prétexte de nous dispenser de ces sentiments désagréables, nous ne devons pas perdre de vue le besoin primordial qu'ils ressentent – ils veulent que leurs parents assument avec amour leur rôle de capitaines du bateau en les guidant à la fois dans les tempêtes et dans les eaux calmes.

Comment ne pas prendre les choses de façon trop personnelle ?

Question : Je trouve extrêmement difficile de ne pas prendre les choses de façon personnelle lorsque mon fils se comporte mal. J'en perds mes repères et je finis par réagir comme si nous avions le même âge, comme deux gamins qui se chamaillent dans la cour de récréation après l'école. Comment puis-je rester adulte lorsqu'il me pousse à bout ?

Suggestion : Imaginez que vous êtes sur un bateau[2], en train de dériver lentement sur un petit lac, et que vous êtes si détendu que vous commencez à vous assoupir. Soudainement, un autre bateau percute le vôtre. Immédiatement, vous cherchez à savoir qui est à la barre : comment cet individu a-t-il pu oser percuter votre bateau si violemment ? À quoi pensait-il ? Votre tension artérielle se met alors à augmenter. Comment peut-il être aussi irresponsable ?

Lorsque vous vous levez et tendez le cou pour découvrir le skipper fautif, vous constatez… qu'il n'y a personne à la barre ! L'autre bateau s'était simplement décroché du quai où il était ancré, puis il avait heurté votre embarcation en raison des courants qui le faisaient dériver. Constatant qu'il n'y avait personne à blâmer, vous vous êtes immédiatement calmé et vous avez peut-être même tenté d'attacher ce bateau au vôtre afin de le ramener à bon port en toute sécurité.

Qu'est-ce qui a changé ? Rien, hormis votre perception de cet incident. Vous vous êtes rendu compte que le bateau qui a heurté le vôtre n'était pas piloté par un individu cherchant à vous blesser. Bref, cela n'avait rien de personnel.

Considérez les écarts de conduite de votre fils comme dénués de tout désir de vous offenser ou de vous contrarier. Il peut être fatigué, avoir faim ou sentir que vous ne lui portez pas suffisamment d'attention. Peut-être est-il aussi préoccupé par ce qu'il vit à l'école ou par toute autre raison. Même si votre fils vous pousse délibérément à bout, ne vous fiez pas aux apparences et considérez son comportement comme une façon maladroite de satisfaire un de ses besoins et non pas comme une attitude malveillante.

Une des plus grandes gratifications que vous puissiez vous offrir est de vous permettre d'évoluer dans la vie sans porter une attention démesurée au comportement d'autrui. Un ouragan ne cherche pas délibérément à détruire une maison ; cette maison est simplement sur son passage.

Allez de l'avant et assumez vos frustrations et vos désillusions, mais épargnez-vous la souffrance de croire que votre enfant vous veut du mal. Il n'est qu'un bateau à la dérive sur les courants de ses défis spécifiques. Interrogez-vous sur les raisons sous-jacentes qui motivent ses écarts de conduite et accordez-vous la liberté de ne pas juger son comportement de manière trop personnelle.

Puis-je être le capitaine tout en m'amusant ?

Question : Maintenant que j'essaie d'être le capitaine du bateau, j'ai peur de devenir trop stricte. Autrefois, j'avais l'habitude de laisser faire, mais aujourd'hui je me rends compte qu'il est préférable d'agir davantage comme un adulte dans l'intérêt de mes enfants, mais je ne veux pas ressembler à ma mère, qui était très sérieuse et très rigide.

Comment puis-je être le capitaine tout en restant une maman amusante?

Suggestion : Grâce à Dieu, les enfants sont programmés pour jouir pleinement de la vie! Si ce n'était pas le cas, le monde serait terne et ennuyeux, et les gens se contenteraient de gérer les tâches inscrites sur leur liste de choses à faire, les exécutant consciencieusement l'une après l'autre.

Souvenez-vous qu'un pendule va d'un extrême à l'autre avant de se stabiliser. Il est normal que vous ayez besoin d'un certain temps pour trouver un juste équilibre où vous pourrez assumer pleinement le rôle de capitaine du bateau sans pour autant sacrifier le plaisir de profiter de la vie avec vos enfants. Avec le temps, vous aurez de plus en plus de facilité à fixer des limites quand elles sont nécessaires et appropriées, par exemple lorsque vos enfants veulent jouer avec des allumettes ou sauter du haut du toit.

Eckhart Tolle m'a raconté une histoire amusante. Un jour, il était passé devant une école qui venait tout juste de fermer pour les vacances d'été et qui avait affiché le panneau suivant : « Soyez prudents! » Lorsqu'il pensa à ce conseil donné aux écoliers qui partaient en vacances, il ne put s'empêcher de rire en songeant à tous ces enfants qui reprendraient le chemin de l'école au début de la prochaine année scolaire. Eckhart déclara alors : « L'écolier le plus brillant dira sans doute : "J'ai été très, très prudent durant mes vacances!" » De toute évidence, nous voulons que nos enfants soient prudents, mais aussi qu'ils explorent le monde et jouissent de la vie.

Ma recommandation est la suivante : lorsque vous devez prendre la décision d'être ferme ou flexible avec vos enfants, prenez une pause et interrogez-vous. Écouter ce que votre instinct vous dicte est la meilleure façon de procéder. Ayez confiance en vous.

Assumez avec confiance votre rôle de capitaine. Pour cela, il n'est pas nécessaire de ressembler à votre mère ou d'adopter l'attitude d'un sergent recruteur. Si vous jugez que le jour est venu de manger de la crème glacée au petit-déjeuner ou de permettre à vos enfants de passer toute la journée en pyjama, ne vous privez pas de ce plaisir! Je ne voudrais surtout pas que les parents lisent mon livre en s'imaginant qu'ils doivent s'interdire de se comporter de manière joviale et farfelue avec leurs enfants. Bien que les capitaines de bateau inspirent confiance et sachent comment manœuvrer sur des mers agitées, n'oubliez pas qu'ils peuvent aussi inviter les passagers à tournoyer sur la piste de danse !

Les enfants nous rappellent sans cesse qu'il faut jouer, explorer et embrasser la vie avec passion. Bien que vous ayez à assumer le rôle de l'adulte auprès de vos enfants, n'oubliez jamais que vos journées doivent aussi être remplies de joie et de bonheur.

CHAPITRE 3

Débarrassez-vous
des clichés

La réalité est toujours plus douce que vous l'imaginez.
– Byron Katie

D ans un article du *New York Times*[1], Eli Finkel proposait des statistiques sur la qualité de vie des parents après la naissance de leurs enfants : «Dans une étude publiée par le magazine *Science*, les gens ont relaté leurs expériences émotionnelles durant chacune des seize activités auxquelles ils se sont livrés le jour précédent : travail, temps de transport pour se rendre au bureau, exercice physique, temps passé à regarder la télévision, repas, vie sociale, et ainsi de suite. En exerçant leur rôle de parents, les personnes interrogées ont expérimenté plus d'émotions négatives que pour toute autre activité, hormis le travail, et elles ont aussi éprouvé plus de fatigue que durant presque toutes les autres activités. »

Triste réalité, n'est-ce pas ? Qu'en est-il de la joie d'être parent – de ces bisous désordonnés et de ces dorlotements effrénés ? Quoique l'article de Finkel ait été difficile à lire (il faisait aussi état de statistiques prouvant l'augmentation des dépressions cliniques après l'accouchement), il a donné lieu à de nombreuses discussions sur ma page Facebook et vraisemblablement dans bien des foyers partout au pays.

C'est seulement lorsque nous reconnaissons notre ambivalence au sujet de la vie qui nous attend – dont l'éducation des enfants – que nous pouvons trouver les moyens de l'embrasser pleinement.

Cependant, bien que cet article soit fort intéressant, il fait peser sur les lecteurs le poids des demandes incessantes liées à la paternité et à la maternité, et ce, sans offrir la moindre lumière au bout du tunnel. La perspective de dix-huit ans de nuits sans sommeil, de pressions financières permanentes et d'opportunités sexuelles quasiment inexistantes n'est pas particulièrement excitante. Par ailleurs, je ne me hasarderai jamais à prétendre que la dépression peut être atténuée par un simple changement d'attitude, mais je crois que nous ne nous faisons pas du bien en nous confinant dans une vision négative d'une telle situation. En vérité, élever des enfants est une tâche extrêmement difficile. Et vouloir répondre à une norme comportementale mythique (être toujours patient, ne jamais s'énerver) se sert qu'à alimenter la dépression évoquée par Finkel.

Élever des enfants est une tâche ingrate. «Je veux du beurre dans mes pâtes!» réclame votre enfant après que vous lui avez servi avec amour le plat biologique sans OGM que vous avez concocté pour le dîner. *C'est sale et malpropre.* Si vous plongiez votre main sous les coussins du canapé, vous pourriez y trouver des aliments en état de décomposition. *Et c'est épuisant.* Une mère m'a avoué que son plus grand désir était de passer une seule nuit de sommeil ininterrompu.

Bien que nous aspirions à évoluer consciemment durant notre temps de parentage, la responsabilité de fournir des soins et de la nourriture à un enfant n'efface pas notre personnalité et ne supprime pas nos besoins, nos humeurs ou nos désirs. Nous souhaitons tous pouvoir lire durant des heures ou aller à la salle de bains sans être dérangés. Naturellement, nous éprouvons parfois du ressentiment. Il y a des moments où nous perdons notre sang-froid. Et en certaines circonstances, nous disons même des choses que nous souhaiterions n'avoir jamais dites. Mais la réalité est

L'astuce ne consiste pas à faire en sorte que ces expériences désagréables disparaissent, mais à faire la paix avec elles.

ainsi faite. L'astuce ne consiste pas à faire en sorte que ces expériences désagréables disparaissent, mais à faire la paix avec elles.

Le syndrome de l'enfant-cliché

Dans mon ouvrage précédent, *Parenting Without Power Struggles*, j'ai avancé l'idée que nous avons du mal à accepter notre enfant non pas en raison de ses comportements problématiques, mais parce que nous comparons notre enfant véritable et en trois dimensions à notre autre enfant idéalisé, que je qualifie d'enfant-cliché. L'enfant-cliché répond : « Bien sûr, maman ! » lorsque nous lui demandons de sortir la poubelle, alors que l'enfant véritable laisse échapper un grognement. Notre enfant-cliché déclare : « Merci de me le rappeler ! » lorsque nous lui demandons de faire ses devoirs, alors que l'enfant véritable est rivé à l'écran de télévision et se comporte comme si nous n'existions pas. Nos enfants-clichés s'entendent parfaitement bien les uns avec les autres, ils partagent leurs jouets, des câlins et des parts de gâteau, alors que les enfants véritables... enfin, vous avez saisi la situation.

Bien qu'il puisse être frustrant de constater que notre enfant ne correspond pas à nos attentes, nous ne perdons pas notre calme parce qu'il est ennuyeux ou non coopératif. *Nous perdons notre sang-froid parce que nous pensons qu'il ne devrait pas être ennuyeux ou non coopératif.* En d'autres termes, la difficulté que nous éprouvons à être totalement présents auprès de nos enfants est alimentée par le décalage que nous ressentons entre notre enfant-cliché idéalisé – qui existe seulement dans notre imagination – et l'enfant véritable, fait de chair et de sang, qui est assis en face de nous.

Nous adoptons le mode Avocat ou le mode Dictateur non pas parce que notre enfant nous pousse à le faire par son mauvais comportement, mais en raison d'une histoire ou d'un récit – une « pilule de la pensée » que nous avalons – qui nous influence négativement. Cette histoire troublante est ensuite magnifiée par une armée d'avocats

> *La difficulté que nous éprouvons à être totalement présents auprès de nos enfants est alimentée par le décalage que nous ressentons entre notre enfant-cliché idéalisé – qui existe seulement dans notre imagination – et l'enfant véritable, fait de chair et de sang, qui est assis en face de nous.*

« intérieurs » qui montent avec enthousiasme un dossier accablant pour justifier nos plaintes. Si vous avez déjà pensé : « Jeffrey devrait m'aider avec joie à maintenir cette maison propre », l'équipe d'avocats qui est à l'œuvre dans votre tête vous fournira avec passion des éléments de preuve pour appuyer cette croyance, en suscitant des pensées telles que : « Il ne pense qu'à lui ! Je dois même le houspiller pour qu'il ramasse sa serviette qu'il laisse traîner sur le sol de la salle de bains ! »

Ces histoires et ces croyances ne peuvent être neutralisées que lorsque nous cherchons à comprendre les raisons expliquant, dans une certaine mesure, le comportement troublant de notre enfant : Jeffrey ne peut pas m'aider avec joie à maintenir cette maison propre… *parce qu'il est un adolescent hargneux qui subit de plein fouet la pression exercée par ses camarades.* Ou encore, Jeffrey ne peut pas accéder à mes demandes… *parce que je suis irritée et sarcastique lorsque je m'adresse à lui.*

Quand nous considérons notre enfant – et notre vie – en nous fondant sur une perspective plus vaste, nous sommes plus susceptibles de nous adapter à la réalité plutôt que de la combattre. Et si nous devons opérer des changements, nous pouvons répondre à partir d'une position de force au lieu de réagir par désespoir. En nous libérant du syndrome de l'enfant-cliché, nous cesserons de repousser la réalité, nous reconnaîtrons notre résistance et nous nous permettrons d'aller de l'avant. La conférencière et auteure Byron Katie a déclaré, non sans humour : « Lorsque vous argumentez avec la réalité, vous perdez. Mais uniquement dans la totalité des cas. »

Certes, nous devons lutter pour accepter l'enfant que nous avons – en préférant l'enfant-cliché idéalisé à l'enfant véritable –, mais nous devons aussi lutter pour accepter les réalités de la vie quotidienne avec des enfants, ce qui peut avoir peu de ressemblance avec ce que nous avons imaginé. Toutefois, être parent représente une occasion unique de croître, de grandir et d'évoluer.

Pour certains, cela se résume à de petites choses : nous n'aurions jamais imaginé adhérer un jour à l'Association parents-maîtres, mais lorsque nous avons décidé de franchir le pas, nous avons découvert, lors d'une vente de plats maison, qu'il y régnait un incroyable sens de la camaraderie. D'autres parents pourraient être des pacifistes convaincus qui soudain se rendent compte que leur enfant est fasciné par les armes. Nous pourrions aussi nous retrouver un jour au beau milieu d'une partie de jeu laser avec notre fils et ses amis. Quand nous demeurons inflexibles au lieu d'embrasser la réalité, nous courons le risque de rater de merveilleuses expériences.

Il vaut mieux grandir que râler

La plupart d'entre nous sont confrontés à un décalage entre leur vision idéalisée d'une vie-cliché et leur réalité quotidienne. Pour certains, le cliché est celui d'une mère souriante et d'un père ravi entourés du chien de la famille et des enfants enjoués alors qu'ils vivent en réalité un divorce difficile et doivent amèrement lutter pour obtenir la garde partagée. Pour d'autres, le cliché est une ribambelle de gamins sains et bruyants qui s'amusent en courant dans la maison alors qu'en réalité ils doivent s'occuper d'un enfant handicapé, confiné dans un fauteuil roulant. D'autres encore peuvent s'imaginer vivre une existence facile en passant leurs vacances au bord d'un lac et en offrant les meilleures écoles privées à leurs enfants alors qu'en réalité ils subissent de plein fouet la crise économique, qui leur impose des conditions de vie catastrophiques et les oblige à vivre dans un minuscule appartement situé dans un quartier de la ville où, jusqu'alors, ils ne s'aventuraient pas.

Nous pouvons rarement contrôler nos vies de façon suffisamment efficace pour nous mettre à l'abri des retournements de situation inattendus. Pourtant, la vie humaine offre à chacun de nous d'innombrables occasions de résister ou de s'adapter. J'ai constaté à maintes reprises que des personnes vivant des situations rigoureusement identiques – maladies graves, dépendances, saisies et faillites – réagissaient de manière radicalement différente. Ceux qui résistaient pouvaient s'exposer au risque de souffrir durant des années, d'en vouloir à Dieu, à leur ancien conjoint, ou à leurs parents pour les avoir obligés à gérer des problèmes qui leur semblent étrangers. D'autres réussissent à faire la paix avec ce qui constitue le quotidien de leur vie, l'investissant avec humilité, l'acceptant tel qu'il est et appréciant les plus infimes moments de lumière.

> *Des centaines de fois par jour, nous avons l'occasion de nous accommoder d'un moment difficile plutôt que de serrer les dents et d'endurer.*

Il vaut mieux grandir que râler sans cesse sur le décalage entre nos clichés idéalisés et notre vie réelle. Cependant, cela exige beaucoup de lâcher-prise. Des centaines de fois par jour, nous avons l'occasion de nous accommoder d'un moment difficile plutôt que de serrer les dents et d'endurer. Tout cela se résume en fait à des microchoix – ces petites décisions instantanées que nous prenons constamment pour répondre aux situations auxquelles nous sommes confrontés.

Parfois, nous vivons des situations où le caca de notre nourrisson dégouline le long de notre jambe. Mon ami Elisha m'a raconté qu'il avait vécu un vol à l'étranger avec son bébé en devant gérer continuellement les problèmes gastriques de ce dernier – pour dire les choses délicatement. Ce vol aurait été beaucoup plus plaisant si sa femme et lui avaient eu la bonne idée d'apporter quelques paquets de lingettes pour bébé. «J'ai dû prendre la décision d'être tout simplement présent pour faire face à ce qui se produisait en cet instant précis, même lorsque le contenu malodorant de la couche de mon fils se déversait sur mon pantalon propre. Assez étrangement, en ne résistant pas à ce qui se passait et en conservant mon sens de l'humour, j'ai éprouvé une certaine joie au milieu de toute cette folie! Lorsque ma femme et moi avons repensé à cette histoire, nous nous sommes bien marrés.»

Il est facile d'imaginer qu'une autre version de cette histoire aurait pu être relatée en formulant des remarques telles que : « Tu n'as aucune idée de ce que j'ai dû endurer lors de ce vol ! » ou « Ce fut un véritable enfer – les pires heures de ma vie ! ».

À maintes reprises, j'ai été ébahie par la patience et la grâce que certains parents manifestaient en se défaisant de leur attachement à cette vision idéalisée d'une vie-cliché et en acceptant pleinement leur vie véritable, et ce, même lorsqu'ils étaient confrontés à une terrifiante épreuve, comme un enfant atteint d'une maladie grave. Vous pourriez rétorquer : « Ces parents n'ont pas le choix », mais en réalité ils l'ont ; nous avons tous la possibilité de choisir, et ce, à tout moment : vais-je résister à cette situation qui est la mienne et vivre dans l'amertume et la frustration ou vais-je adapter mon corps et mon esprit à cette situation, telle qu'elle se présente, et me permettre ainsi d'être en paix ?

Naturellement, cela ne signifie pas que nous devons éviter de faire tout ce qui est en notre pouvoir pour changer nos conditions de vie lorsque cela devient nécessaire ; je ne crois pas qu'il faille nous laisser submerger par la vie avec une totale passivité. Mais comme le dit si bien l'adage : « Ce à quoi on résiste persiste. » Bien que beaucoup ait été dit sur la nécessité d'avoir un tableau de visualisation ou une vision claire de la vie que nous voulons créer, nous devons nous débarrasser des clichés qui nous indiquent ce qui devrait se produire, de façon à pouvoir jouir pleinement de l'existence en acceptant notre situation et nos enfants tels qu'ils sont.

Faire le deuil de votre ancienne vie

Après avoir mené une vie de célibataire sereine qui incluait des cours de danse cinq jours par semaine et des ateliers de peinture, Sylvie se sentait à la dérive, condamnée à répondre sans cesse aux exigences de ses enfants. « Bien que j'aime mes enfants de tout mon cœur, je me suis sentie coupée de tout ce qui nourrissait mon âme », me confia-t-elle.

Comme Angie et Éric, elle était rongée par la culpabilité, redoutant de violer les devoirs de l'éducation parentale. «C'est bien plus dur que je ne l'avais imaginé. Je sais très bien ce que je devrais ressentir – de l'amour, de la gratitude, de l'enchantement – et je le ressens parfois, mais mon mari travaille toute la journée et je me retrouve seule à élever un bambin difficile et un enfant de quatre ans contrôlant. J'ai l'impression que certaines parties de ma personnalité sont en train de mourir. Je consulte en permanence ma page Facebook pour voir ce que mes amis deviennent et pour essayer de garder le contact avec un monde extérieur où il n'y aurait ni Barney ni entraînement à la propreté. En agissant ainsi, je me sens horriblement mal car je ne suis pas présente émotionnellement quand je suis avec mes enfants : je suis là tout en ne l'étant pas.»

Bien que j'aie évoqué avec Sylvie l'importance de réserver du temps pour faire ce qu'elle aimait, il était évident que suivre quelques cours de danse ne serait pas suffisant pour éliminer sa résistance aux exigences de sa vie quotidienne. J'ai compris qu'elle ne pourrait faire la paix avec sa vie actuelle qu'en faisant le deuil de celle qu'elle avait dû abandonner. Si elle ne procédait pas ainsi, elle se retrouverait emprisonnée dans un entre-deux délétère – ne vivant plus la vie qu'elle connaissait auparavant et n'étant pas totalement disponible pour la vie qu'elle vivait aujourd'hui.

Exercer l'art d'être parent dans un état partiellement présent est l'un des moyens les plus sûrs d'avoir à gérer des problèmes en élevant ses enfants ; en effet, lorsque ces derniers sentent que leurs parents ne sont pas totalement présents, ils font tout ce qui est en leur pouvoir pour attirer leur attention, même si cela se traduit par des crises de colère, des agressions ou de la méfiance.

Exercer l'art d'être parent dans un état partiellement présent est l'un des moyens les plus sûrs d'avoir à gérer des problèmes en élevant ses enfants ; en effet, lorsque ces derniers sentent que leurs parents ne sont pas totalement présents, ils font tout ce qui est en leur pouvoir pour attirer leur attention, même si cela se traduit par des crises de colère, des agressions ou de la méfiance.

Voici ce que j'ai déclaré à Sylvie : «La seule manière de neutraliser les griefs et l'amertume que vous éprouvez chaque jour en vivant auprès de vos enfants est de faire le deuil de votre vie passée. Cela exige que vous soyez à l'écoute de vos sentiments, même lorsque votre instinct vous pousse à vous en éloigner.» J'ai invité Sylvie à s'apaiser, à surmonter ses résistances et à être à l'écoute de ses sentiments.

Elle m'a répondu : «Je me sens amère et emprisonnée. C'est comme si je suffoquais ou j'étais enfermée – et j'ai vraiment honte d'éprouver ce sentiment. Après tout, j'ai voulu avoir des enfants; et ce n'est pas leur faute s'ils ont des besoins et s'ils ne peuvent pas me donner les stimulations que je recevais du monde extérieur.»

Je lui ai demandé de rester présente et de ressentir pleinement ce qu'elle éprouvait, sans glisser dans un dialogue intérieur ni bâtir de scénarios sur ce qui était à l'œuvre. «Sylvie, dites-moi, qu'est-ce que ce sentiment vous rappelle? En quoi ce sentiment d'être emprisonnée ou enfermée vous est-il familier?»

Elle demeura silencieuse quelques minutes, puis elle déclara : «Je connais bien ce sentiment. C'est comme être un enfant qui désire ardemment danser ou être imaginatif mais qui n'a pas le droit d'exprimer de telles choses. Dans ma famille, il n'était pas question de suivre de cours de danse, et j'avais beaucoup de difficulté avec le travail scolaire parce que j'avais un esprit imaginatif qui n'acceptait pas d'être ennuyé par des tâches fastidieuses. En fait, je me sentais… emprisonnée.»

En s'interrogeant sur cette affirmation, Sylvie reconnut qu'il y avait en elle une profonde tristesse due au fait qu'elle avait été élevée par des parents qui avaient utilisé tous les moyens possibles pour la transformer. Pourtant, ses parents étaient bien intentionnés; en tant qu'immigrants de première génération, ils avaient consenti à d'énormes sacrifices pour élever leurs enfants dans un pays qui leur offrait la possibilité de s'instruire et de s'enrichir, mais Sylvie était une enfant créative qui utilisait son «cerveau droit» et qui avait pour passion de s'exprimer par le mouvement et par l'art. Comme tous les enfants, un de ses plus grands désirs était de se sentir célébrée et chérie, telle qu'elle était, par ses parents. Elle avait besoin de savoir qu'elle était un enchantement à leurs yeux – et que ce qu'elle était leur suffisait. « Pour un jeune, il est profondément blessant de sentir qu'il déçoit ceux qu'il aime le plus. » Je lui ai répondu : « C'est comme lorsqu'on vous dit que quelque chose ne va pas avec vos pieds de pointure 38, parce qu'ils sont trop grands pour les chaussures de pointure 37 que l'on veut vous forcer à porter. »

Cette blessure – cette aspiration à être libre pour exprimer vos intérêts et vos qualités intrinsèques – est sans doute alimentée en partie par la frustration que vous ressentez auprès de vos enfants, car vous devez, là encore, faire taire vos propres intérêts pour prendre soin jour après jour de votre progéniture. Il me semble tout à fait normal que vous ressentiez de l'amertume ; à dire vrai, c'est une lourde perte de devoir abandonner tout ce qui vous apportait de la joie et vous donnait le sentiment d'être en vie pour assumer les tâches plus prosaïques de la maternité. »

Durant les semaines suivantes, lors de mes rencontres avec Sylvie, je me suis efforcée de l'aider à approfondir les sentiments non résolus qu'elle avait éprouvés pendant ses premières années, lorsqu'on l'avait forcée à être ce qu'elle n'était pas. Je l'ai encouragée à reconnaître ces sentiments et à leur donner l'espace nécessaire, en acceptant pleinement les sensations corporelles qui leur étaient associées – la lourdeur, la constriction, les tremblements –, et ce, sans sombrer automatiquement dans une narration mentale justifiant ou contrôlant ce qu'elle expérimentait.

Quand Sylvie put retrouver son calme et sa tranquillité, elle put assumer pleinement ce qu'elle ressentait lorsqu'elle explorait sa tristesse, et ses émotions douloureuses se firent moins intenses. En se permettant d'expérimenter les sentiments qu'elle avait enfouis sous sa résistance et son ressentiment, elle fut surprise de constater qu'elle pouvait atteindre un état très doux et très aimant envers elle-même et ses enfants. Lorsque cette transformation se produisit, Sylvie s'adoucit ; en fait, elle semblait plus détendue, et l'ensemble de son comportement se modifia.

Quelques semaines plus tard, Sylvie fit la déclaration suivante : « Je ne sais pas vraiment comment cela s'est produit, mais j'ai l'impression d'être beaucoup plus patiente avec mes enfants – et même de profiter des petits moments de la vie. Je n'éprouve plus le besoin de consulter en permanence mon téléphone pour garder le contact avec le "monde extérieur" et je me sens beaucoup plus concernée par ce que vivent mes enfants au quotidien. C'est vraiment étonnant, il a suffi que j'accepte de reconnaître mes résistances pour m'en libérer ! »

Quand la colère déclenche la colère

Parfois, je suis surprise par la rapidité avec laquelle les sentiments longtemps réprimés et en suspens de mes clientes peuvent remonter à la surface lorsqu'elles sont prêtes à les confronter. Cecilia était la mère d'une fillette de cinq ans et d'un bambin de dix-huit mois. Tout en se décrivant comme une personne douce et gentille par nature, elle me proposa de programmer une consultation téléphonique parce qu'elle devenait facilement irritable lorsque sa fille exprimait de la colère. « Enfant, je n'avais pas le droit d'être en colère. Je veux que ma fille sache qu'elle peut exprimer ses contrariétés, mais ça me rend furieuse lorsqu'elle le fait. »

Je lui ai alors demandé si une partie d'elle-même avait l'impression que sa fille transgressait une règle – les enfants n'ont pas le droit de manifester leur colère – lorsqu'elle faisait une crise. Elle reconnut que c'était exactement ce qu'elle ressentait. Quand je lui ai suggéré que cela pouvait aussi ramener à la surface le fait que sa fille avait le droit d'exprimer ses sentiments alors qu'elle-même avait dû les enfouir durant toute sa jeunesse, elle ne put qu'acquiescer. En fait, il ne lui était pas facile d'accepter le « deux poids, deux mesures » auquel elle était confrontée – soit accepter que sa fille puisse exprimer les émotions désagréables qu'elle éprouvait alors qu'on l'avait obligée, elle, à les réprimer.

Je l'ai invitée à accepter simplement sa colère et à reconnaître son existence sans pour autant la juger. «Où la ressentez-vous dans votre corps? Décrivez-moi les sensations que vous éprouvez.»

«C'est comme une panique. Je la ressens dans mon estomac et j'ai l'impression que mes pieds veulent bouger – comme si je voulais que les choses aillent plus vite. Comme si je voulais m'échapper.» Elle poursuivit en me déclarant qu'elle avait l'impression que son visage se resserrait comme si elle était plongée dans un état de concentration intense et qu'elle essayait de faire en sorte qu'un événement survienne.

«Ne cherchez pas à analyser ce sentiment. Restez à l'écoute de ce que vous vivez et voyez si vous ressentez d'autres sentiments tels que la tristesse, la peur ou le désir.» Dès que j'eus terminé ma phrase, elle me répondit : «Oui, de la tristesse. Et du désir…» Lorsqu'elle se mit à sangloter, je pus mesurer la profondeur de la tristesse que nous avions réveillée.

Je demeurai silencieuse en m'efforçant de ne pas m'ingérer dans son processus, mais en lui faisant savoir par quelques mots jetés ici et là que j'étais présente à ses côtés.

Elle décrivit son désir inassouvi comme un trou noir. «Je sens qu'il est là, mais il est si grand que je ne peux pas l'atteindre parce que je sais que je ne peux pas… obtenir ce qu'il veut.» Elle m'avoua qu'enfant elle n'avait pas le droit de pleurer ou d'exiger quoi que ce soit. Et bien que ses parents et ses frères aient couramment manifesté leur colère, elle n'avait pas le droit d'agir ainsi. «Je recevais une fessée et je n'avais pas le droit de sortir de ma chambre jusqu'à ce que je sois redevenue une "gentille petite fille". Je restais là aussi longtemps que je pouvais, bouillant d'une violente colère que j'essayais par tous les moyens d'étouffer. J'étais une fille, et les filles sont censées être sages, douces et tranquilles.»

«Cecilia, c'est si courageux de votre part d'assumer cette douleur et de la laisser librement s'exprimer. Merci pour votre vaillance.» En séchant ses larmes, elle m'avoua qu'elle ne pleurait presque jamais. Je crois qu'elle était vraiment surprise de la rapidité avec laquelle ces vieux sentiments étaient remontés à la surface lorsqu'elle leur avait donné suffisamment d'espace.

Lors d'une conversation ultérieure, je lui ai expliqué qu'elle ne serait pas la seule personne à bénéficier de l'expérimentation de ces émotions; sa fille en bénéficierait tout autant. «La colère est la manifestation extérieure de la souffrance. Plus vous exprimerez la tristesse que vous ressentez, moins vous serez en colère contre votre fille.»

Je l'ai informée qu'en agissant de la sorte elle serait aussi plus susceptible d'aider sa fille à accepter sa propre tristesse, ce qui dispenserait cette dernière de piquer des crises de rage lorsqu'elle serait frustrée.

Quand nous nous sommes revues, Cecilia reconnut qu'en raison de cette avancée significative, un monde nouveau s'était ouvert. Elle m'avoua qu'elle n'aurait jamais imaginé pouvoir être aussi peu réactive. «Même mon mari a remarqué une sérénité nouvelle dans ma voix.» Cependant, elle avait toujours autant de difficulté à dire non à sa fille et elle était encore contrariée lorsque celle-ci se comportait de manière provocante. Je lui ai demandé d'où venait sa peur panique de défendre fermement sa position. Puis je l'ai invitée à dire non à voix haute et à plusieurs reprises – non pas comme une requête mais comme une affirmation.

«Je ressens une forte pression ou une énergie dans mon ventre, mais je ne peux pas l'expulser. J'ai l'impression d'être étouffée par ce sentiment.» Je lui ai laissé le temps de se reprendre. Elle versa quelques larmes, puis je l'entendis dire «Non!». C'était timide, mais néanmoins puissant, et cette affirmation déclencha un torrent de larmes. Cecilia ne cessait de pleurer tandis que ses «Non!» devenaient de plus en plus forts.

À la fin de la séance, elle se sentait bien plus légère. Nous avons beaucoup ri en songeant à la chance qu'elle avait d'avoir une fille si fougueuse et déterminée. J'ai déclaré : «Cecilia, n'est-ce pas incroyable? Songez à la façon dont l'univers fonctionne. Il ne vous a pas envoyé un enfant doux et docile, mais un enfant fort et solide qui peut vous dire : "Maman, voilà à quoi ça ressemble de défendre ses positions !" afin que vous puissiez vous défaire de ces vieux sentiments reliés à la manifestation de vos besoins, en sachant qu'il est souhaitable de les exprimer. »

Comme nous en avons déjà discuté, nos enfants déclenchent souvent des mécanismes de guérison insoupçonnés à l'intérieur de nous, à condition que nous transformions les expériences difficiles que nous vivons avec notre progéniture en de formidables occasions à saisir, nous permettant ainsi de donner à nos vieux sentiments suffisamment d'espace pour respirer. Ce fut le cas avec Cecilia, qui m'a inspirée par son courage et sa volonté indéfectible de guérir les blessures douloureuses issues de son passé.

> *Nos enfants déclenchent souvent des mécanismes de guérison insoupçonnés à l'intérieur de nous, à condition que nous transformions les expériences difficiles que nous vivons avec notre progéniture en de formidables occasions à saisir, nous permettant ainsi de donner à nos vieux sentiments suffisamment d'espace pour respirer.*

Dans les deux exemples précédents, la résistance que les deux femmes étudiées opposaient aux réalités de leur vie parentale avait été fortement influencée par des blessures non résolues remontant à leur enfance. Bien qu'il soit toujours souhaitable de fouiller le passé et de rechercher des indices lorsque nous expérimentons des réactions émotionnelles significatives dans nos vies quotidiennes, loin de moi l'idée de blâmer notre père ou notre mère pour toutes nos infortunes ou de ne pas tenir compte de l'influence des facteurs de stress ordinaires. Les tensions présentes dans un mariage, les difficultés touchant le monde de l'entreprise, les problèmes économiques et même les déséquilibres hormonaux peuvent contribuer à accroître la résistance que nous éprouvons dans nos vies et à l'égard de nos enfants.

Se reposer sur nos enfants pour nous sentir bien

La résistance à la réalité quotidienne que nous vivons auprès de nos enfants se manifeste aussi quand nous considérons ces derniers comme des instruments de notre estime de soi ou comme un moyen privilégié pour nous aider à nous sentir mieux. Nous pouvons couvrir d'éloges notre fils lorsqu'il marque la touche décisive dans un match de rugby, car nous ressentons alors une immense fierté sous les regards admiratifs des autres parents assis dans les gradins. Ou nous pouvons prodiguer une attention particulière à notre fille quand elle est polie avec les invités lors d'une fête organisée à la maison et éprouver un gonflement de l'ego lorsque ceux-ci nous félicitent de l'avoir si bien élevée. Il est tout à fait naturel de ressentir du plaisir quand d'autres reconnaissent les talents et le caractère aimable de nos enfants. Mais n'oublions pas que ces derniers sont totalement à l'écoute de nos sentiments ; ils recherchent notre approbation et connaissent les règles du jeu pour l'obtenir. Quand nous voulons qu'ils se comportent d'une certaine manière, de façon à nous sentir bien, nous créons en eux une meurtrissure car nous fixons les conditions de notre amour et de notre acceptation.

Reconnaître la nature de nos enfants nous permet de les accepter comme des individus distincts ayant leurs propres forces et faiblesses. Cela ne signifie pas pour autant qu'ils doivent compenser notre insécurité ou se sentir responsables de nos sentiments. Cela suppose aussi que nous devons accepter leurs lacunes sans craindre d'être dénigrés par ceux qui nous jugent en fonction des accomplissements de nos enfants. Cette approche nous libère des injonctions de notre ego, ce qui nous permet d'élever nos enfants en étant totalement présents et en les acceptant tels qu'ils sont.

L'acceptation dysfonctionnelle considérée comme une forme de résistance

L'acceptation nous permet également de faire face aux problèmes auxquels nos enfants sont confrontés, plutôt que de les ignorer. Lisa était la mère de Luke, un garçon de quinze ans. Elle était parfaitement consciente que les résultats scolaires de son fils se détérioraient, mais elle attribuait cette mauvaise passe au fait que les exigences de la neuvième année d'études secondaires étaient plus élevées que celles du collège. Un soir, Luke rentra complètement ivre d'une fête à laquelle il avait participé. Elle le réprimanda, mais accepta de croire en sa promesse que ce serait la première et la dernière fois. «Je déteste l'alcool, maman.»

Lorsque ses amis vinrent lui rendre visite et montèrent furtivement dans sa chambre sans même jeter un regard à Lisa, celle-ci considéra qu'il s'agissait là d'un comportement typique d'adolescents maladroits. Quand elle confronta son fils et exigea des explications sur l'odeur de cannabis qui émanait de sa chambre, elle le crut une fois encore quand il affirma qu'il n'avait jamais fumé et que cette odeur était sans doute celle des bâtonnets d'encens qu'il brûlait. Ultérieurement, deux professeurs lui envoyèrent des courriels pour l'informer que Luke risquait d'échouer à ses examens du premier semestre. Lisa le sermonna et l'incita à travailler plus, mais rien ne changea. Et lorsque Luke prit l'habitude de dormir jusqu'à midi durant les fins de semaine, elle se convainquit que c'était normal à son âge. En d'autres termes, elle nia la réalité à laquelle son fils était confronté, refusant d'accepter le fait que celui-ci se dirigeait tout droit vers un problème de dépendance, de dépression ou d'échec scolaire qui réclamait toute son attention.

Lisa n'était pas une mauvaise mère ni une mère négligente; en fait, elle se souciait beaucoup de son fils et souhaitait ardemment qu'il réussisse sa vie. Mais elle refusait d'accepter la réalité et préférait continuer à le considérer comme le petit garçon innocent et insouciant qu'elle avait toujours connu. Sa résistance à cette nouvelle réalité se manifestait sous la forme d'une *acceptation dysfonctionnelle*, pour reprendre l'expression d'Eckhart Tolle. En ignorant le fait que le comportement de son fils mettait en exergue des problèmes qui devaient être traités d'urgence, elle acceptait sans sourciller les explications de Luke selon lesquelles il ne buvait pas d'alcool et ne fumait pas de cannabis, tout en considérant que ses mauvaises notes à l'école et ses grasses matinées étaient une chose normale pour un adolescent. Ce qui ressemblait à de l'acceptation était en réalité une forme passive de résistance ou une inclination à ignorer la réalité du comportement de son fils – une acceptation dysfonctionnelle de la réalité.

Lorsque Luke échoua à deux de ses examens, Lisa prit la décision de venir me consulter. Nous nous rendîmes vite compte que son fils souffrait d'une

> *Ce qui ressemblait à de l'acceptation était en réalité une forme passive de résistance ou une inclination à ignorer la réalité du comportement de son fils – une acceptation dysfonctionnelle de la réalité.*

dépression due à ses problèmes sociaux, au divorce de ses parents, à des sentiments depuis longtemps refoulés et à son manque de compétence en mathématiques qui le laissait complètement démuni et incapable de savoir comment procéder. Luke avait essayé d'atténuer la douleur qu'il ressentait en plongeant dans le cannabis, l'alcool et le sommeil. Lisa fut choquée de découvrir à quel point son fils était perturbé sur le plan émotionnel ; elle avait choisi de détourner le regard, craignant de devoir faire face à un terrible sentiment de culpabilité et d'accablement s'il était avéré que son garçon était réellement en difficulté.

Aller au-delà de soi-même

Apprendre à accepter la vie telle qu'elle est exige de progresser par-delà nos résistances, ce qui peut se révéler fort douloureux, voire impossible. Tous les parents reconnaîtront qu'ils ont dû apprendre à se dépasser, de toutes les manières possibles, pour accepter les réalités de la vie parentale. Dans mon cas, ce processus a débuté le jour où j'ai commencé à avoir des contractions.

Je suis une personne forte et débrouillarde, mais dans certains domaines je peux être assez timorée. Par exemple, je ne suis pas du genre à aller jusqu'au bout de mes limites personnelles pour ce qui est de l'exercice physique. Quand je parviens à dépasser mes atermoiements et ma tendance à la procrastination, il m'arrive de faire une balade tranquille en vélo ou de courir sur un tapis roulant durant quelques minutes. Mais, en vérité, je n'ai jamais été très performante lorsqu'il s'agit d'aller jusqu'au bout de mes limites physiques.

Cependant, peu de temps après avoir commencé le travail, peut-être après ma quatrième ou cinquième contraction, je me suis mise à avoir des doutes sur mon réel désir d'avoir un bébé. Certes, j'avais été excitée par cette perspective, mais maintenant que les choses devenaient vraiment sérieuses, j'étais convaincue que la maternité n'était pas faite pour moi !

Vingt-sept heures plus tard (avec en prime deux yeux au beurre noir pour avoir poussé trop vigoureusement lors de l'accouchement, au point de faire éclater les vaisseaux sanguins de mes yeux), je mis au monde un petit garçon de quatre kilos trois cents grammes. J'avais réussi un exploit dont je ne me serais jamais cru capable, et j'étais maintenant une maman fière et féroce qui était prête à tout pour protéger cet enfant qui avait pris totalement possession de son cœur.

Être parent vous incite à vous dépasser, à progresser par-delà les résistances et à puiser dans des ressources intérieures dont vous ignoriez l'existence.

C'est l'effet que produit la maternité ; elle vous incite à vous dépasser, à progresser par-delà les résistances et à puiser dans des ressources intérieures dont vous ignoriez l'existence. Bien que tous les parents aient dû affronter des problèmes qu'ils n'auraient jamais cru pouvoir régler, ils se disent souvent qu'ils ne peuvent pas être ce capitaine téméraire qui sait comment manœuvrer au milieu d'une véritable tempête. Quand la situation devient difficile, ils perdent foi en leur capacité à gérer la rage d'un enfant après un divorce ou à faire face aux innombrables problèmes qui surgissent lorsque leur adolescent développe une dépendance à l'alcool. En conséquence, leur réaction naturelle est de détourner leur regard.

Pourtant, c'est dans ces moments éprouvants que nous pouvons apprendre à nous dépasser, à surmonter nos résistances et à renforcer notre détermination à être des parents présents. N'oubliez pas que le développement musculaire ne peut survenir qu'en détruisant des fibres musculaires – un phénomène connu sous le nom d'hypertrophie. Ce processus est nécessaire pour augmenter la masse musculaire. Nous parvenons à nous dépasser chaque fois que nous écoutons sans réagir la chose dont notre enfant nous fait part, une chose qui nous effraie ou nous fait peur, lui apprenant ainsi qu'il ne doit pas nous dissimuler la vérité. Nous découvrons alors que nous pouvons réagir sainement lorsqu'il souffre, plutôt que de perdre pied en raison de notre propre détresse.

Ce sont ces moments qui nous façonnent, pas seulement en tant que parents mais en tant que personnes. En nous débarrassant des clichés, en affrontant avec courage la réalité, en éprouvant sans réserve ce que nous ressentons, et en balayant les suggestions que l'herbe est plus verte (ou les enfants plus faciles) dans un monde imaginaire, nous embrasserons pleinement la vie qui nous attend, avec les enfants qui nous ont été donnés.

MAINTENANT, C'EST VOTRE TOUR

Détendez-vous quelques instants et concentrez-vous sur les sentiments que vous éprouvez lorsque votre enfant se comporte d'une
manière désagréable. Votre fille est peut-être insolente, ou peut-être
votre fils manifeste-t-il une piètre appréciation de tout ce que vous
faites pour lui, ce qui a pour effet de vous inciter à réagir avec colère
plutôt que de répondre avec prévenance et attention.

Tout en respirant profondément et régulièrement, acceptez cette
colère. N'essayez pas de l'analyser, de vous convaincre de l'ignorer ou
de la rendre moins puissante que ce qu'elle est en réalité. Permettez
simplement à vos sentiments de s'exprimer, sans les juger bons ou
mauvais.

En acceptant paisiblement cette colère, vous découvrirez peut-
être que d'autres sentiments émergent, tels que la tristesse, la déception, la solitude, la souffrance, ou la sensation d'être invisible ou de
n'avoir aucune importance. Si vous remarquez d'autres émotions,
reconnaissez-les sereinement, comme une mère aimante réconforte
un enfant blessé. Prenez votre temps.

Soyez présent et acceptez tous les sentiments que vous éprouvez,
en leur donnant suffisamment d'espace. La fureur initialement associée à un comportement troublant de votre enfant pourrait se transformer en peine ou en chagrin. Vous pourriez aussi vous remémorer
certaines douleurs que vous avez éprouvées dans votre enfance,
constatant par le fait même que la colère que vous ressentez envers
votre enfant est alimentée par ces souffrances non résolues.
Autorisez-vous à ressentir pleinement ce qui se présente à vous et
traitez chaque émotion avec respect et tendresse.

Quand vous serez prêt, prenez quelques instants pour vous
réorienter dans la pièce et touchez votre cœur pour vous remercier de
vos efforts et du courage dont vous avez fait preuve en confrontant
ces sentiments difficiles. Si cet exercice suscite de l'angoisse ou de la
détresse, n'hésitez pas à consulter un professionnel, qui vous prêtera
assistance.

SOYONS PRATIQUES
L'art d'être un parent présent dans la vie quotidienne

Comment pourrais-je accepter ma vie telle qu'elle est ?

Question : Mon mariage tire à sa fin, et j'éprouve beaucoup de difficultés à gérer les problèmes quotidiens avec mes enfants, comme les pousser à faire leurs devoirs ou les obliger à se brosser les dents malgré leurs jérémiades incessantes. Il m'est presque impossible d'accepter ma vie telle qu'elle est aujourd'hui. J'essaie de faire abstraction de mes besoins pour être présente auprès de mes enfants (qui souffrent eux aussi), mais je me sens perdue car je ne peux plus me raccrocher au cadre de vie qui me sécurisait. Le soir, je ne peux pas m'empêcher de boire un verre de vin supplémentaire. J'en ai besoin pour endurer le quotidien sans me sentir trop déprimée.

Suggestion : Il est toujours très triste de dire adieu à une vie que vous auriez aimé garder telle quelle et de devoir faire face à l'incertitude qui se profile à l'horizon. Je vous recommande vivement de prendre le temps nécessaire pour vous livrer à des activités susceptibles de libérer votre esprit et de réconforter votre âme. Par ailleurs, lorsque vous conseillez à vos enfants de prendre soin d'eux-mêmes, enseignez-leur aussi l'importance de confronter les défis de la vie quotidienne plutôt que de baisser les bras.

Une bonne thérapie est d'une importance cruciale lorsque les choses vont mal. Il est aussi très important de rechercher le réconfort d'amis fidèles et aimants. Favoriser un sentiment de paix intérieure peut également vous être très utile ; le yoga, la méditation et les pratiques axées sur la pleine conscience pourraient vous inspirer. Naturellement, hormis le fait de prendre bien soin de vous, une bonne diète, du sommeil et de l'exercice physique sont essentiels pour vous aider à traverser ces moments difficiles.

Nous pouvons essayer par tous les moyens possibles d'empêcher les changements qui surviennent dans nos vies, mais nous sommes parfois contraints d'accepter une nouvelle réalité. Je crois fermement que nous disposons tous des ressources nécessaires pour faire face aux défis que la vie nous impose, mais nous devons les trouver et les utiliser. En acceptant pleinement la douleur que vous ressentez, vous pourrez la gérer de façon optimale ; par contre, si vous cherchez à nier ou à enfouir votre peine, elle se manifestera par des comportements malsains. Être un parent ne signifie pas être un martyr, nier ses propres besoins ou refouler ses émotions. N'hésitez pas à recourir à tout type d'assistance qui vous aidera à surmonter votre chagrin et, contrairement à ce que vous pensez aujourd'hui, vous et vos enfants ressortirez grandis et intacts sur l'autre versant de cette perte.

Il pourrait être aussi utile d'identifier les pensées qui vous incitent à considérer la situation que vous vivez comme sombre et macabre. La souffrance est souvent générée par nos croyances et par les idées que nous nous faisons de circonstances particulières plutôt que par la situation elle-même. Quand votre esprit vous projette dans l'avenir (avec à la clé une solitude et une peur imaginaires) ou dans le passé (où régnaient les désirs ou de la colère), vous devez vous attendre à souffrir. Mais si vous pouvez vous inscrire pleinement dans l'instant présent – en prêtant attention à votre respiration ou à la sensation de l'air sur votre peau –, vous pourrez prendre conscience qu'en cet instant présent vous vous sentez bien. Identifiez les pensées qui vous font souffrir et comprenez que vous n'êtes pas obligé d'y croire ou de les subir.

Si vous êtes confrontée aujourd'hui à un problème spécifique, traitez-le en demeurant concentrée et attentive. Soyez vigilante et évitez de sombrer dans une attitude où vous oublierez l'instant présent pour vous laisser entraîner dans le passé ou dans l'avenir par des pensées génératrices de stress. Cela ne diminuera en rien la perte à laquelle vous êtes confrontée, mais cela vous permettra de vous soulager d'un fardeau supplémentaire : le malheur que votre esprit peut générer.

*Comment puis-je mettre un terme aux négociations incessantes
avec mon petit-fils ?*

Question : Mon mari et moi élevons notre petit-fils depuis un an et demi. J'ai essayé de composer avec son comportement provocateur, mais je suis épuisée. Je dois sans cesse marchander avec lui – il veut passer le plus de temps possible à jouer à ses jeux vidéo, il remet toujours au lendemain ses tâches quotidiennes et il refuse de se doucher lorsqu'il est trop fatigué. Je sais qu'il ne sert à rien d'espérer qu'il soit un jour un enfant plus facile à vivre, mais je veux que les disputes et les affrontements cessent !

Suggestion : Comme mon livre précédent portait sur la gestion des luttes de pouvoir, j'aimerais aborder certains aspects de cette problématique. Quand nous attendons quelque chose de nos enfants, nous sommes tentés d'exercer une pression sur eux au lieu d'être à leurs côtés et à leur écoute, ce qui suscite leur méfiance. Les enfants ressentent notre désespoir et comprennent avec une certaine sagesse qu'ils ne sont pas censés être responsables de notre bonheur. De plus, quand ils ne se sentent pas entourés d'une affection profonde et sincère – le fondement d'une véritable autorité à leurs yeux –, ils ont tendance à prendre de la distance, surtout lorsque les interactions que nous entretenons avec eux sont porteuses de détresse ou d'attentes excessives. C'est dans la nature humaine. Un jour, quelqu'un a prononcé devant moi une phrase très pertinente : *C'est celui qui est le plus attaché à un résultat particulier qui a le moins de pouvoir.*

Acceptez avec compassion le désir de votre petit-fils de ne pas s'acquitter immédiatement de ses tâches ou de ne pas aller se doucher, et ne soyez pas aussi désireuse d'imposer votre volonté : «Je sais qu'il est mille fois plus amusant de jouer à des jeux vidéo que de prendre une douche. Je sais aussi que tu dois te sentir frustré lorsque je te demande d'arrêter de faire ce que tu fais alors que tu es presque prêt à passer à l'étape suivante.» Cette approche peut sembler un peu simpliste, mais en validant ses sentiments la situation s'améliorera.

Parfois, j'avance l'hypothèse que les relations humaines ont une valeur pH. Dans le domaine scientifique, si une solution est trop acide, nous ne pourrons pas la ramener à un état neutre en enlevant cette acidité ; pour restaurer l'équilibre du pH, nous devons soit ajouter une base, soit ajouter une solution alcaline. De même, quand nos relations avec autrui – nos conjoints, nos enfants, nos petits-enfants – sont trop acides, nous pouvons les ramener à un état d'équilibre en ajoutant de l'alcali, ce qui, dans mon modèle, signifie introduire plus d'interactions destinées à renforcer l'attachement et l'affection.

Le fait que votre petit-fils ne soit pas élevé par l'un ou l'autre de ses parents suggère aussi qu'il pourrait être confronté à des problèmes plus profonds – la colère, le chagrin, la tristesse – qui peuvent exercer une influence sur sa résistance chronique. En effet, un jeune ayant subi des bouleversements significatifs éprouve souvent un sentiment d'impuissance, ce qui le pousse à redoubler d'effort pour contrôler des situations qu'il peut maîtriser. Indépendamment du fait qu'il soit sans doute préférable pour lui de bénéficier de la sollicitude affectueuse que vous et votre mari lui manifestez, je suppose que votre petit-fils et vous avez eu recours à des services d'appui et de soutien psychosocial pour l'aider à s'adapter aux changements survenus dans son environnement familial.

Assurez-vous que votre petit-fils dispose de l'aide nécessaire pour s'affranchir de ses sentiments refoulés de frustration et de perte. Et faites votre possible pour renforcer l'attachement qui vous lie en modifiant, pour ce faire, le «pH» de votre relation, et ce, afin qu'il soit moins enclin à résister lorsque vous exprimez une demande. Pour en apprendre plus sur l'attachement, lisez attentivement le chapitre 9 de cet ouvrage ou référez-vous à *Parenting Without Power Struggles*.

Dans *L'art de la guerre*, Sun Tzu déclare : «L'excellence suprême consiste à briser la résistance[2] de l'ennemi sans combattre.» Évitez de vous engager dans des luttes de pouvoir ou dans des disputes stériles avec votre petit-fils. Efforcez-vous plutôt de bâtir une relation qui lui permettra de prendre conscience que vous l'appréciez pleinement tel qu'il est, et ce, même s'il n'est pas aussi facile à vivre que vous l'auriez souhaité.

Est-il normal de ne pas toujours aimer ses enfants ?

Question : J'éprouve beaucoup de honte à exprimer cela, mais j'ai un horrible petit secret. Parfois, je n'aime pas mes enfants. À dire vrai, je les aime plus que tout, mais parfois je voudrais simplement qu'ils me laissent tranquille. À bien des égards, j'ai dû agir en parent envers ma mère et j'éprouve du ressentiment à devoir toujours être disponible pour mes deux enfants, même si je les adore. J'ai pratiqué la méditation la majeure partie de ma vie et maintenant je n'arrive plus à être seule pendant dix minutes. Souvent, mes enfants cognent à la porte de ma chambre lorsque j'essaie de m'asseoir pour méditer. Comment pourrais-je avoir des aspirations spirituelles – ils veulent toujours être avec moi et je ne sais pas comment faire pour m'en débarrasser !

Suggestion : Nous devons regarder la vérité en face afin de nous transformer de manière bénéfique. Pour habiter pleinement les personnes complexes que nous sommes, nous devons accepter sans réserve tout ce que nous éprouvons – la culpabilité, la honte, l'épuisement, la frayeur, la gratitude, la joie. Si vous refusez de reconnaître que vous êtes parfois fatiguée d'être parent, vous ne ferez qu'enfouir sous la surface votre ressentiment, qui un jour ressurgira et se manifestera sous une forme d'impatience, de sarcasme ou de repli sur soi.

Ressentez pleinement ce que vous éprouvez. Il est tout à fait normal de regretter parfois la vie simple qui était la nôtre avant d'être parent. J'ai moi aussi connu cette situation quand je voulais être seule pour méditer et que j'entendais mon fils frapper à la porte en criant : «Maman, j'ai besoin de toi !» Je me souviens également que je me cachais parfois dans la salle de bains avec un livre passionnant, en espérant me perdre dans cette histoire comme j'avais plaisir à le faire avant d'être mère. C'est seulement en étant à l'écoute de tout ce que la vie nous envoie que nous pouvons assumer avec grâce les sentiments que nous éprouvons.

Hélas, nous sommes de simples humains. Et lorsque nous devenons parents, nous assumons ce rôle avec notre nature et notre tempérament ainsi qu'avec les épreuves et les difficultés que nous avons vécues dans notre enfance. Certains sont submergés par la joie et la magie d'élever des enfants et ne regrettent jamais la vie qu'ils menaient avant d'être parents. Mais d'autres assument ce rôle par intermittence et par à-coups, en faisant de leur mieux pour répondre aux exigences de l'éducation parentale mais en ayant le sentiment tenace de n'être pas réellement destinés à être parents.

En chacun de nous, il y a un petit enfant intérieur qui veut tout simplement recevoir de l'amour, de la gentillesse, de l'assistance et du soutien. Lorsque nous l'incluons dans le soin et la présence que nous offrons à nos enfants, nous pouvons favoriser la guérison des parties blessées à l'intérieur de nous-mêmes.

Je vous conseille de faire preuve d'une immense patience à votre égard en laissant remonter à la surface ce qui était enfoui et en exprimant clairement ce que vous ressentez. Pour vous libérer totalement de ces anciens ressentiments qui vous oppressent, il pourrait être utile de consulter un thérapeute. Et lorsque la vie de famille devient trop chaotique, accordez-vous un instant de répit! Si vous souhaitez vous retrouver seule, n'hésitez pas à faire appel à une amie ou à un membre de votre famille qui vous donnera un coup de main et n'évacuez pas vos frustrations d'une manière néfaste pour vos enfants et vous-même. Certaines mères ont constitué des réseaux d'assistance qui leur permettent de passer plusieurs fois par année du temps à l'extérieur de chez elles, ce qui leur donne vingt-quatre heures pour recharger leurs batteries et faire tout ce qu'elles désirent à chaque instant. Passer une seule journée sans avoir à prendre en considération les besoins d'autrui est une cure de jouvence aux vertus extrêmement régénérantes.

CHAPITRE 4

Nous n'élevons pas des enfants, nous éduquons de futurs adultes

Si nous voulons véritablement enseigner la paix et com-
battre la guerre dans ce monde, nous devons commencer par
éduquer les enfants.

– Mahatma Gandhi

Un soir où j'étais assise en compagnie de mon fils dans la voiture de ce dernier, nous nous efforçâmes de dissiper un malentendu. Deux jours plus tard, il devait recevoir son diplôme universitaire. J'avais remarqué qu'il était souvent perturbé lorsqu'il franchissait des jalons importants dans sa vie. Cette réaction viscérale, qui résultait sans doute d'un processus inconscient visant à faciliter sa sortie du nid familial, donnait immanquablement lieu à des argumentations incessantes entre nous.

J'essayai alors de lui expliquer la raison pour laquelle une phrase qu'il avait prononcée m'avait poussée à bout, mais il avait le plus grand mal à saisir en quoi ce qu'il avait dit posait problème. Finalement, je lui déclarai : « Tu ne peux pas savoir pourquoi cette phrase m'a fait réagir ainsi parce que tu n'as jamais visité la planète où j'ai grandi. » Il comprit mon message. Son visage s'adoucit, sa posture se relaxa et il se contenta de murmurer : « Bon sang, c'est vrai ça. »

En cet instant, je compris qu'il s'agissait là de l'élément essentiel de la compassion : reconnaître que l'histoire et la vérité d'une personne sont tout aussi réelles pour elle que notre vérité et notre histoire le sont pour nous, et ce, même si nous ne comprenons pas toujours pourquoi quelqu'un réagit de telle ou telle façon.

Mesurant un mètre quatre-vingt-douze, mon fils Ari peut paraître très imposant à certains, mais il lui suffit d'interagir brièvement avec ses interlocuteurs pour que ceux-ci se sentent en parfaite sécurité en sa compagnie. Lorsque je m'interroge sur son caractère bon enfant, j'en viens à la conclusion qu'il est en grande partie venu au monde ainsi ; je crois que tous les enfants naissent avec un caractère spécifique et qu'Ari était doté d'une nature douce et gentille. Mais je crois aussi que la plupart des enfants viennent au monde de la même manière, c'est-à-dire pour l'essentiel aimables et sans défense, et que nous devons en tant que parents les aider à trouver leur voie dans ce monde en leur manifestant une force qui ne les étouffe pas, une compassion qui les apaise et une gentillesse qui les réconforte.

> *Reconnaître que l'histoire et la vérité d'une personne sont tout aussi réelles pour elle que notre vérité et notre histoire le sont pour nous est l'élément essentiel de la compassion.*

J'ai fait tout ce que j'ai pu pour aider mon fils à comprendre qu'il était né dans un environnement extrêmement privilégié car nous n'avons jamais eu à nous soucier de mettre de la nourriture sur la table ou de lui offrir un toit confortable. Nous l'avons aussi emmené en voyage aux quatre coins du monde, ce qui lui a permis de rencontrer des personnes issues de milieux moins favorisés, dont le bonheur ne reposait pas sur la richesse ou la possession de biens matériels. Nous avons également fait du bénévolat au sein de notre communauté de façon qu'il puisse interagir avec des gens qui pourraient ensuite le regarder directement dans les yeux et lui dire à quel point les petits efforts qu'il consentait contribuaient à rendre leur vie plus agréable. J'ai essayé de faire pour mes amis et mes voisins ce que les humains font pour autrui en tant que membres de la même tribu ou passagers du même bateau, convaincue qu'il valait mieux s'impliquer de façon tangible plutôt que de se contenter de lancer de belles paroles en l'air ou de faire un chèque à un organisme de bienfaisance.

Par ailleurs, je lui ai appris autant que faire se peut à apprécier les mille petits plaisirs de la vie. Le goût de la crème glacée à la lavande. Une histoire drôle. La nuit venue, le bonheur d'être étendu dans l'herbe et de contempler les étoiles. Ce qui l'incita à pointer à son tour des choses du doigt. « Maman, regarde la lumière qui se reflète sur le sommet de la montagne. C'est magnifique, n'est-ce pas ? » « Bien sûr, mon chéri. Merci de me l'avoir fait remarquer ! »

Je me suis efforcée de vivre d'une manière susceptible de l'aider à comprendre que prévoir du temps pour réfléchir ou méditer et regarder par la fenêtre dans le calme et le silence était essentiel pour rester authentique et fidèle à soi-même.

Pourtant, j'ai souvent éprouvé le sentiment tenace de ne pas être une mère à la hauteur ! En effet, à de nombreuses reprises, je me suis perdue dans mon petit monde et j'ai fait preuve de nervosité et d'impatience. Par ailleurs, je ne me suis jamais considérée comme une personne ou un parent exemplaire car j'ai eu recours au mode Dictateur ou au mode Avocat plus souvent que je ne suis disposée à l'admettre. Mais je pense que globalement j'ai été une *assez bonne mère* – une idée qui peut nous libérer de la quête de perfection en nous autorisant à faire simplement de notre mieux, jour après jour, afin d'inspirer nos enfants et de les inciter à agir de même. Lorsque je me remémore les innombrables discussions nocturnes qu'Ari et moi avons eues depuis qu'il est entré plus résolument dans l'âge adulte, je me rends compte que mes imperfections – associées à une certaine reconnaissance de sa part et au fait qu'il me voit grandir à travers les épreuves que je surmonte – l'ont aidé à développer une plus grande capacité à accepter, à pardonner et à assumer ses propres imperfections.

Les pensées exprimées dans ce chapitre vous éclaireront sur ce que vous pouvez faire pour aider vos enfants à entrer dans la vie adulte avec une longueur d'avance en tant que personnes conscientes, présentes, et joyeuses – tout en gardant à l'esprit le fait qu'ils devront développer par eux-mêmes les ressources qui leur permettront de surmonter les aléas de la vie.

Imaginer à quoi ressembleront nos enfants lorsqu'ils seront adultes

Un jour, alors que j'étais plongée dans la rédaction de ce livre, je me suis installée pour écrire dans une cour extérieure où étaient disposés des chaises et des canapés. J'avais jeté mon dévolu sur un canapé qui me paraissait très confortable, mais quand je me suis assise, j'ai constaté qu'il était recouvert de miettes de pain. Et la table d'à côté était encombrée de vieilles tasses à café jetables et de serviettes froissées. Quel horrible bazar ! J'ai pensé alors à ces gens qui avaient laissé leurs déchets derrière eux. Leurs parents leur avaient-ils enseigné, par leurs actes, qu'il était acceptable de laisser derrière soi des dégâts que d'autres nettoieraient ensuite à leur place ?

Pour faire de nos enfants des adultes conscients, résilients et attentionnés, de nombreux éléments entrent en ligne de compte dans leur éducation, dont l'honnêteté, la gratitude et la responsabilité – la liste serait longue encore. Mais nous ne pouvons pas leur enseigner ces qualités simplement par des mots. Sermonner nos enfants sur l'importance de nettoyer leurs dégâts ou d'être gentils envers autrui n'a aucune signification s'ils voient que nous laissons derrière nous nos tasses et nos serviettes usagées ou s'ils nous entendent insulter la serveuse qui n'a pas pris la commande correctement. Élever des enfants afin qu'ils deviennent des personnes que nous aimons et admirons exige que nous donnions l'exemple et que nous fassions preuve des qualités que nous voulons qu'ils incarnent.

> *Élever des enfants afin qu'ils deviennent des personnes que nous aimons et admirons exige que nous donnions l'exemple et que nous fassions preuve des qualités que nous voulons qu'ils incarnent.*

Comme je l'ai mentionné préalablement, lorsque j'entreprends une séance de consultation téléphonique, je commence habituellement par poser la question suivante : « Si vous vous sentez mieux à la fin de cette consultation, que se sera-t-il produit ? Quelle vision, quelle stratégie et quel conflit non résolu aurez-vous réussi à aborder ? Imaginez que vous soyez soulagé ou reconnaissant au terme de cet entretien téléphonique et que nous abordions ensuite un problème spécifique en ayant à l'esprit un résultat escompté. » Je considère qu'il s'agit là d'une méthode très efficace pour rester concentré sur ce qui doit impérativement se passer durant cette séance.

Dans cet esprit, je vous invite à faire un exercice qui vous aidera à insuffler plus de conscience et d'intentionnalité dans vos interactions quotidiennes avec vos enfants. Pensez à la personne à laquelle vous souhaiteriez que votre enfant ressemble lorsqu'il sera adulte. Imaginez votre enfant à vingt-cinq ans, à quarante-cinq ans et à soixante-cinq ans. Imaginez-le entouré d'un réseau d'amis aimants, poursuivant avec passion une carrière ou chérissant son rôle de partenaire, de conjoint ou de parent.

Identifiez les qualités que votre enfant possède et qui lui permettront d'atteindre aisément cette vie adulte riche et satisfaisante. De quels attributs espérez-vous le doter pour vous assurer qu'il sera excité chaque matin par la perspective d'accueillir un nouveau jour et qu'il disposera de la résilience nécessaire pour surmonter les déceptions de la vie ?

Si vous avez besoin d'idées nouvelles, pensez à une personne que vous admirez sincèrement. Ce pourrait être quelqu'un que vous connaissez à titre personnel, ou une personne reconnue dont la vie illustre parfaitement ces caractéristiques auxquelles vous accordez la plus haute importance. Cette personne pourrait être vivante ou décédée ; il pourrait même s'agir d'un personnage fictif.

Établissez une liste des qualités et attributs incarnés par cette personne. Peut-être êtes-vous touché par le fait qu'elle traite tous ceux qu'elle rencontre avec respect et prévenance, et ce, quels que soient leur statut et leur renommée. Vous pourriez aussi être inspiré par sa ténacité et sa volonté indéfectible de surmonter les obstacles.

Vous pourriez également aimer son énergie – elle apporte une certaine joie de vivre et une légèreté d'esprit à tout ce qu'elle fait. Ou peut-être, après avoir interagi avec cette personne, vous sentez-vous toujours mieux avec vous-même et plus en accord avec la vie en général. Utilisez ces idées pour vous aider à formuler une liste de traits de personnalité que vous souhaiteriez voir votre enfant acquérir, afin de l'aider à mener une vie pleine et entière lorsqu'il aura quitté le cocon familial.

Les éléments essentiels pour élever un enfant confiant et attentionné

Ce qu'un enfant devient est fonction d'un grand nombre de variables – son tempérament, sa génétique, l'éducation qu'il a reçue, son état de santé physique, émotionnel et psychologique, la possibilité qu'il a de s'instruire et de poursuivre des études, les relations qu'il entretient avec ses frères et sœurs, son réseau relationnel et les gens positifs qui l'entourent. En d'autres termes, aucune formule ne peut garantir que cet enfant deviendra un jour un adulte conscient, confiant et attentionné. De nombreux facteurs sont hors de notre contrôle. Dans les paragraphes suivants, je vous indiquerai les différentes manières d'influencer nos enfants de façon qu'ils deviennent des adultes joyeux et épanouis.

Souvenez-vous que les personnes les plus évoluées spirituellement connaissent, elles aussi, des problèmes significatifs dans l'éducation de leurs enfants, et ce, même si elles conseillent à leurs disciples d'être plus conscients et plus compatissants. Aucun certificat ou titre de compétence ne peut nous garantir que nous manifesterons chaque jour notre dimension la plus éclairée ou que nous donnerons naissance à des enfants qui ne connaîtront jamais aucun problème. Élever un enfant est une tâche quotidienne qui s'accomplit d'heure en heure, de minute en minute.

Nous sommes tous soumis à l'influence de notre propre éducation et des stratégies parfois malsaines que nous avons développées pour protéger nos cœurs sensibles. Par ailleurs, indépendamment du travail personnel effectué, nous possédons tous des zones d'ombre. Mais il n'est jamais trop tard pour grandir et se transformer. En fait, si je me fie à ce que j'ai maintes fois constaté, rien ne favorise plus notre évolution personnelle que l'éducation de nos enfants.

Lorsque nous considérons les caractéristiques essentielles que nous voulons transmettre à ces derniers, nous pouvons de toute évidence affirmer que nous voulons qu'ils soient confiants et respectueux, ingénieux et gentils, résilients et responsables ; comme la liste est longue, nous discuterons certains de ces traits dans les pages suivantes. Mais quand on demande aux parents quelle qualité essentielle ils veulent transmettre à leurs enfants avant qu'ils atteignent l'âge adulte, ils répondent immanquablement : « Je veux simplement qu'ils soient heureux. » Et c'est là que les choses deviennent intéressantes. Bien qu'il y ait de nombreuses qualités que nous pourrions et devrions insuffler à

> *Nous devons élever nos enfants de façon qu'ils sachent qu'ils ont intrinsèquement droit à l'amour et au bonheur, et ce, afin qu'ils puissent accueillir sans réserve tous les bienfaits que la vie leur envoie.*

nos enfants, il y en a une sans laquelle tous les autres attributs perdent de leur importance : *nous devons élever nos enfants de façon qu'ils sachent qu'ils ont intrinsèquement droit à l'amour et au bonheur, et ce, afin qu'ils puissent accueillir sans réserve tous les bienfaits que la vie leur envoie.*

Nous vivons à une époque qui offre des possibilités infinies de s'amuser et de se distraire : les films, les jeux vidéo, les centres commerciaux, et naturellement des distractions telles que Facebook et d'autres mondes virtuels. Lorsqu'il est question de « s'amuser », le champ des possibles n'est limité que par notre propre imagination.

Pourtant, de plus en plus d'adolescents et de jeunes adultes s'enlèvent la vie[1] ; en effet, le nombre de suicides observés chez les jeunes dépasse le chiffre combiné des décès causés par le cancer, les maladies cardiovasculaires, le VIH/sida, les anomalies congénitales, les accidents vasculaires cérébraux, la pneumonie, la grippe et les maladies pulmonaires chroniques. Chaque jour, plus de 5 400 tentatives de suicide sont commises par des jeunes inscrits entre la septième et la douzième année du cycle d'études. De plus, le taux de suicide chez les Américains d'âge mûr a lui aussi connu une augmentation considérable; en effet, selon le Centre de contrôle des maladies (Center for Disease Control), de 1999 à 2010 ce taux a augmenté de près de 30 % chez les Américains âgés de trente-cinq à soixante-quatre ans.

De toute évidence, quelque chose ne fonctionne pas. Sachant que nous avons plus que jamais accès à des sources inépuisables de divertissement, comment se fait-il qu'il y ait tant de gens malheureux? Tant qu'une personne ne parvient pas à créer à l'intérieur d'elle-même l'espace nécessaire pour accueillir chaque jour l'amour et la joie, elle vivra comme si elle était revêtue d'une épaisse couche de téflon, toujours sur la défensive et incapable d'être touchée et émue par les bienfaits que la vie lui envoie. C'est comme posséder un hélicoptère sans disposer d'une piste d'atterrissage. Nous devons impérativement aider nos enfants à développer leur capacité de sentir qu'ils sont dignes d'amour et de bonheur, de façon qu'ils puissent accueillir et recevoir sans réserve, et sous toutes ses formes, ce que la vie leur enverra lorsqu'ils grandiront. Aider nos enfants à prendre l'habitude d'être aimés et d'apprécier la douceur de la vie est la plus grande contribution que nous puissions faire pour favoriser leur bonheur à venir.

Ce n'est pas une tâche aisée. Un cheminement continu et un apprentissage permanent sont nécessaires pour créer de l'espace à l'intérieur de nous-mêmes afin de recevoir tous les bienfaits de la vie. Dans son merveilleux ouvrage intitulé Parfait amour, imparfait bonheur, John Welwood évoque la blessure fondamentale que nous portons tous dans nos cœurs – le manque de croyance en notre capacité intrinsèque d'être aimés ou en notre droit d'être acceptés et chéris tels que nous sommes. «Ne pas savoir, dans notre sang et notre chair[2], que nous sommes véritablement aimés ou dignes

> *Un cheminement continu et un apprentissage permanent sont nécessaires pour créer de l'espace à l'intérieur de nous-mêmes afin de recevoir tous les bienfaits de la vie.*

de l'être amoindrit notre capacité à donner et à recevoir librement de l'amour. C'est cette blessure fondamentale qui génère les conflits interpersonnels et une multitude d'imbroglios relationnels. La difficulté à accorder sa confiance, la peur d'être rejeté ou utilisé, l'expression de la jalousie ou d'un désir de vengeance, le repli sur soi, le besoin d'argumenter et de prouver que l'on a raison, le fait d'être facilement heurté ou offensé et de blâmer autrui pour notre douleur ne sont que certaines des manifestations les plus évidentes de notre insécurité et de notre incertitude quant à notre aptitude à être aimé ou à être digne d'être aimé.»

> *Il est de notre responsabilité de cultiver dans le cœur de nos enfants la vibrante certitude qu'ils sont dignes d'être aimés pour ce qu'ils sont.*

En conséquence, cultiver dans le cœur de nos enfants la vibrante certitude qu'ils sont dignes d'être aimés pour ce qu'ils sont représente un défi et une opportunité exceptionnels.

Aucun parent ne peut être en permanence à l'écoute de son enfant. Nous ne pouvons pas toujours savoir ce dont il a besoin ou avoir l'énergie nécessaire pour réagir de manière satisfaisante. Nous pouvons être fatigués ou faire preuve d'impatience. Nous pouvons aussi être distraits, stressés ou nous sentir bizarres. Nous pouvons également avoir affaire à un enfant particulièrement difficile qui nous épuise par ses exigences déraisonnables. Hélas, nous ne sommes que des êtres humains ; nous devons gérer nos propres problèmes et nous ne pouvons répondre sans cesse aux besoins et aux attentes de notre progéniture.

À dire vrai, il ne serait pas souhaitable, pour le bien de nos enfants, que nous soyons parfaitement et en tout temps à leur écoute. Imaginez les attentes qui seraient les leurs dans leurs amitiés et leurs relations amoureuses ultérieures s'ils s'attendaient à ce que d'autres satisfassent en permanence tous leurs besoins ou désirs. Donald Winnicott, un psychanalyste britannique, a mentionné l'importance d'être simplement «une assez bonne mère» après s'être rendu compte que les bébés et les enfants avaient tout avantage à ce que leurs parents ne répondent pas en tout temps à leurs besoins, car cela leur permettait d'acquérir de la résilience.

Dès la prime enfance, les enfants font de leur mieux pour comprendre le monde, de façon à s'y sentir en sécurité. Ils s'imaginent que leurs parents sont infaillibles, ce qui renforce leur confiance en leur capacité à les protéger et à subvenir à leurs besoins. Si un jeune enfant est élevé par un parent qui réagit rarement de façon aimante et appropriée à ses besoins physiques ou émotionnels, il ne se dira pas : «Maman est probablement stressée par sa longue journée de travail. Je sais qu'elle m'aime, mais elle est juste fatiguée et distante car elle doit faire face à des problèmes émotionnels non résolus.»

À la place, l'enfant conclura que sa mère ne répond pas à ses besoins parce qu'il ne mérite pas qu'elle le fasse ou parce qu'il y a chez lui quelque chose d'intrinsèquement mauvais. Ainsi s'enclenchera un cycle délétère où le désir d'être «accueilli» par un parent attentif sera contrecarré par la déception quand cela ne se produira pas. Une telle situation engendrera un système de croyances selon lequel l'enfant ne mériterait pas que l'on réponde à ses besoins. Ultérieurement, cet enfant entrera dans la vie adulte en se protégeant de toutes les manières possibles, en faisant moins confiance aux autres et en étant déconnecté de son cœur, ce qui aura pour conséquence de le rendre moins susceptible d'accepter pleinement les bienfaits de la vie.

Tel un enfant ayant le nez collé sur la vitrine d'une confiserie, ce type de personne pourrait aspirer à déguster les friandises délicieuses qui se trouvent à l'intérieur du magasin tout en étant convaincu, au plus profond de son être, que ces délices sont destinés aux autres, pas à lui. Il pourrait aussi blâmer sa femme, son patron, ou ses conditions de vie qui l'empêchent d'obtenir ce qu'il désire, alors que même s'il l'obtenait, il serait incapable de l'apprécier.

Même si nous ne pouvons pas toujours répondre à leurs besoins ou leur offrir sans cesse les confirmations qu'ils désirent, nos enfants méritent de savoir qu'ils sont brillants et absolument dignes d'être aimés tels qu'ils sont. Cela leur insuffle la conscience qu'ils méritent d'être aimés et heureux, ce qui leur permettra d'accepter avec joie les bienfaits que la vie leur réserve plutôt que de les conditionner à les rejeter.

Que pouvons-nous faire ? Ce n'est pas compliqué. Lorsque nous ne pouvons pas être totalement présents pour notre enfant, du moins tel qu'il le désire, nous pouvons minimiser les dommages en reconnaissant simplement sa déception.

> *Lorsque nous nous engageons résolument auprès de nos enfants en faisant acte de présence et en nous contentant d'être un assez bon parent, ceux-ci comprennent qu'ils sont dignes de recevoir de l'amour, de la gentillesse et tous les infinis bienfaits de la vie.*

« Tu espérais vraiment que je pourrais passer du temps avec toi, mais je dois encore m'occuper de ton petit frère. » « Je suis désolée d'être si irritable – j'ai eu une journée éprouvante au travail et je suis épuisée –, mais ce n'est pas de ta faute. » « C'est dur de devoir aller se coucher quand on s'amuse autant ensemble. »

Cette approche réduira le risque que votre enfant se résigne à sa déception en croyant qu'il est indigne d'attention en raison d'un défaut intrinsèque.

Lorsque nous nous engageons résolument auprès de nos enfants en faisant acte de présence et en nous contentant d'être *un assez bon parent*, ceux-ci comprennent qu'ils sont dignes de recevoir de l'amour, de la gentillesse et tous les infinis bienfaits de la vie. Il ne s'agit pas de dire à nos enfants combien ils sont formidables ou de devenir un modèle de vertu parentale – comme dans le film *The Stepford Wives*, où les épouses-robots ne perdaient leur sang-froid en aucune circonstance et n'aspiraient jamais à échapper à la folie et au chaos de la vie parentale. En fait, c'est en jugeant la qualité globale de notre implication auprès d'eux que nos enfants finissent par comprendre à quel point ils sont précieux à nos yeux. De cette façon, ils peuvent éprouver envers eux-mêmes ce que Thupten Jinpa, le traducteur anglais du dalaï-lama, qualifiait de « paix facile et autogratifiante »[3].

Les chapitres qui suivent offriront des suggestions visant à appuyer de toutes les manières possibles et dans tous les sens du terme la réussite de nos enfants.

MAINTENANT, C'EST VOTRE TOUR

Pensez aux qualités que vous souhaiteriez encourager chez votre enfant (le respect, l'honnêteté, la responsabilité, et ainsi de suite).

Parmi ces qualités, quelles sont celles auxquelles vous vous identifiez ou que vous incarnez? En d'autres termes, quelles caractéristiques constituent des éléments prévisibles de la façon dont vous menez votre vie?

Lesquelles de ces qualités souhaiteriez-vous développer chez vous tout en les encourageant chez votre enfant? En d'autres termes, quels attributs souhaiteriez-vous inclure dans votre vie, même si ceux-ci ne viennent pas naturellement à vous?

CHAPITRE 5

Forger l'amour de soi
et la pleine conscience

Soyez gentil chaque fois que cela est possible.
Et c'est toujours possible.

– Tenzin Gyatso, le quatorzième dalaï-lama

Lorsque je demande aux parents quel est le trait de personnalité qu'ils désirent le plus inculquer à leurs enfants, la plupart d'entre eux me répondent *le respect*. Nous savons tous que traiter autrui avec respect est essentiel pour faire face aux contraintes de la vie en société. Mais nous oublions parfois que nous devons d'abord nous respecter nous-mêmes pour véritablement respecter autrui. Cela peut sembler évident, et peut-être même avoir l'air d'un cliché, mais je crois fermement qu'un véritable respect de soi (à l'opposé d'un comportement vaniteux et outrecuidant du type « Je veux qu'on m'écoute ! ») n'est pas facile à acquérir. Cela présuppose que nous apprécions notre propre compagnie et que nous prenons soin de nous avec gentillesse tout en faisant confiance à nos instincts et en poursuivant les objectifs qui donnent un sens à notre vie. C'est à cette seule condition que nous pourrons authentiquement respecter les autres dans notre manière de communiquer, de manifester notre empathie, de gérer les désaccords et d'honorer nos engagements.

Vivre dans un monde en trois dimensions

Dans une série de tests menés en 2014 par Timothy Wilson de l'Université de Virginie, des étudiants de premier cycle furent invités à s'asseoir seuls dans une pièce, avec leurs pensées, et sans aucune distraction. On leur demanda simplement de demeurer assis là de six à quinze minutes sans s'endormir. Dans l'un de ces tests, les participants à l'étude reçurent une légère décharge électrique – en fait, une légère secousse d'électricité statique – avant d'entrer dans la pièce où ils devaient rester tranquillement assis. Après avoir reçu cette décharge électrique, la plupart des étudiants déclarèrent que cela avait été si désagréable qu'ils étaient prêts à débourser cinq dollars pour éviter de renouveler cette expérience.

Cependant, dans l'une de ces études, après avoir reçu une seule fois cette décharge électrique et avoir passé de six à quinze minutes assis seuls dans une pièce, 67 % des hommes et 25 % des femmes déclarèrent qu'ils préféraient recevoir une seconde décharge électrique plutôt que d'avoir à endurer jusqu'au bout ce « temps de réflexion ». Bref, ils préféraient être électrocutés plutôt que d'avoir à affronter la perspective de se retrouver seuls face à eux-mêmes durant six à quinze minutes. Incroyable !

Il y a quelques années de cela, une amie m'avait prêté son VUS en me demandant de ramener sa fillette de trois ans à la maison. Lorsque la voiture démarra, la vidéo qu'elle regardait auparavant se remit aussitôt en mode lecture. J'étais surprise, mais je m'abstins de tout commentaire. Dans mon temps (ce qui me fait paraître bien plus âgée que je ne le suis en réalité), l'idée que mon fils aurait pu regarder une vidéo alors que je conduisais m'aurait paru totalement absurde. Pourquoi rester fixé à un écran alors qu'il y a tant de choses merveilleuses à contempler en regardant simplement par la vitre de la voiture ? Mais lorsque le film qu'elle visionnait s'arrêta, cette petite fille s'écria : « Mets-en un autre ! Je veux en voir un autre ! » Je lui ai alors suggéré qu'elle pourrait aussi s'amuser en observant les voitures et les passants, mais elle ne voulut rien entendre. Pauvre petite fille – à l'âge de trois ans, elle avait déjà été conditionnée ; elle avait besoin de recevoir une sorte de stimulation électronique pour tolérer les déplacements en voiture.

La plupart des parents reconnaissent que, s'ils les laissaient décider, leurs enfants n'éteindraient jamais leurs appareils. Depuis l'avènement des téléphones intelligents, des ordinateurs, des tablettes et des phablettes, les parents ne savent plus combien de temps leurs enfants devraient passer avec ces appareils, et ce, de façon à rester connectés au monde moderne sans pour autant sombrer dans la sursaturation. (À dire vrai, cela a incité certains parents à s'interroger sur le temps qu'ils passaient, eux aussi, avec ces appareils!)

Les enfants ont besoin de jouer. Pour eux, il est nettement préférable d'éprouver la sensation tactile de peindre avec leurs doigts gluants plutôt que de promener leurs doigts sur une tablette qui fait apparaître magiquement des couleurs sur un écran. Ils ont besoin de se salir et de se rouler dans la boue. Ils ont besoin de se jeter dans l'eau et d'en ressortir éclaboussés et mouillés.

Les enfants ont besoin de jouer. Pour eux, il est nettement préférable d'éprouver la sensation tactile de peindre avec leurs doigts gluants plutôt que de promener leurs doigts sur une tablette qui fait apparaître magiquement des couleurs sur un écran. Ils ont besoin de se salir et de se rouler dans la boue. Ils ont besoin de se jeter dans l'eau et d'en ressortir éclaboussés et mouillés. Ils ont besoin de grimper aux arbres et de faire de la musique. Ils ont besoin de se promener sans but d'une pièce à l'autre sans qu'une activité spécifique soit organisée pour les occuper.

En Scandinavie, les «écoles de la forêt» ont été conçues sur l'hypothèse que les enfants apprennent mieux lorsqu'ils sont en contact avec la nature. Les élèves des écoles maternelles passent en moyenne deux ans et demi dans des zones boisées, des parcs et des classes en plein air près de chez eux. Selon ce qui m'a été rapporté, les enfants qui fréquentent ce type d'écoles dans le cercle arctique jouent et apprennent en permanence à l'extérieur – avec des lampes de mineurs sur la tête! –, sauf lorsque les températures chutent à -20 °C.

Un enfant qui dépend totalement d'un gardien électronique quand il se plaint « qu'il n'y a rien à faire » deviendra plus tard un adulte incapable de rester seul avec ses pensées durant plus de quinze minutes. Voici ce que le docteur Daniel Siegel a écrit dans son ouvrage *The Mindful Brain* :

> La vie trépidante que les gens mènent[1] dans cette culture, qui repose sur la technologie et accapare toute notre attention, provoque souvent une frénésie d'activités multitâches qui les pousse constamment à faire quelque chose, et ce, sans leur accorder le moindre espace pour respirer et simplement être. L'adaptation à un tel mode de vie incite souvent les jeunes à s'habituer à de hauts niveaux d'attention suscités par des stimuli et à papillonner en permanence d'une activité à l'autre, ce qui leur laisse peu de temps pour s'adonner à l'introspection ou nouer les relations interpersonnelles directes dont le cerveau a besoin pour assurer son développement. Aujourd'hui, nos vies hyperactives nous offrent peu d'occasions d'être à l'écoute les uns des autres.

Cela ne signifie pas que l'on devrait interdire à nos enfants de regarder la télévision ou d'utiliser un ordinateur. Je ne préconise pas non plus d'élever une génération de luddites rétrogrades. Je suis bien consciente que l'ère numérique nous a apporté d'innombrables bénéfices. Cependant, étant donné les stimulations sans limites offertes par les appareils électroniques et l'exposition potentielle à des spectacles inappropriés, je crois qu'il est crucial d'avoir très tôt des discussions avec nos enfants afin de les sensibiliser à l'utilisation de ces gadgets, de manière qu'ils puissent opérer des choix intelligents lorsqu'ils accéderont à l'indépendance de l'adolescence et seront moins soumis à notre influence. Comme nous l'avons fait avant eux, ils devront trouver la meilleure façon d'établir un juste équilibre entre leur vie « branchée » et leur vie « débranchée ».

Dans les paragraphes suivants, je vous suggérerai différents moyens leur permettant de gérer ce juste équilibre.

Appuyer sur le bouton Arrêt

Un jour, une mère et son fils de douze ans se disputèrent dans mon bureau à propos du temps que ce dernier passait à utiliser ses appareils. Elena se plaignait que son fils refusait de se défaire de son iPad, sauf si elle le forçait en le menaçant de le lui enlever. «Il refuse de participer aux tâches ménagères, il reporte toujours au lendemain ses devoirs et il ne veut jamais aller jouer à l'extérieur.» Elle m'expliqua que le moment le plus difficile de la journée était lorsqu'elle préparait le repas du soir; alors qu'elle était occupée dans la cuisine et donc moins susceptible de lui imposer des limites, Christopher avait en permanence les yeux fixés sur un écran. Christopher prétendait que sa mère était bien trop stricte. «Elle est beaucoup plus sévère que les parents de mes amis. Ils peuvent jouer sur leur iPad pendant des heures!» Je l'ai laissé exprimer librement ses reproches afin qu'il soit ensuite plus réceptif à mes remarques. «Chez moi, il n'y a rien d'amusant à faire! Et je fais mes devoirs. Je ne vois pas pourquoi je ne pourrais pas jouer à mes jeux. Après tout, je ne fais de mal à personne!»

Plutôt que d'essayer de forcer Chris à reconnaître les avantages des divertissements d'antan ou de le convaincre que, jusqu'à récemment, les enfants vivaient des enfances parfaitement heureuses sans pour cela recourir à des ordinateurs ou à des tablettes iPad, je l'ai invité avec sa mère à procéder à une visualisation en ma compagnie. «Fermez les yeux et imaginez que nous sommes assis tous les trois exactement au même endroit, mais que nous avons été ramenés dix mille ans en arrière. Il n'y a ni meubles ni bâtisses. Aucune voiture ni électricité. Chris, imagine que ta mère se trouve autour du feu avec les autres femmes de la tribu et qu'elle prépare le dîner – peut-être en broyant des graines ou en ajoutant les herbes que tu aurais ramassées avec elle quelques heures plus tôt. Maintenant, Christopher, j'aimerais que tu te projettes dans cet environnement en t'imaginant comme un jeune homme de cette tribu. Que ferais-tu? Projette-toi dans cette dimension et essaye d'imaginer ce que tu ferais en attendant d'être servi.» Je lui ai accordé quelques instants de réflexion, puis je les ai invités tous les deux à ouvrir les yeux.

« Alors, Chris, que t'est-il arrivé dans ce monde étrange où il n'y avait aucun appareil ? » Il déclara qu'il s'était vu en train de courir avec les autres garçons, de construire des cabanes et de grimper aux arbres. Elena intervint à son tour en disant qu'elle l'avait imaginé aidant les hommes – qui n'étaient guère plus âgés que lui – à préparer leurs armes pour la prochaine chasse ou à bâtir une hutte.

Il eut un sourire lorsque nous évoquâmes la vie à cette époque. « J'aimerais pouvoir vivre comme ça aujourd'hui ! C'était vraiment *cool* ! » Sa remarque me rappela à quel point la vie est difficile pour les enfants de nos jours, car les occasions d'explorer la nature ou de passer du temps dans des étendues sauvages sont extrêmement rares.

Je fis part de mon observation à Elena, puis je l'invitai à étudier la situation en essayant d'adopter la perspective de son fils. « Aujourd'hui, la vie est différente. Il est difficile de résister à la tentation d'ouvrir votre ordinateur quand vous ne pouvez pas jouer en pleine nature. »

Elena acquiesça en silence, reconnaissant d'emblée les restrictions de leur vie quotidienne – incluant le fait de vivre dans une rue très passante du centre-ville qui n'offrait pas des conditions de sécurité optimales. « Chris, pourrais-tu établir une liste d'au moins dix choses amusantes que tu pourrais faire sans avoir besoin d'électricité ? » Je fus surprise de la rapidité avec laquelle il trouva des idées alors que sa mère lui suggérait avec enthousiasme des pistes intéressantes. Elena accepta de l'aider à mettre en œuvre certaines des activités qui apparaissaient sur sa liste, en lui fournissant les matériaux nécessaires pour sculpter du savon ou construire un petit fort dans leur cour arrière. Bref, lorsque la séance se termina, ils se sentaient plus alliés qu'adversaires. Cet exercice ne mit pas fin pour autant à la passion de Chris pour son iPad ou ses jeux vidéo, mais il l'aida à trouver des solutions de rechange lorsque sa mère lui demandait d'éteindre ses appareils. Néanmoins, cette question continuera à poser problème car Chris revendique la même culture en ligne que ses amis, qui sont soumis à des règles moins strictes. Néanmoins, lorsqu'Elena exprima clairement ce qu'elle ressentait et qu'elle accepta d'investir un peu de son temps pour lui offrir d'autres solutions, les chamailleries avec son fils diminuèrent d'intensité.

Les enfants de Steve Jobs et le iPad

Lorsqu'il est question de l'utilisation d'appareils numériques, de nombreux parents justifient le fait de donner carte blanche à leurs enfants par la conviction qu'en agissant autrement leurs enfants prendraient du retard dans un monde compétitif où les compétences technologiques sont primordiales. Nick Bilton commença son article – intitulé « Steve Jobs était un parent d'une faible technicité » – par une question qu'il posa à M. Jobs lorsque les premières tablettes furent commercialisées. « Alors, vos enfants doivent adorer le iPad ? »[2] et Jobs répondit : « Ils ne l'ont pas encore utilisé... Nous limitons la technologie que nos enfants utilisent à la maison. » Bilton interrogea ensuite Walter Isaacson, auteur de l'ouvrage intitulé *Steve Jobs*, qui avait passé beaucoup de temps au sein de cette famille. Voici ce qu'il déclara : « Chaque soir, Steve insistait pour qu'ils mangent tous en famille, assis autour d'une longue table dans la cuisine. Durant le repas, ils discutaient de livres, d'histoire et de bien d'autres sujets. Personne n'a jamais sorti un iPad ou un ordinateur. »

Chris Anderson, ex-rédacteur en chef du magazine *Wired* et directeur général de 3D Robotics, impose des périodes d'utilisation limitées et des contrôles parentaux sur tous les appareils recensés dans la résidence familiale. « Nos enfants nous accusent, ma femme et moi, d'être des fascistes et de faire preuve d'une méfiance excessive envers la technologie. Ils prétendent qu'aucun de leurs amis n'est soumis à des règles aussi strictes », déclara-t-il au sujet de ses cinq enfants âgés de six à dix-sept ans. « Nous agissons ainsi parce que nous avons pu constater par nous-mêmes les dangers de la technologie. J'ai vu ce qui pouvait se produire. Je ne veux pas que cela arrive à mes enfants. » Quelle est la règle numéro un ? « Il n'y a aucun écran dans leurs chambres. En aucune circonstance. Point final. »

Lorsque nous leur indiquons clairement les limites à ne pas franchir, les enfants s'adaptent. Certes, ils tenteront par tous les moyens d'obtenir ce qu'ils veulent, mais lorsque leurs appareils seront débranchés, ils trouveront toujours quelque chose d'amusant à faire, comme les enfants l'ont fait depuis des temps immémoriaux.

Lorsque je résidais en Afrique de l'Ouest quelques années auparavant, j'étais curieuse de savoir comment les gens utilisaient les médias sociaux. J'ai demandé à un certain nombre de jeunes âgés de seize à vingt-quatre ans s'ils pourraient envisager d'utiliser leurs ordinateurs, ou peut-être de consulter leur page Facebook, lorsque des amis leur rendaient visite et se trouvaient dans la même pièce qu'eux. Ils ne pouvaient jamais s'empêcher de rire quand j'évoquais cette idée. «C'est vraiment comique! Pourquoi parlerais-je à un ami sur mon ordinateur s'il se trouve dans la même pièce que moi?» Pourtant, dans de nombreux foyers, c'est exactement ainsi que les jeunes interagissent les uns avec les autres – ils s'envoient des textos, clavardent, prennent des *selfies* ou regardent ensemble des vidéos ou des messages sur les écrans qui leur font face plutôt que d'apprécier la compagnie de ceux qui les entourent.

L'humoriste Louis C. K. a donné un spectacle de *stand-up* comique où il dénonçait notre obsession croissante pour les appareils électroniques de toute nature. Il se moquait aussi des parents qui ne regardent pas vraiment leurs enfants lorsque ceux-ci participent à un récital de musique, préférant tendre solennellement vers eux leurs téléphones cellulaires pour enregistrer la vidéo de leur performance, qu'ils afficheront ensuite sur Facebook ou sur YouTube et que personne ne regardera.

Quand nous ne parvenons pas à fixer des limites, par peur des réactions de notre progéniture ou parce que nous nous sentons coupables de trop nous investir dans nos obligations professionnelles, nous condamnons nos enfants à plonger dans le trou noir du monde numérique. Les enfants ont besoin de vivre dans un monde en trois dimensions; notre responsabilité est de faire en sorte que ce soit le cas.

Il n'existe pas de règles strictes et définitives pour régir l'utilisation de la technologie numérique par vos enfants. Il peut y avoir des jours pluvieux où toute la famille reste à la maison et où les enfants regardent successivement une vingtaine d'épisodes de la série télévisée *Bob l'éponge*. Par ailleurs, vous pourriez aussi les laisser jouer à des «jeux éducatifs» sur votre iPad tandis que vous prenez un bain. Les problèmes surgissent lorsque nous ne nous fions pas à nos instincts et agissons par peur ou par culpabilité.

Prêcher par l'exemple

Naturellement, il y a une autre dimension dont nous devons discuter lorsqu'il s'agit d'élever des enfants qui se sentent parfaitement bien avec eux-mêmes. *Nous devons leur montrer à quoi cela ressemble.* La plupart d'entre nous vivent à un rythme endiablé durant toute la journée, s'interrompant quelques minutes pour avaler une collation à la va-vite sans même prendre le temps de rêvasser ou de regarder par la fenêtre. Qu'il s'agisse de bips, de tweets, ou de signaux sonores de toute nature, nous avons acquis de véritables réflexes pavloviens lorsque nos appareils électroniques nous envoient des alertes, car celles-ci nous poussent souvent à interrompre immédiatement ce que nous sommes en train de faire (comme accorder à notre enfant toute notre attention durant quelques minutes) quand l'un de ces signaux est activé.

Comment pouvons-nous demander à nos enfants de contempler les nuages qui se déplacent dans le ciel ou d'être plus impliqués dans le monde tridimensionnel si nous ne leur en donnons pas l'exemple?

Dans son livre *La joie au menu*, Martha Beck nous suggère d'interrompre chaque jour durant quinze minutes toutes nos activités extérieures. «En nous laissant porter en permanence par cette dynamique infernale[3], sans jamais être connectés au centre de notre être, nous nous comportons comme si nous voulions alimenter la chaudière d'un puissant bateau en y jetant tout l'équipement de navigation qui se trouve à bord.» Puis elle ajoute : «La voix de notre moi véritable est si faible et si ténue qu'une simple distraction peut virtuellement l'étouffer, spécialement si nous ne faisons que commencer à l'entendre. Nous ne pourrons développer notre aptitude à l'écoute qu'en nous imposant avec vigueur et de manière indéfectible des laps de temps spécifiques durant lesquels nous ne faisons rien. » (Pour un exercice sur « L'art de ne rien faire », référez-vous au chapitre 11.)

> *Si nous ne réussissons pas à enseigner à nos enfants comment être seuls et bien avec eux-mêmes, ils seront toujours condamnés à la solitude.*

Apprécier notre propre compagnie sans avoir besoin de recourir à des stimuli extérieurs est une condition essentielle à notre bonheur. Si nous ne réussissons pas à enseigner à nos enfants comment être seuls et bien avec eux-mêmes, ils seront toujours condamnés à la solitude. En effet, s'ils ne parviennent pas à être véritablement bien dans leur peau, ils ne seront pas en mesure d'attirer d'autres personnes et d'entretenir des relations saines avec autrui.

De nombreuses personnes forment un couple avec un partenaire romantique tout en sachant, au plus profond de leur cœur, que celui-ci ne leur correspond pas ; elles agissent ainsi simplement parce qu'elles sont trop mal à l'aise avec elles-mêmes. Pourtant, avoir quelqu'un d'autre à ses côtés ne suffit pas à apaiser leur solitude ; bon nombre de mes clients mariés expriment souvent leur désespoir de se sentir si isolés, et ce, en dépit du fait qu'ils partagent chaque jour leur lit avec un mari ou une épouse. Rechercher quelqu'un à tout prix pour combler le vide dans nos cœurs engendre seulement des problèmes différents ; cela ne les résout pas.

Si vous voulez réellement que vos enfants soient heureux sans avoir besoin de recourir à quelqu'un ou à quelque chose pour étouffer le bruit de leur mécontentement, débranchez tous les appareils électroniques de votre maison et contentez-vous de ne rien faire le plus souvent possible. Constatez alors ce qui se passe lorsque vous faites de nouveau connaissance avec vous-même, avec autrui, et avec les manières simples et satisfaisantes que les humains ont utilisées de tout temps pour apprécier la vie, et ce, bien avant l'avènement du monde numérique.

Apprécier notre corps, nos imperfections et tout le reste

Je parle beaucoup à mon corps. Parfois à voix haute.

Habituellement, je n'en parle à personne (il est donc intéressant que je mentionne ce fait dans un livre qui, je l'espère, sera lu par un grand nombre de lecteurs). Mais les faits étant ce qu'ils sont, j'accorde beaucoup d'importance à parler avec amour à mon corps et à ses parties miraculeuses. J'en suis donc arrivée à la conclusion que cette idée méritait d'être partagée.

« Merci estomac, toi qui as si facilement digéré ce plat. Merci les yeux – merci de m'avoir permis de contempler les merveilleuses couleurs des fleurs aujourd'hui ! Merci cœur, de battre de manière si fiable et de veiller à la bonne circulation de mon organisme. Tu es vraiment étonnant ! Merci mes jambes, vous qui me transportez si harmonieusement d'un point à un autre… Merci les oreilles, merci foie… os… genoux… dents…» Cette célébration de mon corps peut durer un certain temps et, à la fin, je constate presque toujours que mon cœur est tendre et alangui.

La plupart d'entre nous tiennent leur corps pour acquis, du moins lorsque tout se passe bien. Mais quand nous éprouvons des problèmes physiques, nous pouvons nous montrer vraiment implacables envers lui et nous plaindre de son incapacité à répondre à nos attentes. Il y a aussi certaines caractéristiques que nous détestons : ces lèvres que nous voudrions plus pulpeuses, ce nez que nous souhaiterions plus fin et délicat. Si nous considérons à quel point nous sommes critiques envers notre contenant, qui exécute sans relâche les tâches les plus ingrates, il est tout à fait incroyable que nos systèmes physiques puissent continuer à fonctionner. Si nous traitions nos employés avec le dédain que nous manifestons si souvent à l'égard de notre corps, ils démissionneraient sur-le-champ. Et pourtant, nos corps continuent d'exécuter du mieux qu'ils peuvent les tâches qui sont les leurs.

Il y a quelques années, je me suis inscrite à un atelier où l'on remit aux participants des sacs en papier dans lesquels avaient été percés deux trous pour les yeux. Nous reçûmes pour instructions de les apporter dans nos chambres d'hôtel, de nous déshabiller complètement et de nous tenir face à un miroir avec le sac en papier sur la tête. À travers les trous percés, nous devions examiner attentivement chaque partie de notre corps et noter les commentaires qui nous venaient spontanément à l'esprit lorsque nous nous observions. Cela me semblait très étrange.

Cependant, ce fut une expérience qui transforma ma vie. Je me suis d'abord concentrée sur les parties de mon corps que je n'aimais pas – celles qui étaient trop grosses ou trop petites, trop molles ou trop ridées. En me laissant totalement absorber par cet exercice, j'ai fini par éprouver un sentiment presque sacré. Je suis passée d'un état où je me contentais de juger durement chaque partie de mon corps à un état où j'avais pleinement conscience du merveilleux cadeau que j'avais reçu et de la perfection de ce corps tel qu'il m'avait été donné.

J'en suis venue à considérer le gonflement de mon ventre comme la preuve des bienfaits de la maternité. Je me suis souvenue que mes genoux légèrement bancals m'avaient hissée, par-delà la douleur, jusqu'au sommet des montagnes. Je me suis rappelé que mes bras avaient étreint et dorloté ceux que j'aimais. Quand l'exercice arriva à son terme, je fus submergée par une vague de reconnaissance… et de remords. Et ces pieds ! Ils m'avaient accompagnée sans relâche durant des décennies sans jamais recevoir le moindre mot de remerciement. Je ressentis alors un formidable sentiment de reconnaissance pour le corps que j'avais reçu, pour ce cadeau extraordinaire que j'avais critiqué sans cesse car je lui reprochais de ne pas être dans une certaine mesure meilleur ou différent.

Après cet exercice, nous fûmes conviés à une réunion où l'on nous demanda d'écrire une lettre à notre corps, puis d'écouter les témoignages de gens qui exprimaient les sentiments de contrition, de gratitude et de honte qu'ils éprouvaient à l'égard de ce contenant miraculeux dont chacun de nous bénéficiait. La pièce était si silencieuse qu'on pouvait entendre les mouches voler. Entre deux sanglots, un homme en fauteuil roulant décrivit les insultes qu'il avait proférées à l'encontre de son corps durant des années, car il était en colère et il estimait que son corps l'avait trahi de différentes manières. Une femme souffrant de surpoids évoqua les habitudes malsaines qu'elle avait infligées à son corps pour garder à distance l'amour et les amoureux éventuels. La pièce fut alors emplie d'un bourdonnement tranquille de gratitude. Ce n'était qu'un simple exercice lors d'un atelier de fin de semaine, mais il éveilla en moi quelque chose de puissant, qui heureusement perdura.

> *Lorsque vos enfants constateront qu'au lieu de vous plaindre de ce que vous n'aimez pas dans votre physique, vous reconnaissez le merveilleux cadeau que représente votre corps, ils seront beaucoup plus susceptibles de considérer leur propre corps – verrues incluses – avec respect, attention et reconnaissance.*

Remerciez les parties de votre corps qui vous ont si bien servi et vous ont permis de danser, de chanter, de manger, de voir, de sentir, de toucher et de grimper. Lorsque vos enfants constateront qu'au lieu de vous plaindre de ce que vous n'aimez pas dans votre physique, vous reconnaissez le merveilleux cadeau que représente votre corps, ils seront beaucoup plus susceptibles de considérer leur propre corps – verrues incluses – avec respect, attention et reconnaissance.

Faire appel à votre tribu

De temps en temps, une mère épuisée s'assied sur le canapé de mon bureau, l'air hagard. Il ne me faut que quelques minutes pour constater qu'elle est au bout du rouleau. Si elle est chanceuse, elle peut espérer dormir cinq heures par nuit, mais son sommeil est habituellement interrompu par un de ses enfants qui monte dans son lit et y fait des bêtises, ce qui rend illusoire toute idée de connaître un sommeil paisible. Pour s'alimenter, elle grappille de-ci de-là dans les plats que ses enfants n'ont pas terminés tout en s'affairant à ranger la cuisine, ce qui ne lui laisse jamais le temps de s'asseoir pour savourer un vrai repas. Lorsque je lui demande de me parler du dernier livre qu'elle a lu, elle éclate de rire tant ma question lui semble absurde et elle ne peut se rappeler à quoi ressemble une véritable discussion avec un adulte autre que son conjoint, avec qui elle ne discute que... des enfants.

J'ai la réputation de renvoyer ces clients après quelques minutes passées dans mon bureau ; en règle générale, je leur demande de suivre certaines instructions durant au moins une semaine et de revenir me consulter ensuite, s'ils en éprouvent toujours le besoin. À chacun d'eux je dis : « J'aimerais que vous buviez de l'eau dès l'instant où vous remarquez que vous avez soif, que vous mangiez des aliments nutritifs dès que vous vous rendez compte que vous avez faim (de préférence en vous asseyant), que vous alliez aux toilettes dès que vous en ressentez l'urgence (de nombreux parents ont pris l'habitude de se retenir jusqu'à ce que cela devienne insupportable), et que vous vous reposiez en étendant les jambes et en fermant les yeux – même durant trois minutes – lorsque vous vous sentez fatigué. »

Habituellement, mes clients croient que je plaisante et se mettent à rire un peu nerveusement. Pourtant, ils découvrent assez rapidement que je suis très sérieuse. J'ajoute alors : « Si vous ne commencez pas par prendre soin de vous-même, le travail que nous faisons ensemble sur votre famille ou vos enfants n'aura aucune pertinence. »

Bien entendu, je n'agis pas ainsi très souvent ; bien que la plupart des parents avec lesquels je travaille ne prennent pas particulièrement soin d'eux-mêmes, la situation que j'ai décrite ci-dessus est extrême. Mais lorsque je suis confrontée à des parents – des femmes en règle générale – qui ne manifestent aucune attention affectueuse envers leur corps ou leur esprit, je les renvoie chez eux. (En fait, je leur suggère parfois de quitter mon bureau et d'en profiter pour aller se reposer dans leur voiture car quelqu'un s'occupe de leurs enfants durant le temps qu'ils sont censés passer en consultation avec moi !) Je veux qu'ils comprennent que, tant qu'ils n'auront pas modifié leur attitude et leur comportement pour répondre à leurs besoins les plus élémentaires, ils ne seront pas en mesure d'assumer le rôle de capitaine du bateau auprès de leurs enfants.

Il est tout simplement impossible d'exercer son rôle de parent seul ou en couple sans se sentir usé sur les bords, pour ne pas dire totalement épuisé. Nous ne sommes pas censés élever seuls nos enfants ; nous sommes censés faire partie d'une tribu. Dans son merveilleux essai *I Miss the Village*, Bunmi Laditan a déclaré :

> Quand l'un de nous se sentait fatigué[4] ou avait besoin de se reposer après une longue nuit sans sommeil passée auprès de son enfant, nous allions chez lui pour lui prêter assistance et nous occuper de son enfant comme s'il était le nôtre, et ce, aussi longtemps que nécessaire – il n'avait même pas besoin de demander. De la sorte, les parents épuisés pouvaient alors plonger en toute confiance dans un sommeil réparateur. Nous voulions qu'ils soient bien parce que nous savions que nous sommes aussi forts que notre maillon le plus faible – et pas seulement pour cette raison, nous le faisions aussi parce que nous les aimions non pas de l'amour à l'eau de rose des cartes de vœux, mais d'un amour reconnaissant car nous étions totalement conscients que leurs couleurs ajoutaient un plus à notre mosaïque... Ce village de mères, que je n'ai jamais connu, me manque. Nous l'avons échangé pour des maisons qui nous paraissent distantes de centaines de kilomètres les unes des autres alors qu'elles sont situées à un jet de pierre de la nôtre. Nous l'avons échangé pour des portes d'entrée hermétiquement closes, pour des appareils qui clignotent sans cesse et pour des après-midis solitaires lors desquels nous jouons seules sur le sol avec nos tout-petits.

Parents – créez-vous une tribu. C'est non seulement primordial pour votre équilibre mental et votre santé, mais également essentiel pour élever des enfants qui deviendront plus tard des adultes confiants, conscients et attentionnés. Seul ou en couple, il est virtuellement impossible d'élever un enfant. Nous avons tous besoin de soutien et de temps pour prendre soin de nous. Et lorsque nous avons des enfants difficiles, il est quasiment vital de recevoir une assistance extérieure supplémentaire, une orientation – et de bénéficier tout simplement d'une pause. Une femme de ma connaissance qui est atteinte d'un cancer m'a dit un jour : « Si vous êtes là pour mes enfants, vous êtes là pour moi. » S'il vous plaît, élargissez votre réseau.

Hormis le soutien et l'esprit de camaraderie que notre tribu peut nous apporter en tant que parents, il est aussi très important que nos enfants développent des liens affectifs sains avec d'autres adultes dignes de confiance. En Tanzanie, dans l'une des tribus que nous avons visitées, les enfants en quête de réconfort ou d'un câlin agrippaient la jambe de la mère la plus proche. Chez les femmes, les rires étaient faciles et détendus. Les enfants déambulaient comme ils le souhaitaient, et les grands et les petits se mélangeaient. En Nouvelle-Zélande, j'ai passé un certain temps dans une modeste école de campagne où les enfants jouaient pieds nus au football – ceux de cinq ans et de treize ans s'amusaient ensemble joyeusement, sans aucune discrimination. « Ils n'ont pas le choix, ils doivent s'entendre, me déclara le directeur de l'école. Ils font tous partie d'un même ensemble. »

> *Seul ou en couple, il est virtuellement impossible d'élever un enfant. Nous avons tous besoin de soutien et de temps pour prendre soin de nous.*

Les enfants qui sentent qu'ils appartiennent à une communauté grandissent avec un fort sentiment d'ancrage. Je vous encourage vivement à rechercher dans votre entourage un groupe de parents avec lesquels vous partagez les mêmes valeurs et qui ont des enfants ayant sensiblement le même âge que les vôtres. Trouvez les meilleures façons de passer le plus de temps possible ensemble, comme amis et partenaires dans l'éducation de vos enfants, en vous offrant les uns les autres du soutien, du répit et le temps nécessaire pour recharger vos batteries.

Soyez reconnaissant envers vous-même

Nous ne pouvons évoquer le fait de prendre soin de soi sans aborder la manière dont nous nous parlons dans l'intimité de nos propres pensées. En tant que thérapeute, j'ai pu percevoir sans aucun filtre et très crûment de quelle manière les gens dialoguent avec eux-mêmes. Permettez-moi de vous dire que ce n'est pas très joli. « Tu ne peux rien faire de bien ! », « Tu es beaucoup trop grosse ! », « Comment quelqu'un pourrait-il t'aimer ? ». Je demande parfois à mes clients comment ils réagiraient si un ami leur parlait de la manière dont ils se parlent parfois à eux-mêmes. « Combien de temps garderiez-vous cette personne dans votre vie si elle vous disait des choses semblables à celles que vous vous dites dans votre dialogue intérieur ? » Habituellement, la réponse est instantanée. « Si quelqu'un me parlait comme ça, je n'aurais plus rien à faire avec lui ! » Et pourtant, nous continuons à nous montrer impitoyables envers nous-mêmes.

J'organise fréquemment des cours en ligne. Lors de la première session, je prépare souvent le terrain en présentant aux parents le travail que nous allons accomplir ensemble, puis je leur rappelle que, lorsqu'ils auront appris de nouvelles approches, ils pourraient être tentés d'être critiques envers eux-mêmes s'ils constatent qu'ils éprouvent des difficultés à mettre en œuvre une idée nouvelle ou s'ils ne peuvent s'empêcher de recourir aux cris ou aux menaces. Voici ce que je leur dis : « Il est tout à fait normal de se sentir mal à l'aise lorsque nous disons ou faisons des choses qui ne reflètent pas l'image du parent que nous souhaiterions être. C'est comme ressentir une douleur lorsque vous posez la main sur un poêle brûlant. Pourtant, cette expérience a une certaine valeur car vous vous dites ensuite : "Ouf ! Je n'ai vraiment pas aimé faire ça." Les problèmes surviennent lorsque nous nous flagellons injustement en reproduisant sans doute dans nos têtes la voix stigmatisante d'un parent ou d'un professeur. En fait, cela peut être extrêmement nocif car nous ressentons alors de la honte, nous devenons plus défensifs et nous nous en prenons plus souvent et plus âprement à nos enfants, ce qui a pour effet d'accélérer le cercle vicieux. »

J'ai reçu ce courriel alors que je donnais un cours en ligne en trois volets pour la tribu Momastery de Glennon Melton.

Après avoir regardé la deuxième partie du webinaire, mon mari et moi avons reçu par la poste une lettre de la ville nous informant que les herbes qui poussaient devant notre cour d'entrée étaient trop hautes et que nous devions les couper. Quelques années auparavant, nous avons acheté notre maison dans l'état où elle est aujourd'hui, en espérant pouvoir arranger la cour d'entrée. Quand nous avons pris possession des lieux, j'étais enceinte de sept mois et nous avions déjà un petit bambin de deux ans. Cependant, cette situation m'a toujours profondément ennuyée. Nous vivons dans un quartier où les cours d'entrée sont parfaitement bien tenues et, durant toute ma vie, mon père m'a appris à respecter les apparences, particulièrement celle des maisons. J'ai toujours eu sa voix dans ma tête qui me serinait à quel point ma cour était horrible, et parfois il me le disait lui-même de vive voix.

Bon voilà, après avoir ouvert cette lettre, j'ai éprouvé un véritable sentiment de panique. Comme j'étais au bord des larmes et en pleine crise, je me suis retrouvée sur le sol de la cuisine, la tête entre les genoux, puis je me suis ressaisie et j'ai utilisé tout ce que j'avais appris durant le webinaire et je l'ai appliqué à moi-même.

J'ai commencé à dire à voix haute toutes les histoires qui tournaient en boucle dans ma tête : « Mes voisins doivent me haïr », « Je sais qu'ils nous évitent – ils ont dû déposer une plainte », « Ils doivent penser que je suis paresseuse... En fait, c'est vrai, je suis une grosse paresseuse, il suffit de voir à quoi ressemble la cour d'entrée », « Si mon père savait ce qui se passait, il me dirait : "Je te l'ai toujours dit." »

Après avoir entendu toutes les histoires que je me racontais, j'ai pris la décision de dire la vérité à voix haute : « Je suis une mère très occupée avec deux jeunes enfants», «Mon mari et moi travaillons à temps plein», «En ce moment, mes enfants constituent ma priorité et, malgré tous mes efforts, je n'ai pas assez de temps à leur consacrer». Puis je me suis donné une tape sur l'épaule et j'ai éclaté en sanglots.

Je vous raconte tout cela pour une seule raison. Pour vous dire : «Merci!» Franchement, je n'avais aucune idée de l'incroyable puissance de ces voix qui résonnaient dans ma tête. En fait, j'étais littéralement en train de me détruire en tant que mère et en tant que personne. D'aussi loin que je m'en souvienne, j'ai toujours manqué d'amour de soi et de confiance en soi parce que la voix que j'entendais dans ma tête était trop claire et trop négative. Mais maintenant que je dispose des outils nécessaires pour changer cette situation, je me sens tout excitée!

La nuit dernière, alors que j'étais allongée dans mon lit avec ma fille de quatre ans, elle me couvrit de baisers tandis que je lui expliquais les raisons pour lesquelles je l'aimais (sans tenir compte de ses succès et de ses réussites). Dès cet instant, je pris conscience à quel point sa routine du coucher avait changé. Merci à vous deux qui m'avez appris à embrasser sans réserve ma vie «merveilleuse et désordonnée».

J'ai lu le courriel de cette femme puis je me suis assise et je suis restée silencieuse pendant un long moment, touchée et inspirée par son récit. Son histoire était mon histoire, et votre histoire, et l'histoire de tous ceux qui empruntent le chemin de la guérison. Je suis tout simplement émerveillée par la beauté de l'esprit humain.

Il n'y a pas si longtemps de cela, j'ai interviewé Thupten Jinpa, le principal traducteur du dalaï-lama. Je lui ai demandé si Sa Sainteté avait déjà évoqué en sa présence l'art d'être parent. Je fus surprise de sa réponse : «Sa Sainteté est l'une des personnes les plus compatissantes que j'aie jamais rencontrées. Voici ce qu'il m'a dit : "Lorsque je considère l'expérience parentale, parfois je m'interroge

– si j'avais été parent, aurais-je fait preuve de suffisamment de patience ?" »

N'est-ce pas étonnant ? Si le dalaï-lama n'est pas sûr qu'il aurait eu suffisamment de patience pour élever des enfants, nous pouvons tous nous détendre un petit peu et voir sous un autre jour nos lacunes et nos manquements ! C'est seulement lorsque nous nous acceptons avec compassion, avec nos verrues et tout le reste, que nous pouvons continuer à grandir par-delà les faux pas et les aléas de la vie parentale.

> *Si le dalaï-lama n'est pas sûr qu'il aurait eu suffisamment de patience pour élever des enfants, nous pouvons tous nous détendre un petit peu et voir sous un autre jour nos lacunes et nos manquements !*

Je crois qu'une des réalisations dont je suis le plus fière en tant que mère et en tant que personne faisant de son mieux pour continuer à grandir fut de faire la paix avec mes imperfections. Si nous n'acceptons pas et n'aimons pas tout ce qui nous constitue – tel quel, par le corps et par l'esprit –, nous ne pourrons pas demander aux autres de bien nous traiter. Si nous voulons que nos enfants parviennent à l'âge adulte avec confiance et en cultivant le sentiment de l'amour de soi, nous devons leur montrer l'exemple.

J'ai discuté des différents moyens qui nous permettent d'aider nos enfants à acquérir la certitude qu'ils sont dignes d'être aimés et respectés. Mon ultime suggestion serait de les encourager à choisir leurs amis avec sagesse et d'éliminer ceux qui les traitent de manière malveillante et irrespectueuse.

Établir de saines barrières dans les relations

Ce matin, j'ai ouvert le robinet pour faire couler de l'eau chaude dans le lavabo de la salle de bains. Je l'ai laissé couler un certain temps pour m'assurer qu'elle était bien chaude, puis j'ai vérifié la température. Elle était tout juste tiède. J'ai continué à la laisser couler, puis j'ai vérifié à nouveau. Elle était toujours tiède. Je l'ai encore laissé couler.

Quel était donc le problème? Je me suis alors rendu compte que j'avais ouvert par inadvertance les deux robinets – l'eau chaude et l'eau froide. Tant que le robinet d'eau froide serait ouvert, l'eau ne pourrait jamais être chaude.

Ce constat anodin m'a fait penser à mes relations interpersonnelles et à la difficulté que j'avais eue à accepter les autres tels qu'ils sont, de façon à adapter mes attentes en fonction de ce paramètre. Comme cette eau qui ne pouvait devenir chaude parce que le robinet d'eau froide était ouvert, certaines personnes ne pourront jamais se manifester à nous de la manière que nous souhaitons, et ce, pour des raisons que nous ne pourrons jamais comprendre. Car un élément imprévisible interfère dans cette équation : une source de froid s'y déverse en permanence.

Lorsque nous aimons une personne qui ne nous convient pas, il peut s'avérer difficile d'accepter le fait que nous ne pourrons pas poursuivre cette relation. Cette personne est peut-être malhonnête. Peut-être nous maltraite-t-elle. Dans certains cas, nous pouvons éprouver un amour sans bornes pour une personne qui nous est totalement toxique, soit intentionnellement soit en raison de ses propres blessures. J'ai souvent constaté que des enfants recherchaient éperdument l'amitié d'autres gamins qui leur jetaient de temps en temps quelques miettes, mais qui, en règle générale, les traitaient horriblement mal. Dans son livre *Odd Girl Out*, Rachel Simmons évoque la cruauté des jeunes filles et l'impact négatif et durable qu'une telle attitude peut avoir sur des femmes de quarante ans et plus. Dans ma propre vie, j'ai éprouvé de l'angoisse par rapport à des personnes que j'avais aimées et que j'avais dû me résoudre à rayer de ma vie.

Pourtant, si nous voulons aider et préparer nos enfants à entretenir et maintenir des relations aimantes et nourrissantes durant leur vie adulte, il est vital de leur enseigner qu'aimer quelqu'un ne devrait pas blesser ou faire mal et qu'ils peuvent survivre en laissant partir une personne qui leur est néfaste.

Nous devons aussi aider nos enfants à comprendre qu'ils ne peuvent pas sauver les autres. Bien que je sois convaincue que nous devons nous efforcer d'atténuer les douleurs de ceux qui souffrent quand nous le pouvons, les enfants qui essaient de venir en aide à leurs amis perturbés aboutissent habituellement à des résultats catastrophiques. Nos enfants ne sont pas censés être des sauveurs et ils ne sont pas non plus censés prendre soin de leurs amis, de leurs parents ou de leurs frères et sœurs, et ce, même si le sentiment de venir en aide à autrui est des plus valorisants. Si nous leur insufflons la croyance qu'ils ont pour mission de guérir ceux qui les entourent – quel qu'en soit le coût personnel –, nous les condamnons à emprunter un chemin périlleux où ils devront toujours s'efforcer de plaire aux autres et, au bout du compte, il leur faudra des années pour s'en remettre. Un dicton illustre parfaitement bien cette idée : *Si vous voyez un homme qui se noie, essayez de le sortir de l'eau. Mais s'il agrippe votre bras et essaie de vous entraîner à sa suite, repoussez-le de toutes vos forces.*

Aidez vos enfants à établir de saines barrières – des barrières reflétant le respect de soi et le respect de leur propre valeur. S'ils ont des amis qui leur sont néfastes, discutez avec eux afin de déterminer si le bénéfice global qu'ils retirent de cette relation en vaut réellement la peine. S'ils finissent par admettre qu'ils méritent mieux, aidez-les à surmonter la perte de cette amitié – c'est une grande perte de mettre un terme à une relation qui a une certaine valeur à nos yeux – de façon qu'ils puissent aller résolument de l'avant.

Se fier à son intuition

Dans son livre *La peur qui vous sauve*, l'expert en matière de prévention de la violence Gavin de Becker donne de nombreux exemples de victimes de crimes qui n'ont pas tenu compte de leur intuition en dépit du fait qu'elles avaient eu le sentiment d'être en danger. De Becker affirme qu'il est essentiel d'écouter les messages intuitifs qui nous sont transmis sous la forme de doutes, d'hésitations, de pensées persistantes et de sentiments lancinants et tenaces. Selon lui, le message ultime de l'intuition, la peur, est l'un des plus difficiles à ignorer.

« Pourtant, les gens s'évertuent à réduire cette voix au silence[5] : *Calme-toi, calme-toi, tu t'inquiètes probablement pour rien*, se disent certains au lieu d'écouter ce signal protecteur que leur envoie la nature. » Il poursuit en déclarant : « En fait, la racine du mot intuition est *intueri*, ce qui en latin signifie "regarder attentivement et protéger". »

Si nous voulons élever des enfants confiants, nous devons les encourager à être à l'écoute de leur sagesse intérieure et à se fier à leurs pressentiments. Nos corps sont des instruments finement ciselés qui peuvent nous aider à identifier la cause d'un problème, nous prévenir lorsqu'une situation n'est pas normale et nous alerter en cas de danger potentiel. Des paumes moites, des papillons dans l'estomac, des tensions à l'arrière du cou ou un rythme cardiaque élevé peuvent indiquer que quelque chose ne tourne pas rond. L'énergie d'une personne peut nous mettre mal à l'aise ; nous pouvons aussi sentir qu'en dépit des apparences quelque chose de malsain est à l'œuvre, et ce, même si tout semble parfaitement normal. Naturellement, l'inverse est tout aussi vrai ; une personne qui nous apparaît négligée et imprévisible peut s'avérer parfaitement inoffensive, et une situation qui nous paraissait potentiellement dangereuse peut connaître une fin heureuse et inattendue. L'intuition nous aide à discerner si tout va pour le mieux ou si nous courons un risque quelconque.

Sensibilisez vos enfants au fait que nos esprits subconscients collectent et traitent une quantité d'informations astronomique pour nous aider à opérer des choix ; sans pour autant les inciter à ignorer les faits et les chiffres tangibles, convainquez-les qu'ils auront beaucoup à gagner en se fiant à leur instinct et en apprenant à décoder les signaux intuitifs.

Si votre fille est troublée par une relation particulière qu'elle entretient avec des amis, vous pourriez lui dire : « Chérie, calme-toi un instant et essaie de voir ce que te dit ton intuition. Si tu te fies à ce que tu ressens, quelle est la meilleure façon de régler ce problème avec Elisabeth et Toni ? As-tu le sentiment de vivre une relation saine ? Te sens-tu bien lorsque tu passes du temps en leur compagnie ? » Vous pouvez également favoriser ce processus en faisant certaines suggestions à votre enfant tout en l'invitant à rester calme et à être attentif à la façon dont son corps réagit lorsque vous lui faites part de vos réflexions.

Nos corps nous disent quand nous pouvons être ouverts et confiants ou, à l'inverse, méfiants et sur la défensive. Les enfants qui savent fixer des limites et les faire respecter ont beaucoup plus de facilité à établir des barrières appropriées avec leurs pairs. Enseignez-leur qu'un non constitue une réponse définitive. Organisez avec eux des jeux de rôles dans lesquels vous les inciterez à se fier à leurs convictions profondes lorsqu'ils sont confrontés à des situations délicates où, par exemple, quelqu'un les pousse à boire de la bière alors qu'ils ne se sentent pas prêts à le faire, ou à avoir des relations sexuelles alors qu'ils n'en ont aucune envie.

> *Les enfants qui savent fixer des limites et les faire respecter ont beaucoup plus de facilité à établir des barrières appropriées avec leurs pairs. Enseignez-leur qu'un non constitue une réponse définitive.*

Le programme intitulé «Impact Training» est un formidable programme destiné aux femmes et aux adolescentes; il les aide à se libérer des contraintes de leur vie sociale, où elles sont censées être gentilles et serviables, en les encourageant à dire «non» à voix haute et de la manière la plus puissante possible. Ce programme offre aussi des modules destinés aux enfants d'âge scolaire. Je le recommande vivement.

Pour enseigner aux enfants comment être à l'écoute des messages intuitifs les plus subtils que leur envoient leurs émotions, une des méthodes les plus efficaces consiste à leur demander de décrire leurs sentiments en termes de couleurs. «Si le rouge correspond à la colère, le noir à la tristesse, l'orange au bonheur, et ainsi de suite, quelle couleur correspond le mieux à ce que tu ressens?» Dans son ouvrage intitulé *Calme et attentif comme une grenouille*, Eline Snel demande aux enfants de se mettre à l'écoute de leur état émotionnel en les invitant à partager leur bulletin météo personnel. «En ce moment, à quoi ressemble la météo qui règne dans ton corps?[6] Est-ce ensoleillé ou orageux ? » (Pour en apprendre plus sur cette technique, référez-vous au chapitre 11.)

Les enfants doivent comprendre qu'il est tout à fait normal d'éprouver les sentiments les plus divers, incluant la colère. Néanmoins, gardez à portée de main une légère batte de baseball en plastique ou un sac de sable. Ainsi, lorsque vos enfants ressentiront de la colère dans leur corps, ils pourront utiliser ces objets pour s'exprimer de façon acceptable, et ce, sans encourir le moindre danger.

Il est important que nos enfants soient attentifs aux émotions qu'ils ressentent dans leur corps au lieu de chercher à les étouffer, et ce, contrairement à la plupart d'entre nous qui ont été formés par leurs propres parents à ne pas exprimer leurs peurs, leurs blessures, leurs craintes ou leur colère.

Nous sommes tous venus au monde avec une boîte à outils pleine de ressources intérieures dans lesquelles nous pouvons abondamment puiser durant toute notre vie. Apprendre aux enfants à se fier au compas intérieur de leur intuition et les encourager à le faire les aidera à se tenir éloignés des problèmes et à saisir les opportunités les plus bénéfiques qui se présenteront à eux.

Vivre avec passion

À seize ans, je travaillais après mes cours dans un centre de la petite enfance. Un jour, une gamine de quatre ans se présenta. Originaires de l'Inde, ses parents s'étaient récemment installés à Kansas City, et la petite Ruby ne parlait pas un seul mot anglais.

J'ai pensé qu'il pourrait être utile que ses parents m'apprennent quelques mots d'hindi afin que je puisse converser avec elle et lui demander si elle avait faim ou si elle avait besoin d'utiliser la salle de bains. Dès que je me mis à apprendre l'hindi, je ressentis à l'intérieur de moi quelque chose d'incroyablement joyeux. J'adorais cette langue et j'absorbais à une vitesse hallucinante les leçons que ses parents me donnaient. En fait, j'aurais souhaité que cela ne cesse jamais.

Pour une adolescente de seize ans vivant à Kansas City dans les années 1970, il n'y avait pas beaucoup d'options disponibles pour apprendre cette langue « exotique », hormis dépendre de la générosité des parents de Ruby qui acceptaient de m'enseigner leur langue quand ils avaient suffisamment de temps disponible. J'étais si décidée à apprendre cette langue que je me suis mise à appeler aux quatre coins du pays, jusqu'à ce que je découvre que l'Université de Pennsylvanie avait un département d'hindi. J'ai aussitôt commandé leur manuel d'enseignement et j'ai attendu impatiemment qu'il arrive dans ma boîte aux lettres.

Dès que je l'ai reçu, je suis devenue une étudiante passionnée de l'hindi. En l'absence de tout professeur, je me suis imposé une stricte discipline. Je m'astreignais à faire chaque jour de nombreux exercices et à vérifier ensuite la justesse de mes réponses en consultant les explications données à la fin du livre. J'ai littéralement dévoré ce manuel et, lorsque je me suis installée à New York à l'âge de dix-sept ans, j'ai écumé les librairies à la recherche de dictionnaires et d'abécédaires de lecture et d'écriture. Quand j'eus fait le tour des ouvrages me permettant de pratiquer mon hindi, j'ai commencé à consulter l'annuaire téléphonique puis à appeler des gens qui portaient le nom de famille Singh pour leur demander – en hindi – s'ils accepteraient de converser avec moi.

Si je devais décrire de la meilleure façon possible cette quasi-obsession d'apprendre l'hindi, je dirais que j'aimais sentir le goût de ces mots dans ma bouche. Quand j'étudiais cette langue, j'étais emplie d'une joie incommensurable, ce qui me poussait inexorablement à me soumettre à cette urgence d'apprendre.

Une adolescente du Kansas qui veut passionnément apprendre une langue parlée par des gens qui vivent à l'autre bout du monde, cela n'a aucun sens. Pourtant, l'apprentissage de l'hindi m'a ouvert bien des portes tout en pimentant ma vie d'un ingrédient très spécial. Et, naturellement, lorsque je suis allée en Inde, ma maîtrise (imparfaite) de l'hindi m'a permis de vivre des expériences extraordinaires.

Sachez que vos enfants observent attentivement votre manière de passer le temps. Si vous vous démenez pour consacrer du temps à la poursuite de vos passions – lire, peindre, contempler les étoiles, jardiner –, vos enfants considéreront l'apprentissage comme une dimension essentielle de la vie. Et si vous ne savez pas vraiment ce qui vous apporte de la joie, attachez-vous aux petites choses qui retiennent votre attention : un lien sur un fil Twitter, une entrevue à la radio, un gros titre sur la couverture d'un magazine. Suivez ces petits cailloux et ils vous guideront là où votre cœur veut que vous alliez.

Encourager la curiosité

Chaque enfant vient au monde en disposant d'un ensemble de passions intégrées. Certains enfants sont consumés par le désir ardent de danser jusqu'à épuisement. D'autres ne désirent que concocter des délices culinaires. Certains aiment raconter des histoires, passer du temps avec les animaux ou concevoir des inventions. Si nous voulons réellement que nos enfants découvrent leur passion et leur but dans la vie, nous devons rester ouverts à leurs aspirations au lieu de les pousser dans une direction que nous préférerions qu'ils suivent mais qui ne les attire nullement.

> *Si nous voulons réellement que nos enfants découvrent leur passion et leur but dans la vie, nous devons rester ouverts à leurs aspirations au lieu de les pousser dans une direction que nous préférerions qu'ils suivent mais qui ne les attire nullement.*

Agir ainsi exige de disposer de beaucoup de temps non structuré et d'accepter de s'exposer à une grande diversité de gens et d'expériences. Les activités organisées que nous imposons en permanence à nos enfants, associées aux longues soirées passées à faire les devoirs et à la pression constante du monde numérique, leur laissent rarement le temps de se retrouver dans un état de quiétude où ils seraient susceptibles d'entendre l'appel pouvant les guider vers leur voie d'exploration privilégiée. Si je n'avais pas eu de temps libre lors de mes études secondaires, je n'aurais jamais pu réaliser mon désir d'apprendre l'hindi.

Programmer la journée d'un enfant du matin au soir – et, de nos jours, en incluant les fins de semaine et les vacances scolaires – ne lui laisse pas le temps de vagabonder, de rêvasser ou d'explorer les choses qui rendent sa vie plus palpitante.

Élever un enfant qui deviendra plus tard ce qu'il est censé être exige aussi un engagement résolu à encourager sa fascination pour la vie. J'aime la phrase que Janell Burley Hofmann a écrite sur le contrat qu'elle a signé lorsqu'elle a acheté un iPhone à son fils de treize ans : « Interroge-toi sans faire appel à Google. »[7] Dans le monde d'aujourd'hui, les enfants s'interrogent rarement ; la réponse aux questions qu'ils se posent est à portée de main, en utilisant n'importe quel appareil ou ordinateur disponible. Mais l'aptitude à résoudre des problèmes est l'une des plus grandes compétences que nous puissions aider nos enfants à développer. Pour ce faire, cela exige de s'installer dans un espace situé à équidistance entre la curiosité et les réponses, et où l'on ne prétend pas tout savoir.

Donnez à vos enfants l'occasion de sortir du cadre traditionnel de la salle de classe et de flairer ce qui les intéresse. Au début, ou même à long terme, la poursuite de tels objectifs peut sembler futile, mais vous ressentirez vite la joie que vos enfants éprouvent à répondre aux aspirations de leur cœur, aussi mystérieux que cela puisse paraître. Lorsque nous agissons ainsi, tous les types de magie peuvent se produire.

En insufflant un sens et une passion pour l'apprentissage dans votre vie et en offrant à vos enfants de véritables occasions d'agir de même dans leur vie quotidienne, vous les vaccinerez en quelque sorte contre l'ennui, l'apathie et le mal-être, et vous infuserez la joie dans leur esprit, la joie prodigieuse qui nous anime lorsque nous poursuivons des objectifs qui réjouissent nos âmes.

En insufflant un sens et une passion pour l'apprentissage dans votre vie et en offrant à vos enfants de véritables occasions d'agir de même dans leur vie quotidienne, vous les vaccinerez en quelque sorte contre l'ennui, l'apathie et le mal-être, et vous infuserez la joie dans leur esprit, la joie prodigieuse qui nous anime lorsque nous poursuivons des objectifs qui réjouissent nos âmes.

MAINTENANT, C'EST VOTRE TOUR

Asseyez-vous tranquillement et réfléchissez aux questions suivantes tout en notant vos pensées dans votre journal.

1. Lorsque vous étiez enfant, qu'aimiez-vous faire ? Aimiez-vous jouer à l'extérieur ? Peindre ? Faire de la musique ? Écrire de la poésie ? Construire ou bâtir ? Passer du temps avec des amis ? Résoudre des énigmes ? Lire ?

2. Qu'aimez-vous faire aujourd'hui ? Ou que feriez-vous – simplement par plaisir – si vous aviez le temps et la liberté de poursuivre vos passions ?

3. Durant les trois derniers mois, combien de fois vous êtes-vous livré à une activité associée à l'une de vos passions ? Si votre réponse est « jamais », à quand remonte la dernière fois où vous avez passé du temps à pratiquer une activité quelconque par pur plaisir ?

4. Qu'est-ce qui vous empêche de vous adonner à vos passions ou passe-temps favoris ? Nous pouvons tous répondre « le manque de temps », mais efforcez-vous de creuser cette question. Est-ce entièrement vrai ou y a-t-il certains moments de votre vie où vous pourriez vous exercer au piano ou lire un roman plutôt que d'ouvrir votre ordinateur ou de regarder la télévision ?

5. Comment vos enfants pourraient-ils bénéficier du fait que vous vous adonniez à l'une de vos passions ou à l'un de vos passe-temps favoris ?

6. Inscrivez le laps de temps que vous souhaiteriez consacrer à nourrir votre âme et à poursuivre l'une de vos passions. Indiquez les jours qui vous semblent les plus propices pour pratiquer ce type d'activité et les noms des personnes qui pourraient s'occuper de vos enfants, ainsi que toute autre information pouvant concourir à faire de ce rêve une réalité.

SOYONS PRATIQUES
L'art d'être un parent présent dans la vie quotidienne

Pour mon travail, je dois être en permanence branchée sur mon ordinateur. Sachant cela, comment pourrais-je me déconnecter ?

Question : Je comprends qu'il est important de limiter le temps passé devant l'écran, mais j'ai un patron très exigeant qui m'envoie – matin et soir – des tonnes de courriels ! Et il s'attend à ce que je lui réponde immédiatement. Je suis très chanceuse de pouvoir travailler à partir de chez moi et je ne veux pas perdre mon travail. Mais mes enfants me voient souvent ouvrir mon ordinateur ou répondre à un message texte alors qu'ils pensaient que nous allions passer du temps en famille. Comment puis-je les convaincre de l'importance de se déconnecter quand ils me voient toujours les yeux rivés sur mon ordinateur ?

Suggestion : Les avancées technologiques ont permis à de nombreux parents de travailler à domicile, ce qui leur permet d'être présents chaque jour auprès de leurs enfants. Une telle situation était jadis impensable. Bien que vos enfants puissent avoir l'impression que vous êtes entièrement présente à leurs côtés alors que vous leur racontez une histoire ou préparez leur petit-déjeuner, vous pouvez à tout moment être interrompue par votre employeur, ce qui peut leur donner le sentiment d'être moins importants que la personne qui vous envoie ces bips. De plus, comme vous l'avez mentionné, il pourrait sembler quelque peu hypocrite de les encourager à se déconnecter alors que vous vous déplacez dans la maison avec votre téléphone intelligent collé à l'oreille.

Votre situation concerne tout autant votre utilisation de la technologie que votre capacité à laisser vos enfants exprimer la frustration qu'ils ressentent lorsqu'ils doivent vous partager avec votre patron. Dans mes cours en ligne et dans mon ouvrage précédent, *Parenting Without Power Struggles*, j'enseigne un module intitulé *L'art d'être parent*, acte 1, dans lequel j'incite les parents à s'assurer que leurs enfants se sentent écoutés avant de leur prodiguer des conseils et des explications.

Vous pourriez leur dire : «Je me demande ce que vous ressentez lorsque vous me voyez répondre au téléphone alors que nous sommes en train de dîner. Est-ce vraiment si insupportable?»

Contentez-vous d'amorcer la conversation tout en reconnaissant clairement que vos enfants peuvent éprouver un ressentiment légitime à l'idée de devoir vous partager. Une fois qu'ils auront exprimé leur frustration, vous pourriez leur répondre : «Je comprends votre point de vue. Il n'est pas très juste de répondre au téléphone durant le repas alors que je vous oblige à fermer vos appareils pour que nous puissions nous retrouver et passer du temps en famille. Je vois où le bât blesse.» Ils s'attendront probablement à ce que vous leur expliquiez que vous avez besoin de travailler, mais ceci n'est peut-être pas nécessaire si vous leur avez déjà expliqué les exigences de votre emploi. Le plus important est qu'ils sachent qu'ils peuvent vous dire la vérité en toute sécurité.

Hormis le fait de trouver un autre emploi, votre situation ne sera pas facile à régler. Cependant, si vous reconnaissez les frustrations que cela suscite, plutôt que de faire des remarques acerbes, inspirées par un sentiment de culpabilité, lorsque vos enfants se plaignent – «Vous ne voulez pas que votre mère perde son emploi, n'est-ce pas?» –, vous diminuerez l'impact du sentiment qu'ils éprouvent quand ils vous voient branchée à vos appareils. Toutefois, lorsque vous ne travaillez pas, assurez-vous de prendre du plaisir avec vos enfants, et ce, sans être connectée d'une quelconque manière à un ordinateur ou à un téléphone intelligent!

Que dois-je faire si je n'ai pas le temps de créer une tribu solidaire?

Question : Je suis une mère monoparentale avec trois enfants de moins de huit ans. Mes parents vivent à l'autre bout du pays, et j'ai un travail à temps plein. Depuis mon divorce et notre installation dans un nouveau quartier, je n'ai pas eu le temps de rencontrer mes voisins, et encore moins d'intégrer une tribu de parents solidaires. Je suis très isolée.

Suggestion : De nombreux parents sont si occupés qu'ils ont à peine le temps de prendre une douche, et encore moins de consacrer du temps à se faire de nouveaux amis. Pourtant, je vous encourage à saisir toutes les opportunités qui se présentent, même les plus anodines, pour rencontrer de nouvelles personnes. Vous n'avez pas à vous éloigner outre mesure de la routine de votre vie quotidienne pour rencontrer des gens, mais vous devez néanmoins sortir de votre zone de confort pour amorcer la conversation. Le matin, lorsque vous amenez vos enfants à l'école, profitez-en pour discuter avec d'autres parents et, durant la fin de semaine, amenez régulièrement vos enfants dans un parc, où vous pourrez rencontrer d'autres parents vivant dans votre quartier. Certains parents trouvent qu'il est très utile de demander aux enseignants de leurs enfants de leur présenter les parents des camarades d'école que leurs enfants affectionnent particulièrement. D'autres participent à des activités scolaires ou à des événements que les bibliothèques de quartier organisent pour les enfants.

Forger une tribu exige certains efforts, mais les retombées bénéfiques sont considérables pour vous et vos enfants. Nous ne sommes pas censés élever nos enfants seuls ou isolés. Procédez lentement, peut-être en vous fixant comme objectif de rencontrer une nouvelle personne par mois. Au fil du temps, cette personne vous en présentera une autre et très vite vous pourrez constituer votre propre réseau de soutien.

Puis-je éliminer de ma vie mon ex-mari ?

Question : Je crois qu'il est important d'éliminer de nos vies les gens qui nous sont néfastes, mais comment dois-je agir avec mon ex-mari ? Il est grossier, imprévisible et il manque de considération. J'aimerais pouvoir l'éliminer de ma vie mais, en raison de notre entente de garde partagée, je dois traiter avec lui sur une base quasi quotidienne.

Suggestion : Comme je l'ai déjà mentionné, nous nous retrouvons parfois avec des enfants dont le comportement nous pousse à bout, ce qui nous incite soit à réagir en fonction de nos vieux schémas de pensée soit à relever le défi de guérir d'anciennes blessures, ce qui, ultimement, nous permet de grandir. Certains adultes semblent avoir été créés sur mesure pour déclencher chez nous des réactions insoupçonnées, souvent dans des situations semblables à la vôtre où vous ne pouvez pas aisément les rayer de votre liste.

La garde partagée après le divorce est l'une des épreuves les plus difficiles à assumer pour un parent. En effet, vous vous êtes séparée d'une personne que vous avez autrefois aimée, une personne qui vous a blessée ou déçue à un point tel que vous ne pouvez tolérer de vivre à ses côtés. Vous pouvez éprouver de la rage, du ressentiment, de la confusion et un profond chagrin. Naturellement, il serait moins douloureux d'éliminer cette personne de votre quotidien. C'est dans des situations telles que la vôtre que nous prononçons des déclarations incendiaires comme : « Je suis prête à prendre une balle dans la tête pour défendre mon enfant » ou « Je remuerai ciel et terre pour protéger mes petites filles ».

Chaque fois que vous interagissez avec votre ex-mari, vous avez le choix. Souhaitez-vous vous focaliser sur les aspects les plus négatifs de sa personnalité et avoir l'estomac noué lorsque vous lui décrirez en détail l'horaire chargé de vos enfants, ou sortirez-vous une loupe pour remarquer enfin ses bons côtés ? Je comprends fort bien qu'il puisse être utile de vous concentrer sur les aspects les plus négatifs de sa personnalité pour surmonter plus facilement l'épreuve du divorce. Mais n'oubliez pas que vos enfants ont eux aussi subi une perte immense, et ce, même si c'était pour le meilleur. Cependant, en tant que parents, vous devez tous les deux faire votre possible pour leur épargner les tensions et les conflits.

Si nécessaire, limitez les contacts, mais montrez-vous à la hauteur. Ne jugez pas son comportement de manière personnelle. Si vous le pouvez, faites preuve de compassion à son égard en reconnaissant que sur un plan plus profond – par-delà les imperfections

de sa personnalité et les blessures qu'il vous a infligées dans le passé –
il n'est qu'un simple voyageur qui trébuche sur le chemin de la vie.
En faisant le deuil de ce que vous auriez pu vivre ensemble ou de
l'homme que vous auriez aimé qu'il soit, vous serez plus en mesure
d'accepter votre ex-mari tel qu'il est, avec ses défauts et tout ce qui
s'ensuit.

Mon amie et collègue Katherine Woodward Thomas, créatrice
du processus de séparation Conscious Uncoupling (désaccouplement
volontaire), nous rappelle que «nous pouvons facilement défaire un
mariage, mais nous ne pourrons jamais défaire une famille sans courir
le risque de laisser les membres de cette famille émotionnellement
sans abri». Elle nous implore de penser prioritairement aux besoins
de notre enfant en reconnaissant à quel point il a besoin de notre permission et de notre soutien pour aimer son autre parent et croire en
lui, et ce, quels que soient les défauts de ce dernier. Apprendre à gérer
la complexité de la vulnérabilité de votre enfant et de votre propre
déception tout en choisissant de protéger le foyer émotionnel que
votre enfant a bâti avec votre ex-conjoint (en dépit de votre douleur)
constitue la véritable essence d'un parent bienveillant et compatissant.

CHAPITRE 6

• ## Une communication saine renforce les liens •

Les enfants ne sont pas très doués pour écouter leurs aînés,
mais ils ont toujours su les imiter.

– James A. Baldwin

Il y a quelques années de cela, j'ai participé à un safari en Tanzanie. Nous roulions depuis un jour ou deux dans le parc national du Serengeti à la recherche d'un rhinocéros, sans succès. Notre guide décida alors de stationner la jeep dans une halte de détente où nous pourrions nous reposer et nous restaurer. Excitée par la perspective de pouvoir demander à d'autres amateurs de safari s'ils avaient eu la chance d'apercevoir cet animal insaisissable, je me suis adressée au conducteur de la jeep qui était garée à côté de la nôtre. «Avez-vous vu des rhinocéros?» L'homme marmonna quelques mots, visiblement ennuyé par ma question, puis se détourna. Intriguée, j'ai demandé à notre guide ce qu'il avait dit et je n'ai jamais oublié sa réponse. «Il a dit que vous n'aviez pas commencé par le saluer.»

J'ai compris le message. Cet homme avait absolument raison. J'avais fait irruption dans son espace privé sans même lui dire : *Bonjour, comment allez-vous?* Ce jour-là, j'ai appris une chose inestimable et, aujourd'hui encore, j'éprouve de la reconnaissance envers cet homme qui a fait preuve de suffisamment de dignité et de respect de soi pour ne pas verser dans mon inconscience. Bref, j'avais oublié mes bonnes manières.

Pour pouvoir élever des enfants qui deviendront plus tard des adultes confiants et heureux, les parents doivent donner l'exemple des bonnes manières. Je ne parle pas ici de rituels complexes et formels, mais simplement de comportements susceptibles de mettre les gens à l'aise. Certains s'accrochent à la notion qu'enseigner de bonnes manières aux enfants est un peu vieux jeu et uniquement pertinent pour ceux qui appartiennent à des familles princières – ce qui n'est pas le cas de la plupart d'entre nous. Cependant, je crois fermement que la capacité de mettre les gens à l'aise est tout aussi importante qu'obtenir un diplôme d'une université prestigieuse. En effet, nous pouvons ne pas savoir qu'un de nos collègues de travail est diplômé de Yale ou de Harvard, mais nous pouvons dire immédiatement si nous nous sentons détendus et à l'aise en sa présence.

Donner l'exemple des bonnes manières

«Moi d'abord!», «J'en veux plus!», «C'est à moi!» sont des expressions normales pour un enfant qui n'a pas encore développé l'empathie ou la diplomatie. Les enfants sont naturellement égocentriques; s'il ne reste qu'une part de gâteau, ils se jetteront dessus. Si votre fille s'amuse sur une balançoire, elle ne cédera pas sa place de gaieté de cœur à un autre enfant qui attend son tour. Cela ne signifie pas qu'elle est égoïste, mais seulement qu'elle se comporte comme une enfant. Quand nous orientons nos jeunes sans les critiquer, nous les aidons à apprendre à manifester de l'intérêt pour les souhaits et les besoins d'autrui.

> *La meilleure façon d'enseigner les bonnes manières à votre enfant est de prêcher par l'exemple jour après jour.*

La meilleure façon d'enseigner les bonnes manières à votre enfant est de prêcher par l'exemple jour après jour. Lors des repas, assurez-vous que personne ne commence à manger avant que les autres soient assis et servis. Si vos enfants oublient de respecter cette règle, faites-leur savoir que vous comprenez qu'ils ont faim, mais qu'ils doivent faire preuve de patience et attendre que les autres membres de la famille soient attablés avant de saisir leur fourchette.

Aidez vos enfants à apprendre à partager et à attendre leur tour lorsque des amis viennent jouer avec eux. Expliquez-leur qu'il est certes difficile d'attendre son tour pour jouer du piano ou de donner la plus grosse part de gâteau à quelqu'un d'autre mais que, dans votre maison, les invités ont droit à un traitement spécial.

> *Quand vous aurez montré à vos enfants à quoi ressemble le fait de devoir rendre des comptes pour une négligence de langage ou une remarque blessante, ils suivront la voie que vous aurez tracée.*

Enseignez à vos enfants comment faire les présentations en bonne et due forme : «Madame Norris, j'aimerais vous présenter mon cousin Joey» ou «Grand-père, voici mon amie Elsa». Lorsqu'ils reçoivent des amis à la maison, apprenez-leur à toujours les accueillir par des salutations rituelles amicales. Apprenez à vos enfants comment établir un contact visuel en serrant la main d'un invité ou comment donner une accolade, si cela est approprié et si cela ne gêne pas votre enfant.

Avoir de bonnes manières signifie aussi reconnaître les sentiments d'une autre personne. Quand vous aurez montré à vos enfants à quoi ressemble le fait de devoir rendre des comptes pour une négligence de langage ou une remarque blessante, ils suivront la voie que vous aurez tracée. En conséquence, si vous offensez quelqu'un en présence de vos enfants, n'hésitez pas à présenter vos excuses sans chercher à justifier votre comportement d'une quelconque manière. Finalement, assurez-vous que vos jeunes sachent comment recevoir et accueillir un compliment. «Merci pour cela» est une façon simple et courtoise d'accueillir les mots gentils qu'une personne prononce à votre égard, et agir ainsi est beaucoup plus sain que de ne pas répondre.

Par ailleurs, ne vous contentez pas de manifester de bonnes manières uniquement quand il y a des étrangers autour de vous ou en

certaines occasions, quand vous vous rendez chez des amis ou participez à des événements publics. Les enfants flairent l'hypocrisie à des
kilomètres à la ronde. Employez ces mots magiques – *s'il te plaît* et
merci – de façon authentique lorsque vous vous adressez à ceux que
vous aimez. Peggy O'Mara, la fondatrice du magazine *Mothering*, a
déclaré ceci : « Faites attention à la manière dont vous parlez à vos
enfants. Un jour, cela deviendra leur voix intérieure. »

Les enfants développent la courtoisie, la politesse, la prévenance
et la compréhension d'autrui lorsqu'ils grandissent au sein d'une
famille qui manifeste un comportement respectueux et attentionné.
Félicitez vos enfants lorsqu'ils font preuve de bonnes manières et,
quand ils oublient, incitez-les gentiment à corriger leur attitude. Ne
vous attendez pas à ce qu'ils se comportent parfaitement, et assurez-
vous de tenir compte de leur phase de développement lorsque vous
établissez les normes de conduite auxquelles ils doivent se plier.

Si vous avez un enfant qui a un problème de développement ou
une déficience psychologique, ne succombez pas à la honte ou à la
culpabilité qui se manifeste souvent lorsque vous vous imaginez que
d'autres vous jugent pour les défaillances ou l'étrangeté de votre
enfant. Obtenez le soutien aimant dont vous avez besoin de façon à
apprendre que faire de votre mieux est plus que satisfaisant, et ce,
quelle que soit la manière dont votre enfant se comporte.

Évitez également de susciter des luttes de pouvoir lorsqu'il s'agit
de veiller au respect des bonnes manières, particulièrement avec vos
adolescents. Essayer de forcer un enfant à présenter ses excuses ou à
être poli ne pourra que se retourner contre vous. À force de patience
et d'orientation aimante, vos enfants deviendront des personnes
auprès desquelles les autres se sentiront à l'aise. En fin de compte,
c'est ce à quoi servent les bonnes manières.

Gérer la colère

Les parents viennent souvent me consulter accompagnés de leurs
enfants qui ont du mal à maîtriser leur colère. Parfois, les enfants ont

de la difficulté à gérer leurs accès de colère car leur capacité à gérer des sentiments puissants est sous-développée en raison de leur immaturité ou de leurs tendances impulsives. Mais cela est aussi souvent attribuable au caractère explosif de leurs parents.

Nous sommes tous – enfants et adultes confondus – susceptibles d'être soumis à de fortes émotions que nous ne pouvons pas toujours contrôler. Certaines personnes, qui sont d'un naturel facile et enjoué, ne se laissent pas facilement désarçonner lorsque la vie ne répond pas à leurs attentes. Mais d'autres doivent lutter de toutes leurs forces pour empêcher que la frustration et la déception ne créent des ravages émotionnels. Quand nous ne parvenons pas à identifier la cause essentielle de la colère, nous finissons parfois par dire ou faire des choses que nous regretterons par la suite. Recourir aux punitions ou aux menaces pour dissuader nos enfants d'agir de manière colérique peut avoir pour effet de

> *Si nous ne comprenons pas que la colère est le symptôme d'un conflit inconscient qui doit être réglé, et non pas un comportement volontaire, nous ne pourrons pas diminuer son impact sur nos vies.*

les pousser à refouler des émotions non résolues qui ressurgiront un jour ou l'autre sous la forme de désordres alimentaires, de dépendances ou de dépression. Cela peut aussi signifier qu'une explosion de rage encore plus virulente se manifestera ultérieurement.

Plutôt que de nous blâmer quand nous perdons notre sang-froid, nous devons prendre du recul, réfléchir à ce que nous pensons ou ressentons et identifier la cause sous-jacente de notre rage. La colère peut être la manifestation extérieure de la tristesse, de la frustration, du stress, de l'anxiété, de la fatigue, d'un déséquilibre hormonal ou d'une souffrance non résolue. Si nous ne comprenons pas que la colère est le symptôme d'un conflit inconscient qui doit être réglé, et non pas un comportement volontaire, nous ne pourrons pas diminuer son impact sur nos vies.

Quand j'interviens auprès de familles où de telles flambées sont habituelles, je crois qu'il est fort utile d'inciter les parties prenantes – celle qui crie et celle qui est la cible de cette colère – à discuter et à échanger d'une manière mutuellement sûre et satisfaisante. Lorsque les deux parties acceptent de déposer les armes et de se mettre à la place de l'autre durant un certain temps, elles peuvent se sentir plus disposées à résoudre les émotions qui alimentent ces accès de rage.

Lors de ces consultations, il m'arrive aussi de raconter l'histoire suivante (d'un auteur inconnu) :

> Il était une fois un jeune homme qui avait un très mauvais caractère; il explosait parfois de colère et s'en prenait avec aigreur à tous ceux qui l'entouraient. Un jour, son père lui remit un sac de clous en lui disant que, chaque fois qu'il perdrait son sang-froid, il devrait planter un clou dans la barrière de leur enclos.
>
> Les premiers jours, ce garçon dut planter beaucoup de clous dans la barrière. Mais, au fil du temps, il se rendit compte qu'il parvenait de mieux en mieux à se contrôler et à garder sa contenance. La perspective de devoir aller planter des clous dans la barrière de l'enclos l'incitait aussi à mieux gérer ses emportements.
>
> Finalement, ce garçon en arriva à un point où il put dire à son père qu'il avait appris à se contrôler avant de perdre son calme. Son père lui déclara alors qu'il pourrait enlever un clou de la barrière chaque fois qu'il passerait une journée sans blesser les autres par ses accès de colère.
>
> Un jour, le garçon se présenta devant son père et lui annonça que tous les clous avaient été enlevés.
>
> Le père conduisit son fils jusqu'à la barrière et lui dit : « Mon fils, tu as appris une leçon très importante, mais je veux que tu observes attentivement les trous dans le bois. Cette barrière ne sera plus jamais comme elle était avant que tu n'y plantes tes clous. De la même manière, quand tu dis des choses sous le coup de la colère – même si tu présentes ensuite tes excuses –, tes mots et tes actes laissent une cicatrice indélébile semblable à ces trous percés dans la barrière. »

Nous devons apprendre à nos enfants à étirer l'intervalle qui s'écoule entre le moment où ils ont l'impulsion de dire ou de faire quelque chose et le moment où ils réagissent en fonction de cette impulsion. Errer est humain et pardonner est divin. Cependant, lorsque nos enfants comprennent que leurs actes, comme autant de clous dans la barrière, entraînent des conséquences irréversibles et peuvent porter atteinte à des relations importantes, nous pouvons les aider à franchir différentes étapes qui leur permettront de mieux se contrôler lorsqu'ils seront perturbés, d'assumer la responsabilité de leurs actes et de faire amende honorable quand cela sera nécessaire.

Les torts causés par des mots cruels et des comportements blessants ne peuvent pas être réparés. Lorsque nous argumentons avec les autres, nous devons marquer une pause, prendre du recul et considérer les effets que nos mots peuvent produire sur autrui.

Dire la vérité

Il y a des scènes remarquables dans la série télévisée *The Newsroom*, particulièrement celles dans lesquelles Jim, un charmant jeune homme, courtise Lisa, une femme qui lui a été présentée par Maggie, en dépit de ses protestations. Comme Jim a d'excellentes manières, il continue à fréquenter Lisa bien qu'il sente qu'il a peu de choses en commun avec elle. En fait, il est beaucoup plus intéressé par Maggie. (C'est assez compliqué.) La relation de Jim et Lisa se poursuit donc durant des mois. Maggie achète même un cadeau et une carte romantique afin que Jim puisse les offrir à Lisa pour la Saint-Valentin, ce qui solidifie l'attachement que cette dernière éprouve pour Jim. Lisa finit par avouer son amour à Jim, qui lui répond qu'il l'aime lui aussi, car il est trop bien élevé pour dire le contraire. La relation devient de plus en plus sérieuse alors que Jim souffre en silence. Il sait bien qu'il devrait dire la vérité à Lisa, mais il ne peut supporter l'idée de heurter ses sentiments.

Finalement, au détour d'une conversation Lisa apprend la vérité sur les sentiments que Jim lui porte et sur ce qu'il éprouve réellement pour Maggie. Elle décide alors de le confronter. Bien qu'elle lui donne la possibilité d'exprimer véritablement ce qu'il ressent, Jim nie farouchement la réalité. Elle lui dit alors, non sans sagesse : «Jim, reconnais-le. Si tu ne le fais pas, nous pourrions nous retrouver en train de choisir l'école maternelle de nos enfants avant même que tu aies eu le courage de me dire ce que tu ressens vraiment!» Elle le convainc qu'elle préférerait de loin connaître la vérité plutôt que de jouer à faire semblant et de vivre un amour illusoire fondé sur de fausses promesses. Poussé dans ses retranchements, Jim lui révèle alors la vérité.

Il n'est pas aisé de naviguer dans des conversations difficiles, particulièrement quand des problèmes sensibles sont évoqués, mais si nous voulons que nos enfants entretiennent des relations saines lorsqu'ils seront adultes, nous devons impérativement leur enseigner l'art de dire la vérité. Il est aussi très utile que nos enfants constatent que nous réussissons à régler des problèmes avec ceux que nous aimons en utilisant, pour ce faire, des phrases telles que : «Il y a quelque chose qui me turlupine…», «Je ne suis pas certain d'avoir compris quand tu disais…», «J'ai vécu des moments difficiles avec…», «J'ai un petit peu de mal quand…».

La plupart d'entre nous ont lu suffisamment d'ouvrages de développement personnel pour savoir qu'une bonne communication constitue un élément fondamental pour maintenir une excellente relation. Mais à quoi cela ressemble-t-il? Comme je l'ai mentionné précédemment, mon module intitulé *L'art d'être parent*, acte 1 offre différentes stratégies qui aident les parents à être à l'écoute de leurs enfants tout en évitant de les confronter, de façon que ceux-ci puissent être réceptifs aux lignes directrices que nous leur fixons plutôt que de serrer les poings et résister. Cette approche présuppose de reconnaître la légitimité de l'expérience de l'enfant plutôt que d'essayer de le convaincre du contraire. Il en va de même pour toute personne avec qui nous communiquons; lorsque nous essayons d'imposer notre point de vue, nous générons chez elle de la résistance.

Une bonne communication exige que nous acceptions la position et le point de vue de l'autre personne tout en reconnaissant que ses sentiments sont aussi légitimes que les nôtres plutôt que de banaliser ses opinions ou de s'engager dans des discussions stériles et interminables pour la convaincre de ses errements lorsque ses sentiments diffèrent des nôtres. Cela signifie que nous sommes responsables de notre façon de communiquer et d'exprimer nos préoccupations sans pour autant jeter le blâme sur l'autre ou faire en sorte qu'il se sente coupable.

Une bonne communication crée un espace où les blessures et les doléances peuvent s'exprimer et où les vérités peuvent être dites. Même si certaines étapes sont parfois ardues à franchir, une bonne communication favorise l'intimité car elle permet de faire remonter à la surface les sentiments les plus pénibles et les plus ténébreux.

Une bonne communication crée un espace où les blessures et les doléances peuvent s'exprimer et où les vérités peuvent être dites. Même si certaines étapes sont parfois ardues à franchir, une bonne communication favorise l'intimité car elle permet de faire remonter à la surface les sentiments les plus pénibles et les plus ténébreux. Elle permet aussi de répondre à certains besoins ou, du moins, d'en discuter librement. Elle nous aide également à mieux connaître les autres – et à nous connaître nous-mêmes. Enfin, elle nous permet de bénéficier des commentaires de ceux qui comptent vraiment à nos yeux – si nous sommes disposés à oublier un instant notre ego pour les recevoir. Ce sont des qualités que nous voulons léguer à nos enfants pour qu'ils puissent grandir et devenir un jour des adultes conscients, confiants et soucieux des autres.

Écouter respectueusement

Nous devons enseigner à nos enfants qu'ils doivent écouter respectueusement les autres et qu'ils peuvent exprimer leurs désirs sans pour autant être agressifs. Mais comme je l'ai exprimé à maintes reprises, pour qu'une telle attitude imprègne vraiment leurs esprits, nous devons prêcher par l'exemple. Dire à votre enfant de ne pas vous interrompre ou de ne pas lever les yeux au ciel n'aura aucune signification si vous et votre partenaire vous interrompez sans cesse l'un l'autre et levez les yeux au ciel en signe d'impatience quand vous avez des divergences d'opinions.

J'ai déjà lu quelque part qu'avant de parler vous devriez vous poser trois questions :

1. Est-ce vrai ?
2. Est-ce nécessaire ?
3. Est-ce gentil ?

En insufflant de l'attention et de la conscience à votre manière de communiquer, vous serez en mesure d'élever des enfants qui seront plus conscients de l'impact des mots qu'ils emploient et qui seront alertés, par une sorte de sonnette d'alarme intérieure, lorsqu'eux-mêmes ou certaines personnes s'exprimeront de manière blessante.

> *Dire à votre enfant de ne pas vous interrompre ou de ne pas lever les yeux au ciel n'aura aucune signification si vous et votre partenaire vous interrompez sans cesse l'un l'autre et levez les yeux au ciel en signe d'impatience quand vous avez des divergences d'opinions.*

Dans ma pratique clinique, je facilite souvent le processus d'écoute entre un parent et son enfant en choisissant pour ce faire des sujets qui sont habituellement générateurs de conflits. Les règles du jeu sont simples : une des deux personnes présentes parle durant deux à trois minutes en exprimant librement ses pensées et ses sentiments sur le sujet en question. Pendant ce temps, la personne qui écoute doit avoir un langage corporel ouvert et s'abstenir d'interrompre, de faire des grimaces, de manifester son désaccord ou de dénigrer d'une quelconque manière ce que le locuteur exprime.

Lorsque l'un des deux protagonistes a fini de s'exprimer, celui qui a écouté peut alors poser des questions ou faire des commentaires susceptibles de générer trois « oui ». Au terme de cet exercice, j'assiste presque toujours à un rapprochement entre le parent et l'enfant, car chacun d'eux a eu l'occasion de s'exprimer en toute sécurité tout en ayant le sentiment d'être écouté. Très facile à pratiquer, cet exercice aide les membres de la famille à se sentir plus liés les uns aux autres et il permet aux enfants de développer leur aptitude à tenir des conversations à bâtons rompus où les deux parties ont le sentiment d'être comprises. Dans le chapitre 11, vous trouverez un exemple de ce type de dialogue.

Se rapprocher des autres
en parlant de choses superficielles

J'aimerais aborder un autre sujet relié à la communication, un sujet qui pourrait vous surprendre : le bavardage. Durant la majeure partie de ma vie, j'ai pensé que le verbiage était une activité plutôt frivole et peu éclairée. Échanger des opinions sur le temps qu'il fait ou sur la marque de yogourt la plus savoureuse me paraissait ridicule, voire stupide. Pourtant, en vieillissant, j'ai commencé à voir les choses différemment.

Nous sommes une espèce sociable. Lorsque les humains se réunissent, ils éprouvent d'instinct le désir de se relier les uns aux autres. Mais comment procèdent-ils ? Certes, nous pouvons rencontrer quelqu'un et le contempler sans rien dire. Mais il faut reconnaître que des conversations brèves et superficielles constituent un merveilleux moyen d'échanger de l'énergie. Le sujet en soi n'a aucune importance. Discuter du temps qu'il fait n'est qu'un simple véhicule pour établir le contact et exprimer le sentiment suivant : « Je te vois. Je suis là auprès de toi. Tu m'intéresses. »

Il est utile d'enseigner à nos enfants comment dialoguer avec les autres, et ce, de façon qu'ils puissent avoir de très brefs échanges avec toutes les personnes qu'ils rencontrent. Je ne peux me souvenir du nombre de fois où j'ai vu des enfants être quasiment frappés de paralysie lorsque quelqu'un essayait de leur parler : « Qu'est-ce que tu aimes faire, Bobby ? » « Je ne sais pas. » « Aimes-tu les sports ? » « Je crois. »

En conséquence, bien que je ne sois pas à proprement parler une adepte des conversations superficielles et routinières, je crois fermement qu'un temps doit être dévolu aux bavardages amicaux et que nous ne rendons pas service à nos enfants quand nous cherchons à les protéger en disant : «Désolé, ma fille ne veut pas parler.» Oui, certains d'entre nous sont des personnes introverties qui sont mal à l'aise à l'idée d'établir des contacts sociaux, des créatures légitimement timides qui éprouvent de la gêne à l'idée de regarder quelqu'un qu'elles ne connaissent pas, et à fortiori d'entamer une discussion. Je ne suggère pas de forcer nos enfants à être ce qu'ils ne sont pas ni de les encourager à discuter avec des étrangers. Certainement pas. Cependant, si nous voulons transmettre à nos jeunes les compétences dont ils auront besoin pour devenir un jour des adultes confiants et conscients, nous devons leur enseigner l'art de la conversation, et ce, en tenant compte de leurs aptitudes spécifiques.

MAINTENANT, C'EST VOTRE TOUR

Pensez à une situation où les communications ont été rompues avec une personne qui avait de l'importance à vos yeux, ce qui s'est traduit par des paroles dures ou colériques, du ressentiment, et peut-être même par un éloignement définitif.

Comment avez-vous participé à cette conversation qui a très vite dégénéré? Vous êtes-vous adressé à cette personne de façon agressive? Lorsque vous commencez une conversation par les mots « Pourquoi as-tu… », vous êtes presque toujours assuré de provoquer une réaction défensive chez votre interlocuteur. Avez-vous passivement acquiescé à ce que l'autre disait, fulminant en silence mais refusant d'exprimer ce que vous ressentiez vraiment?

Prenez quelques minutes pour réfléchir. Demandez-vous comment vous auriez pu aborder autrement cette conversation. Comment vous auriez pu exprimer clairement que vous étiez ouvert et que vous compreniez le point de vue de l'autre personne. Comment vous auriez pu exprimer vos sentiments de manière honnête et respectueuse, de façon à obtenir un résultat plus positif. Vous pourriez aussi noter ces pensées dans votre journal.

SOYONS PRATIQUES
L'art d'être un parent présent dans la vie quotidienne

*Comment puis-je inciter mon fils à changer de comportement,
sans lui faire honte ?*

Question : Comment peut-on faire comprendre à un enfant, sans lui
faire honte, que ses paroles et ses actes peuvent heurter les autres ?
Mon fils a un comportement impulsif et un mauvais caractère, mais
c'est aussi un enfant très sensible. Il se sent très mal après chacune de
ses crises de colère et il me dit souvent qu'il se déteste. Comment
puis-je l'aider à mieux contrôler ses crises sans lui faire honte ou le
blâmer ?

Suggestion : Ce scénario est assez habituel chez des enfants sensibles
et impulsifs. D'une part, ils peuvent être susceptibles et particulièrement vulnérables aux blessures ou aux affronts. D'autre part, ils peuvent avoir du mal à contrôler leur impulsivité, basculant ainsi dans des
crises à répétition qu'ils ne peuvent maîtriser.

Il n'y a pas de solution simple à ce dilemme. Il est bon que votre
fils éprouve un certain regret pour ses emportements, car le remords
peut exercer une influence inhibitrice sur le comportement. Par
exemple, s'il se sent mal quand il s'en prend à ses frères et sœurs, il
sera plus à même de se contrôler à l'avenir lorsqu'il sera fâché ou
contrarié. Bien que cette idée fonctionne en théorie, le problème
demeure entier car les enfants qui connaissent des problèmes d'impulsivité n'ont pas la maturité émotionnelle suffisante pour évaluer de
façon réfléchie le pour et le contre d'une telle attitude avant de céder
à leurs impulsions. Leur mèche est courte ; ils se mettent en colère et
explosent en un instant.

Quand les enfants ressentent de la honte en constatant qu'ils ne
sont pas capables de se contrôler lorsqu'ils traversent une tempête
émotionnelle, ils doivent savoir que *ce qu'ils sont ne se réduit pas à leur
comportement.* Aidez votre fils à comprendre que la personne qu'il est
en réalité – une personne qui n'aime pas blesser les autres – ne peut

être assimilée à son comportement nuisible. Cela ne signifie pas qu'il n'est pas responsable de ses actes, mais cela lui permettra de prendre conscience qu'il est un être humain important et précieux, et ce, indépendamment de sa manière d'agir. Aidez-le à reconnaître les signes annonciateurs d'une tempête émotionnelle tels qu'il les ressent dans son corps – des raideurs dans son ventre ou de rapides battements de cœur –, de façon qu'il puisse vous demander de l'aide avant que ses crises ne causent des dommages.

Devons-nous inciter les enfants introvertis à parler de choses superficielles ?

Question : Vous avez évoqué le fait d'encourager les enfants à entamer des conversations avec ceux qui les entourent, mais ma fille est extrêmement timide. Elle ose à peine regarder les gens dans les yeux lorsqu'ils viennent à la maison, bien qu'elle soit géniale lorsqu'elle les connaît un peu mieux. Ne devrions-nous pas laisser les enfants introvertis être ce qu'ils sont au lieu de les forcer à bavarder avec des gens lorsque cela s'avère trop douloureux pour eux ?

Suggestion : Oui, nous devons laisser les enfants introvertis être ce qu'ils sont; nous devons laisser tous les enfants être ce qu'ils sont. Mais aucun enfant ne souhaite être handicapé par l'anxiété lorsqu'il doit interagir avec les autres.

Il est difficile de répondre à cette question car certains enfants ont besoin d'un simple coup de pouce alors que d'autres, en vérité, ne peuvent pas et ne doivent pas être dérangés ni bousculés. Par exemple, loin de moi l'idée de laisser entendre qu'un enfant souffrant d'autisme devrait être réprimandé pour ne pas avoir adressé la parole à la caissière du supermarché.

Faites-vous confiance. Si votre fille est incapable de s'engager dans des interactions sociales, alors laissez-la être tout simplement ce qu'elle est. Cependant, si elle manque d'expérience dans la manière d'entamer une conversation ou d'entrer en contact, vous pourriez l'aider à se sentir plus à l'aise dans ce domaine.

Devrais-je demander à mon mari de présenter ses excuses ?

Question : Mon mari et moi ne sommes pas d'accord lorsqu'il s'agit de présenter nos excuses à nos enfants après les avoir houspillés. Habituellement, chaque fois que je crie après eux, je me sens horriblement mal et je leur présente mes excuses. Mais mon mari est un homme très fier. Même lorsqu'il m'avoue qu'il se sent mal après les avoir grondés, il pense que présenter ses excuses est un signe de faiblesse.

Suggestion : Être marié à une personne ne garantit pas que nous soyons parfaitement synchrones sur tous les aspects de l'éducation parentale. Même si nous avons déterminé que nous partagions une vision commune avec notre partenaire et que nous étions pour l'essentiel sur la même longueur d'onde avant de prendre la décision d'avoir des enfants, d'innombrables occasions de ne pas être d'accord subsistent néanmoins.

Il y a de fortes chances que votre mari reproduise le comportement de son père ou d'un personnage important ayant marqué son enfance. Ces impressions précoces sont très puissantes. En conséquence, évitez d'argumenter avec lui, de le conseiller, de le sermonner ou de le critiquer pour son refus de présenter ses excuses à vos enfants. Si vous lui donnez l'impression d'agir comme ce parent qui le réprimandait et lui faisait honte dans le passé, vous ne ferez que l'inciter à résister.

Si votre mari constate que vous agissez avec intégrité auprès de vos enfants – c'est-à-dire s'il peut observer que vous assumez la responsabilité de vos actes – et s'il remarque aussi que vos enfants se comportent avec vous de manière respectueuse et coopérative, il pourrait finir par conclure que présenter ses excuses est un signe de force, non pas de faiblesse. Mais vous devez le laisser trouver sa propre voie. Si vous le jugez, cela l'incitera à défendre sa position encore plus ardemment.

CHAPITRE 7

• Passer de la parole aux actes •

La première clé de la grandeur est d'être en réalité
ce que nous semblons être.

– SOCRATE

Durant une de mes lectures, j'ai eu connaissance d'une tribu africaine dont les membres agissent de manière tout à fait extraordinaire lorsque l'un d'entre eux commet un acte répréhensible. Leur
philosophie de base est que chaque individu vient au monde avec un
profond désir d'amour et de paix, mais que certains peuvent parfois
errer et commettre des erreurs. Quand cela se produit, la tribu tout
entière se rassemble durant deux jours autour du transgresseur, lui
rappelant tout ce qu'il a fait de bien dans
sa vie. Considérant l'infraction dont ce
dernier s'est rendu coupable comme un
appel au secours, ils se réunissent pour lui
apporter leur soutien et lui rappeler qui il
est, et ce, jusqu'à ce qu'il puisse se reconnecter au fond de bonté dont il s'est temporairement éloigné.

Imaginez-vous ce qui pourrait se produire si nous agissions ainsi avec des

> *Quand nous savons que nous*
> *sommes aimés, même lorsque*
> *nous nous égarons en chemin,*
> *il nous est beaucoup plus facile*
> *de reconnaître nos torts, de*
> *faire amende honorable et de*
> *chercher à regagner la*
> *confiance de ceux que*
> *nous aimons.*

enfants perturbés ou agressifs? En effet, que se passerait-il si nous leur rappelions avec compassion leur bonté foncière plutôt que de les réprimander lorsqu'ils commettent une erreur? Quand nous savons que nous sommes aimés, même lorsque nous nous égarons en chemin, il nous est beaucoup plus facile de reconnaître nos torts, de faire amende honorable et de chercher à regagner la confiance de ceux que nous aimons.

Adopter un comportement cohérent

Votre manière de gérer les événements quotidiens est révélatrice de votre nature profonde. Cette maxime a toujours constitué un concept fondamental dans ma vie, un concept qui m'a grandement influencée sur les plans personnel et professionnel.

Un jour, quand mon fils, alors âgé de dix ans, m'a demandé pourquoi j'avais été aussi désagréable avec un télévendeur qui avait appelé à l'heure du dîner. «Aurais-tu agi ainsi s'il avait été assis en face de toi?» me demanda-t-il. «Non, chéri… bien sûr que non.»

Quand les gens affirment que notre progéniture nous incite à respecter les normes de conduite les plus élevées, ils ne plaisantent pas. En effet, nos enfants sont les témoins de nos meilleurs et de nos pires comportements, et tout ce que nous faisons les influence. Ils constatent avec justesse le ton de voix que nous employons pour répondre à un télévendeur et ils prennent acte de notre volonté d'honorer notre promesse de les aider à finaliser un projet scientifique. Certes, nous pouvons fort bien oublier nos bonnes manières et nous rendre compte que nous n'aurons pas le temps d'aider notre enfant tel que promis. C'est ainsi. Après tout, nous sommes humains et de temps à autre nous ne sommes pas à la hauteur de la personne que nous aimerions être.

Cependant, lorsque nous nous comportons d'une façon qui ne correspond pas à ce que nous leur enseignons, nous devons en assumer la responsabilité. «Je voulais vraiment prendre le temps de t'aider à finaliser ce projet et je me rends compte que je t'ai laissé tomber.» Ou dans le cas de mon différend avec le télévendeur : «Je pourrais t'expliquer pourquoi j'ai parlé de manière aussi abrupte à ce télévendeur, mais tu as raison. Je me sens mal d'avoir agi ainsi.»

Accepter le fait que la manière dont nous gérons les événements quotidiens est révélatrice de notre nature profonde peut être un véritable fardeau. Nous devons être prêts à nous pardonner – souvent. Mais en démontrant la cohérence de notre caractère, nous nous positionnons comme une étoile Polaire solide, fiable et digne d'être un point de référence pour nos enfants alors qu'ils s'efforcent de mener leur vie avec honneur et dignité.

Être responsable

Apprendre à nos enfants à être responsables de leurs actes et de leur manière de se manifester – durant leurs bons ou leurs mauvais jours – leur donne un avantage considérable dans la vie. Nous sommes attirés par ceux en qui nous pouvons avoir confiance – ceux qui honorent leurs engagements et respectent leur parole – et nous faisons confiance à ceux qui assument la responsabilité de leurs actes.

Sean, un adolescent de quinze ans, est venu me consulter après une altercation particulièrement violente avec sa mère, lors de laquelle il l'avait insultée et traitée de tous les noms. Je lui ai demandé de me raconter pourquoi il avait agi ainsi, ce qui lui avait valu une punition et une interdiction de sortie pendant un mois. Voici ce qu'il m'a dit. «Elle m'a vraiment poussé à bout... Alors je lui ai dit $%&*. Elle m'a répondu que je serais puni pendant une semaine! Ça m'a énervé encore plus et je lui ai répliqué qu'elle n'était qu'une &$%*! Quand elle m'a annoncé que je serais puni et interdit de sortie pour une semaine supplémentaire, je l'ai traitée de */$%*.»

Lorsque j'ai demandé à Sean comment il s'était senti après cette dispute, il m'a avoué qu'il s'était senti très mal, mais qu'il était aussi très frustré d'avoir été puni et interdit de sortie.

Je lui ai alors demandé s'il accepterait que je lui donne mon point de vue sur cette querelle. «J'ai l'impression que tu t'es senti en quelque sorte forcé de dire des mots blessants parce que ta mère t'agaçait. Vois-tu les choses ainsi ? »

Il acquiesça d'un hochement de tête. Mais il souriait un peu car il me connaissait suffisamment bien pour savoir que je l'encouragerais probablement à sortir de sa seule version des événements pour considérer la situation dans une perspective plus large.

Je lui fis la proposition suivante : « Sean, pourrais-tu me raconter la même histoire, mais cette fois-ci en employant les mots *J'ai décidé de* ou *J'ai choisi de* pour décrire ce que tu as fait ou dit ? »

Il se tortilla un peu sur sa chaise, mais il finit par accepter. « Ma mère m'a vraiment poussé à bout quand elle s'en est prise à moi, alors *j'ai décidé de* lui dire /$%&. Elle s'est fâchée et m'a répondu que je serais puni pendant une semaine. Ça m'a énervé encore plus et *j'ai choisi de* lui dire qu'elle n'était qu'une $%&/ ! Ça l'a rendue folle et elle m'a annoncé que je serais privé de sortie pour une semaine supplémentaire, alors *j'ai décidé de* lui dire $%&*. »

Lorsqu'il eut terminé, je lui demandai comment il se sentait après avoir donné cette seconde version de l'histoire. Pauvre garçon – il lui était bien plus facile de blâmer sa mère que de reconnaître sa part de responsabilité. Je dois reconnaître tout de même qu'il a fini par admettre qu'il avait fait de mauvais choix, ce qui l'avait placé dans une position très inconfortable. Je lui ai déclaré que nous commettons tous des erreurs, mais que nous pouvons remédier à de telles situations en reconnaissant nos torts et en faisant amende honorable.

Pour aider les enfants à comprendre réellement les répercussions que de mauvais choix peuvent entraîner, rien n'est plus efficace que de leur raconter des histoires sur des gens qui sont parvenus à remettre de l'ordre dans leur vie après s'être radicalement égarés.

Il est très utile de parler à nos enfants pour leur faire comprendre l'importance d'assumer les conséquences de mauvaises décisions, et ce, dans l'espoir qu'ils sauront faire preuve de prudence et de pondération lorsqu'ils auront des choix à faire. Toutefois, pour les aider à comprendre réellement les répercussions que de mauvais choix peuvent entraîner, rien n'est plus efficace que de leur raconter des histoires sur des gens qui sont parvenus à remettre de l'ordre dans leur vie après s'être radicalement égarés.

C'est ce qu'a fort bien compris un de mes clients. Pendant le temps des fêtes, en vue d'acheter un arbre de Noël, il se rend avec ses enfants sur un terrain municipal de banlieue géré par les participants à un programme de réhabilitation appelé Delancey Street. Voici ce que ce père de famille m'a confié : « Nous sommes tous inspirés par l'expérience des résidents de Delancey Street. L'homme qui nous aide à choisir notre arbre peut nous parler de ses enfants qu'il n'a pas vus depuis deux ans. Il nous assure que ça en vaut la peine, que s'il poursuit ce programme, il sera au bout du compte capable d'être le père que ses enfants méritent. Parfois aussi, nous découvrons que l'homme qui plaisante avec nous en nous aidant à attacher l'arbre sur le toit de la voiture a passé la majeure partie de sa vie en prison. Il nous fait part des erreurs qu'il a commises et exprime sa gratitude d'être encore en vie et d'avoir la chance de pouvoir tout recommencer à zéro. » Depuis de nombreuses années, mon client demande à ses enfants de l'accompagner pour acheter leur arbre de Noël à Delancey Street, en partie parce qu'il a pu constater l'effet positif que de telles rencontres ont sur ses enfants, particulièrement lorsque ceux-ci côtoient des gens qui ont assumé la responsabilité de leurs actes et entrepris de transformer leur vie.

De façon tout à fait compréhensible, nous nous efforçons de préserver notre progéniture en l'isolant de ceux qui connaissent des problèmes de dépendance ou qui doivent faire face aux conséquences de transactions frauduleuses. Cependant, si vous avez des amis dignes de confiance qui ont connu des difficultés et sont parvenus à s'en sortir, il pourrait être très utile que vos enfants puissent bénéficier de leurs conseils et de leur expérience âprement acquise. Qu'ils aient été assis autour d'un feu des milliers d'années auparavant ou qu'ils vendent aujourd'hui des arbres de Noël sur un terrain municipal, les êtres humains ont toujours mieux appris en écoutant les histoires d'autrui. Exposer nos enfants à la sagesse et à la vision de ceux qui ont tout perdu et qui ont su reprendre pied en assumant pleinement leurs erreurs peut avoir un impact majeur sur leur vie.

Inciter les enfants à dire la vérité

Tous les enfants traficotent la vérité, ce qui, à certains âges, peut être approprié sur le plan du développement. En fait, déformer la vérité permet d'apprendre la différence entre la fantaisie et la réalité, entre les faits et la fiction. Naturellement, les enfants dissimulent aussi la vérité pour éviter d'avoir des ennuis. L'inconfort de perpétuer une tromperie est habituellement plus tolérable que le fait d'avoir à supporter les conséquences d'une vérité difficile, et ce, même s'ils risquent un jour ou l'autre d'être pris en flagrant délit de mensonge. Qu'importe, se disent-ils, demain est un autre jour.

Plutôt que de recourir à la peur et à la honte pour inciter nos enfants à assumer leurs erreurs, nous devons les convaincre qu'il est nettement préférable d'être honnête, même quand il est difficile d'agir ainsi.

En 2010, une étude menée par l'Université de Toronto a exploré les facteurs qui incitent les enfants à dire la vérité. Des enfants de trois ans à sept ans furent laissés seuls dans une pièce avec pour instruction de ne pas regarder un jouet mystérieux laissé sur la table. Quelques minutes plus tard, les chercheurs revinrent dans la pièce pour leur raconter une histoire à voix haute – *Pinocchio*, *Le garçon qui criait au loup*, ou *George Washington et le cerisier*. Ils demandèrent ensuite aux enfants (chacun étant interrogé séparément) s'ils avaient jeté un coup d'œil au jouet qui se trouvait sur la table.

Bien que les chercheurs aient incité les enfants, qui venaient tout juste d'écouter une histoire où le mensonge entraînait des répercussions négatives, à dire la vérité – « Si vous ne voulez pas être comme Pinocchio ou comme le garçon qui criait au loup, dites-nous la vérité ! » –, ces contes n'eurent pas pour effet de promouvoir un comportement honnête.

Seule l'histoire dans laquelle le jeune George Washington est félicité par son père, après qu'il eut admis avoir coupé son cerisier préféré, semblait inciter les enfants à admettre qu'ils avaient jeté un coup d'œil au jouet laissé sur la table. En effet, les enfants à qui l'on avait raconté cette histoire où le futur président est félicité par son père pour avoir avoué sa faute étaient trois fois plus susceptibles de dire la vérité que leurs pairs à qui l'on avait raconté d'autres histoires – celle de Pinocchio honteux qui voyait son nez grandir ou celle du berger menteur dévoré par le loup.

Par contre, lorsque les chercheurs modifièrent la fin de l'histoire pour donner au conte de George Washington une tournure négative (selon laquelle il aurait menti et refusé d'admettre qu'il avait coupé le cerisier), les enfants à qui on la raconta n'étaient pas plus portés que les autres – qui avaient été sensibilisés aux conséquences négatives du mensonge – à reconnaître qu'ils avaient regardé le jouet laissé sur la table.

> *Les enfants sont plus susceptibles d'admettre leurs erreurs quand ils considèrent l'honnêteté comme une qualité positive plutôt que lorsqu'ils estiment que la malhonnêteté peut entraîner des résultats négatifs.*

Ces résultats suggèrent que les enfants sont plus susceptibles d'admettre leurs erreurs quand ils considèrent l'honnêteté comme une qualité positive plutôt que lorsqu'ils estiment que la malhonnêteté peut entraîner des résultats négatifs. En d'autres termes, la peur de la punition est un facteur de motivation moins important que la promesse de louange et d'approbation.

Présenter ses excuses

Dans ma vie de parent, si je me suis vite rendu compte que je n'avais pas à être parfaite en tout temps, j'ai compris aussi que je devais apprendre à assumer la responsabilité de ces moments pénibles où j'avais perdu mon calme et dit ou fait des choses qui n'étaient pas dignes de moi. Bref, j'ai dû apprendre à présenter mes excuses.

Ce fut un processus long et difficile car mon ego avait généré de nombreuses stratégies pour se protéger et éviter de reconnaître ses torts. J'ai grandi dans un environnement qui valorisait plus le fait d'avoir toujours raison que la reconnaissance de ses propres lacunes. Ayant été formée dès mon plus jeune âge à l'autodéfense, j'étais en quelque sorte une super diplômée de l'école de la Justification, de la Rationalisation et de l'Art de blâmer autrui.

J'ai déjà évoqué l'idée que nos enfants pouvaient être nos meilleurs professeurs de vie. Mon fils m'a donné l'occasion de découvrir que je pouvais facilement me détendre en acceptant l'expérience bénie de mes propres imperfections. Et en reconnaissant mes erreurs. Ce fut un processus lent mais, à l'arrivée, quel soulagement ! Et il y avait aussi un avantage connexe considérable : j'étais responsable de l'éducation d'un jeune homme qui était tout à fait disposé à présenter ses excuses lorsqu'il se fourvoyait, démontrant ainsi qu'il accordait à l'amour plus d'importance qu'au fait d'avoir raison ou de l'emporter dans une confrontation.

> *Nous devons plutôt faire preuve de bienveillance envers notre enfant et l'aider à comprendre qu'il a pu meurtrir le cœur d'une autre personne, et ce, afin qu'il puisse mesurer l'impact de son comportement néfaste.*

C'est ce que j'ai appris à propos des excuses. Pour qu'elles aient un réel impact, elles doivent être sincères ; il n'y a aucun intérêt à forcer un enfant à murmurer contre son gré « Je suis désolé » quand il a heurté les sentiments ou l'intégrité physique d'une personne. En fait, présenter des excuses dénuées de sincérité enseigne aux enfants qu'ils peuvent se comporter de manière inacceptable et réagir de façon inconsciente à condition de marmonner ensuite ces trois petits mots. Il est primordial que nos enfants présentent leurs excuses seulement après avoir sincèrement éprouvé des remords.

Cela ne peut pas se faire dans un contexte de honte. Lorsque nous humilions notre enfant parce qu'il a fait une bêtise, nous activons ses mécanismes de défense, ce qui l'incite à ne pas reconnaître ses torts. Nous devons plutôt faire preuve de bienveillance et l'aider à comprendre qu'il a pu meurtrir le cœur d'une autre personne, et ce, afin qu'il puisse mesurer l'impact de son comportement néfaste. C'est à cette seule condition qu'il pourra faire un geste de réparation ou affirmer en toute sincérité qu'il est désolé.

Lorsque vous faites amende honorable, la première étape est de dire : «Je suis désolé», en le pensant du fond du cœur et sans chercher à justifier votre comportement. «Je suis désolé, j'ai marché sur ton pied parce qu'il dépassait un peu trop» ne constitue pas une véritable excuse. De nombreuses personnes excellent à présenter des excuses superficielles, mais elles neutralisent l'impact de leurs paroles en cherchant à expliquer leur comportement et en considérant souvent l'autre personne comme un facteur de causalité. «Je suis désolée de m'être énervée quand tu es arrivé en retard, mais j'étais morte d'inquiétude! Et je suis si fatiguée… et les légumes sont trop cuits… et le chien a piétiné les roses…» ne peut être comparé à «Je suis désolée de m'être énervée quand tu es arrivé en retard.» Point final. Voyez-vous la différence? Ultérieurement, il y aura peut-être un temps où vous parlerez de ce qui s'est passé de façon à aider l'autre à percevoir comment il a pu contribuer à envenimer le problème, mais l'échange initial a pour objet principal de soulager la peine ou la douleur causée par votre comportement.

Ensuite, vous devez reconnaître spécifiquement en quoi votre comportement a affecté l'autre personne. «J'ai vraiment dû te faire mal quand j'ai marché sur ton pied» ou «Lorsque j'ai hurlé dès que tu as franchi la porte, tu as dû te sentir pris de court, surtout après avoir été bloqué dans la circulation pendant plus d'une heure». Cela permet à la personne meurtrie de comprendre que vous ne vous contentez pas de prononcer des formules creuses qui sonnent bien, mais que vous vous mettez réellement à sa place et que vous pouvez imaginer à quel point elle a pu être affectée par vos actes ou vos paroles.

De même, vous devez révéler comment vous vous sentez après avoir commis une erreur ou offensé une personne, et lui faire part de votre intention de vous amender. «Après, je me suis sentie dévastée –

et gênée d'avoir perdu mon sang-froid. Je veux que tu saches que je vais tout faire pour m'améliorer. Je t'aime et je ne veux pas que tu redoutes d'être accueilli par des cris et des hurlements quand tu arrives en retard.» Vous pourriez décider de mentionner ce que vous avez l'intention de faire pour minimiser la probabilité qu'un tel comportement se reproduise – vous pourriez aussi vous engager à quitter la pièce quand vous devenez irritable, compter jusqu'à dix, tenir un journal, consulter un thérapeute ou dormir plus.

Finalement, vous pourriez demander à l'autre personne ce dont elle a besoin pour vous pardonner et se sentir mieux. « Y a-t-il quelque chose que je puisse faire pour toi?» Cela permet à l'autre personne d'exprimer le fait qu'elle apprécie vos excuses et qu'elle est prête à aller de l'avant ou bien encore cela lui donne la permission d'exprimer ce qu'elle attend de vous. À titre d'exemple, elle pourrait vous dire : «Je suis prête à te pardonner mais, la prochaine fois que je serai en retard ou que je n'aurai pas pu recharger mon téléphone, je voudrais que tu t'engages à écouter mes explications avant de manifester ta colère.»

Un jour, un parent m'a confié que l'on enseignait aux tout-petits – qui étaient inscrits à l'école maternelle où allait son fils – à ne pas dire «Je suis désolé» lorsqu'ils blessaient un autre enfant ou lui faisaient du mal. À la place, ils avaient reçu pour instructions de demander à cet enfant s'il allait bien et de manifester leur inquiétude en lui apportant un verre d'eau et une serviette en papier humide (pour soigner ses bobos). Tous les enfants qui assistaient à ce type d'incident étaient eux aussi incités à apporter une serviette en papier humide à l'enfant blessé. De la sorte, chaque fois qu'un gamin était blessé dans cette école maternelle, il recevait une multitude de verres d'eau et une pile de serviettes en papier humides! J'aime cette image d'un petit garçon, ou d'une petite fille, qui essuie ses larmes en étant entouré d'un groupe de tout-petits qui l'aident à se sentir mieux. Dès leur plus jeune âge, ces enfants apprennent à prendre des mesures pratiques pour faire amende honorable lorsqu'une erreur a été commise, au lieu de marmonner un «Désolé!» hypocrite.

En conclusion, voici les quatre étapes pour présenter ses excuses :

1. Dire «Je suis désolé» en le pensant du fond du cœur et sans apporter d'explications qui pourraient être perçues comme une tentative de justifier ou de défendre ce qui s'est passé.
2. Dire «J'imagine que tu t'es senti…», ce qui montre que vous vous mettez réellement à la place de l'autre personne tout en lui manifestant de la sollicitude et de l'empathie.
3. Dire «À l'avenir…», ce qui indique votre intention de vous améliorer et votre volonté de ne pas reproduire ce comportement blessant.
4. Dire «Y a-t-il quelque chose que je puisse faire pour toi?», ce qui invite l'autre à vous faire part de tout ce qui pourrait l'empêcher de pardonner et d'aller de l'avant.

Lorsque nous reconnaissons nos erreurs au lieu de nous défendre ou de blâmer autrui quand nous perdons notre contenance, nous acquérons un formidable sentiment de liberté. En effet, quand nous n'avons plus à lutter contre le décalage existant entre les personnes plus évoluées que nous souhaiterions être et les personnes forcément imparfaites que nous sommes, nous pouvons nous accepter avec une plus grande compassion. Présenter ses excuses devient alors chose facile et, paradoxalement, nous débarrasser de nos mécanismes de défense nous permet d'exprimer plus sincèrement notre empathie.

L'art d'être parent nous aide à confronter nos faiblesses et à assumer la responsabilité de nos actes plutôt que de nous laisser submerger par l'ego et la fierté, ce qui nous permet d'élever des enfants qui sont responsables de leur comportement et qui comprennent l'importance de vivre de manière intègre.

MAINTENANT, C'EST VOTRE TOUR

Avant de commencer, j'aimerais préciser que l'objet de l'exercice suivant n'est pas de réactiver des regrets ou des hontes anciennes, mais plutôt d'explorer le fait qu'il est souvent plus coûteux et douloureux de réprimer ou dissimuler une erreur ou une faute que de l'admettre et de faire amende honorable.

Pensez à une erreur ou une faute que vous avez commise et qui vous a enseigné une grande leçon de vie.

Dans votre journal, décrivez cette situation.

Quelqu'un a-t-il été blessé ? Si oui, comment ?

Avez-vous immédiatement assumé les graves répercussions de cette erreur, ou avez-vous initialement nié votre responsabilité dans l'espoir que personne ne s'en rendrait compte ?

Si vous n'avez pas assumé votre erreur, quel prix avez-vous dû payer pour dissimuler la vérité ?

Comment avez-vous fait amende honorable et quel type d'excuses avez-vous présenté à ceux qui ont été affectés par cette erreur ou cette faute ?

Si cela est approprié et ne porte préjudice à personne, partagez cette histoire avec votre enfant, ce qui l'aidera à comprendre la leçon que vous avez apprise en confrontant votre erreur ou votre faute.

Résumez dans votre journal toutes les pensées et réflexions que cet exercice vous inspire.

SOYONS PRATIQUES
L'art d'être un parent présent dans la vie quotidienne

Les enfants ne doivent-ils pas être punis lorsqu'ils se comportent mal ?

Question : Cette histoire que vous avez mentionnée sur la tribu africaine est très émouvante, mais je ne comprends pas comment nous pourrions apprendre à nos enfants à se comporter de façon appropriée si nous ne les punissons pas lorsqu'ils agissent mal. N'est-ce pas une source de confusion pour eux ? Par ailleurs, un enfant ne devrait-il pas assumer les conséquences de son comportement néfaste plutôt que de s'entendre dire qu'il est une bonne personne ?

Suggestion : Lorsque nous réduisons un enfant à son comportement, nous risquons de lui nuire grandement. Les êtres humains agissent en fonction des deux motivations suivantes : éprouver du plaisir ou éviter la douleur. Une personne qui ment, vole ou blesse autrui le fait souvent parce qu'elle croit que ses actes lui permettront dans une certaine mesure de se sentir mieux – plus puissante, plus respectée, plus satisfaite – ou parce qu'elle pense que cela l'aidera à éviter une certaine forme de douleur.

Les enfants qui sont constamment jugés, réprimandés, stigmatisés ou battus pour leurs erreurs ne sont pas incités à agir de façon plus appropriée. Souvent, ils abandonnent, justifiant leurs écarts de conduite par le fait que leur cœur est devenu plus endurci. (Les psychologues ont un terme pour décrire cet état : le syndrome de l'œil sec.) En rappelant à un enfant la bonté de son esprit et en maintenant une vision claire de ce qu'il est intrinsèquement, nous pouvons l'encourager à restaurer sa confiance en lui-même. En effet, il est beaucoup plus efficace d'aider les enfants à acquérir le courage nécessaire pour agir de manière adéquate que de les menacer de punition.

Cela ne signifie pas pour autant qu'il ne devrait pas y avoir de conséquences naturelles quand un enfant commet des erreurs ou se permet des écarts de conduite. Si Éliza se déchaîne dans la maison et crée le chaos parce que vous ne l'avez pas autorisée à porter le chandail de sa sœur, vous pourriez fort bien décider de ne pas l'amener au parc. Comme vous l'avez certainement compris à la lecture des chapitres précédents, lorsqu'il y a écart de conduite, mon approche consiste à étudier les causes sous-jacentes plutôt que de raisonner en termes de sanctions (ou de récompenses). Je ne crois pas que des solutions ponctuelles du type sparadrap soient efficaces. Bref, je suis beaucoup plus intéressée par le fait de comprendre en quoi le mauvais comportement d'un enfant a une certaine logique – et de m'attaquer à sa racine – que par l'imposition de sanctions arbitraires quand un enfant se comporte mal.

Est-il normal que les enfants mentent ?

Question : Mon fils de dix ans ment comme il respire et invente sans cesse des histoires pour éviter d'avoir des problèmes. Comme je ne sais jamais quand il ment ou dit la vérité, je pars du principe qu'il ment et je le punis de la façon qui me semble la plus appropriée. Évidemment, quand il est vraiment sincère, cela le rend furieux. Comment puis-je faire la différence ?

Suggestion : Lorsqu'un enfant se comporte mal, je mets mon chapeau de détective et je me pose l'une des questions suivantes : En quoi son comportement a-t-il une certaine logique ? Quelle vérité personnelle le pousse à mentir ? Quel plaisir cet enfant recherche-t-il ou quelle douleur essaie-t-il d'éviter ? Quelle satisfaction retire-t-il de ce mensonge ? Il y a de fortes chances qu'il agisse ainsi pour éviter la douleur d'être puni ou d'avoir des ennuis. Cela n'est pas impossible, n'est-ce pas ?

Je dis souvent que nous enseignons à nos enfants jusqu'à quel point ils peuvent être honnêtes envers nous en se fondant sur notre façon de réagir lorsqu'ils nous disent des choses que nous ne voulons pas entendre. Que se passe-t-il quand votre fils vous dit la vérité ? Êtes-vous furieuse ? Exprimez-vous la déception que vous ressentez à son égard ? Se sent-il stigmatisé ou embarrassé ? Humilié ? Je ne dis pas que c'est votre « faute » si votre fils ment ou fait preuve de malhonnêteté, ni qu'il ne devrait pas assumer les conséquences de son comportement mensonger. Cependant, quand j'interviens auprès d'un enfant malhonnête, je pars toujours du principe qu'il agit de la sorte parce qu'il est confronté à deux mauvais choix et qu'il doit donc choisir celui qu'il estime le meilleur.

Les enfants se sentent blessés lorsqu'ils mentent à ceux qu'ils aiment, car ils violent ainsi le sentiment de proximité et d'attachement qui est d'une importance fondamentale à leurs yeux. Mais si votre fils considère qu'il risque de vous décevoir encore plus en vous disant la vérité (ou s'il redoute votre colère ou vos sanctions), il continuera sans doute de penser que mentir est un moindre mal.

Plus vous assumerez le rôle de capitaine du bateau capable d'entendre des vérités difficiles de la part de votre fils, moins il essaiera de vous protéger (et de se protéger) en recourant au mensonge.

Vous pourriez aussi lire des ouvrages spécialisés qui vous aideront à renforcer les liens entre vous. Lorsque les enfants sentent que nous les aimons, les voyons et les apprécions, leur instinct naturel – qui les pousse à coopérer et à se connecter – est éveillé. En conséquence, ils ont beaucoup plus de difficulté à tolérer l'inconfort d'être malhonnêtes.

Dois-je dire à mes enfants ce que j'ai fait dans le passé ?

Question : Mon père a fait de son mieux pour nous élever (ma mère était absente), mais j'étais un adolescent hostile et colérique. Je traînais avec les voyous du quartier et j'ai fait des choses dont je ne suis pas très fier, comme faire exploser des boîtes aux lettres et recouvrir les murs de la ville de graffitis. Aujourd'hui, j'ai réussi à changer de vie et je veux que mes enfants – de neuf et onze ans – aient du respect pour moi. Dois-je leur dire ce que j'ai fait dans le passé ?

Suggestion : La plupart d'entre nous ont fait des choses répréhensibles reflétant une perte temporaire de repères moraux. Bien qu'il soit difficile de se débarrasser complètement de ce nœud dans l'estomac que nous ressentons lorsque nous nous remémorons ces moments où nous avons erré et mal agi, ce qui compte le plus, c'est la personne que nous sommes aujourd'hui. Il me semble que vous avez fait le maximum pour bâtir une vie qui soit à l'image de l'homme que vous voulez être, et c'est ce qui importe.

Loin de moi l'idée de décider de ce que vous pouvez dire à vos enfants et du moment idéal pour le faire. Il n'y a pas de bonne réponse à cette question, du moins en ce qui me concerne. Je vous conseillerais simplement de vous fier à votre instinct pour déterminer si vous devez échanger avec vos enfants et leur faire part des conséquences induites par votre comportement néfaste. Il pourrait être bénéfique d'exprimer la douleur que vous ressentez lorsque vous vous remémorez ce que vous avez fait durant votre adolescence. Lorsque vous leur ferez part de certains détails, assurez-vous d'agir dans l'intérêt supérieur de vos enfants et ne considérez pas cela comme un moyen d'expurger votre culpabilité. N'oubliez pas que nos enfants ne sont pas censés être nos confesseurs.

Par ailleurs, si vous décidez de ne pas parler à vos enfants de vos transgressions, assurez-vous de le faire pour de bonnes raisons – parce que vous ne croyez pas qu'ils sont prêts à incorporer cette ancienne version de leur père à celle qu'ils connaissent aujourd'hui.

Si vous ressentez le besoin de réparer une faute que vous auriez pu commettre dans le passé – en envoyant une lettre d'excuses, en restituant quelque chose ou en remboursant une dette –, n'hésitez pas. Il n'est jamais trop tard pour faire amende honorable. J'espère que vous saurez non seulement assumer la responsabilité de vos choix, mais vous pardonner. Comme Maya Angelou l'a fort bien exprimé : « Lorsque nous nous connaissons mieux, nous agissons mieux. » Aujourd'hui, il me semble que vous vous connaissez mieux ; vous pourrez donc élever des enfants qui feront de meilleurs choix.

CHAPITRE 8

Cultiver l'empathie, la vulnérabilité et la compassion

Notre compassion humaine nous lie les uns aux autres – pas par pitié ou par condescendance, mais en tant qu'êtres humains ayant appris comment transformer leur souffrance commune en espoir pour l'avenir.

– Nelson Mandela

À première vue, nous sommes une espèce très diversifiée. Aujourd'hui, environ 6 500 langues sont parlées dans le monde, ce qui représente une immense variété dans notre manière d'assigner des mots pour exprimer nos espoirs, nos besoins, nos craintes et nos rêves.

Mais qu'en est-il de ces espoirs, de ces besoins, de ces craintes et de ces rêves? Pour l'essentiel, ils sont identiques. Nous sommes une espèce qui erre, trébuche et tâtonne sur cette planète en mouvement permanent. Pourtant, nous essayons tant bien que mal de survivre, de protéger la vie de nos enfants et de faire en sorte que notre passage sur terre soit aussi significatif que possible.

Parfois, je m'imagine l'ensemble de l'humanité comme des graines de vie répandues aux quatre coins du globe. Nous pouvons consommer des aliments différents ou avoir différentes couleurs de peau, mais nous sommes tous membres de la même tribu. Si nous sommes appelés à survivre en tant qu'espèce, nos enfants doivent grandir en sachant que nous sommes tous fondamentalement interreliés. Comme nous évoluons dans un environnement très fragile, notre capacité à manifester de l'attention, du soutien et de l'empathie envers les autres est essentielle pour garantir notre sauvegarde.

> *Si nous sommes appelés à survivre en tant qu'espèce, nos enfants doivent grandir en sachant que nous sommes tous fondamentalement interreliés.*

Il y a plus de vingt ans de cela, en étudiant le cerveau des singes macaques, les chercheurs italiens Giacomo Rizzolatti et Vittorio Gallese découvrirent ce qu'ils qualifièrent de «neurones miroirs». Ils remarquèrent que certaines cellules cérébrales étaient activées quand un singe exécutait un mouvement, comme tendre les doigts pour attraper une cacahouète, et qu'un sous-ensemble de cellules était également activé lorsqu'un singe en voyait un autre tendre les doigts pour attraper une cacahouète. En d'autres termes, même si le singe n'exécutait pas une action spécifique, son cerveau réagissait comme si c'était le cas. Bref, il réagissait aussi bien à ses actions que ceux d'autrui.

Un certain nombre de chercheurs appuient aujourd'hui l'idée que les neurones miroirs sont activés dans nos cerveaux lorsque nous côtoyons une personne triste, joyeuse ou colérique, ce qui nous permet de ressentir ce que cette personne éprouve comme si nous étions à sa place. Les neurones miroirs jouent un rôle essentiel dans l'empathie humaine, c'est-à-dire dans la capacité à percevoir et reconnaître les émotions d'autrui, nous permettant ainsi de considérer les autres humains avec tendresse – et de ressentir ce qu'ils éprouvent. En d'autres termes, nous sommes fondamentalement programmés à expérimenter de l'empathie. Cela étant dit, je crois que nous pouvons faire bien des choses soit pour stimuler la capacité de nos enfants à être à l'écoute des sentiments d'autrui, soit pour réduire la tendance de certains à s'isoler d'autrui.

Écouter les histoires des autres

Il n'y a pas si longtemps de cela, mon fils a lancé un projet et un site Web intitulé *Letters to Our Former Selves* (Lettres à nos anciens moi), où il invitait les gens à écrire des lettres à des versions antérieures d'eux-mêmes, et ce, en offrant des avis, des idées, des connaissances et du réconfort fondés sur les perspectives qu'ils avaient acquises en progressant sur leur chemin de vie. L'idée était de recréer le type de conversation autour du feu que l'humanité avait partagé durant des millénaires. Son intention initiale était de proposer un espace virtuel où la pollinisation croisée de la sagesse pourrait librement s'exprimer et où lui et ses pairs pourraient apprendre de leurs aînés – et où les jeunes pourraient aussi enseigner certaines choses à leurs aînés. Au fur et à mesure qu'il recevait des lettres en provenance de personnes de cultures et d'âges différents, j'ai constaté qu'il vivait une sorte de transformation tranquille. Il devenait plus convivial et chaque jour son cœur s'ouvrait davantage.

J'ai toujours raconté à mon fils des histoires portant sur des personnes moins avantagées que nous et lorsque cela était possible je le poussais à rencontrer des personnes expérimentées, susceptibles d'illuminer sa vision du monde et d'élargir ses horizons. Il avait tout juste trois ans lorsque nous l'amenâmes en Inde pour la première fois ; nous y sommes retournés quand il était âgé de sept ans puis de nouveau quand il avait dix ans. Lorsqu'il eut quinze ans, nous partîmes en voyage pendant deux mois et demi, ce qui nous permit d'explorer, d'apprendre, et de faire du bénévolat en Ouganda, en Tanzanie, en Australie et en Nouvelle-Zélande. Lorsqu'il s'inscrivit au collège, il alla passer un semestre dans une famille du Sénégal. Je sais que ces expériences l'ont aidé à devenir un jeune homme compatissant qui est à l'aise avec des gens de tous les milieux et de toutes les couches de la société.

Cependant, le fait de lire des lettres écrites avec une vulnérabilité à fleur de peau eut pour effet de réveiller la sienne. De nos jours, il termine plus souvent nos conversations par des «Je t'aime». Parfois, il me téléphone simplement pour me remercier d'avoir su l'écouter ou de lui avoir préparé un bon repas. Je constate aussi qu'il fait beaucoup d'efforts pour apprécier et entretenir ses autres relations qu'il estime importantes.

Une de ces lettres eut sur Ari un impact particulier. Elle était écrite par un jeune homme – un immigrant chinois – qui s'adressait à une version antérieure de lui-même (lorsqu'il était petit garçon).

Cher Z,

Arrête de regarder cette boîte à lunch. Tu n'as pas à être honteux de son contenu.

Du bok choy, du riz et un sauté de légumes ; ta mère s'est réveillée tôt pour préparer ton repas. Elle a acheté les ingrédients à l'épicerie, elle les a cuits, bouillis, les a fait sauter puis les a joliment emballés dans cette boîte. Elle n'a pas agi ainsi pour te contrarier ou parce qu'elle est une Chinoise têtue qui refuse de s'intégrer. Elle a agi ainsi parce qu'elle voulait que tu manges un plat maison et qu'elle avait remarqué cette expression de solitude sur ton visage lorsqu'elle te déposait à l'école chaque matin.

Arrête de cacher tes baguettes ; tu ne convaincs personne en utilisant une fourchette. Le gamin qui est assis à côté de toi n'arrêtera pas de te jeter son crayon au visage si tu essaies d'agir comme un Américain. Et les autres ne cesseront pas de te lancer toutes sortes de quolibets chaque jour lorsque tu franchiras la porte de l'école ; ils ne cesseront pas non plus de te haïr si tu prétends leur ressembler.

Un jour, tu comprendras qu'en réalité ils ne te haïssent pas. Ils se haïssent eux-mêmes, ils haïssent leur vie, et ils haïssent le sort cruel qui les a fait naître dans le dénuement et la misère. Comme ils ne sont pas assez mûrs pour comprendre, ils prennent leur haine, leur dégoût venimeux d'eux-mêmes et les projettent sur toi. Ils agissent ainsi parce qu'ils perçoivent ta vulnérabilité, ton incertitude et ta confusion, qui sont la conséquence de ton installation sur cette terre étrangère.

Sois fort, Z. Prends tes baguettes et apprécie ton repas. Mange-le avec fierté, le dos bien droit et la tête haute. Un jour, tu mangeras des plats préparés par de grands chefs, des repas princiers, et tu découvriras des mets délicieux apprêtés sur des terres exotiques. Mais ils ne seront jamais aussi délicieux que le goût du repas que tu dégusteras lorsque tu auras appris à être fier de toi.

Des lettres comme celle-ci nous permettent d'avoir une vision claire des épreuves et des triomphes personnels d'un autre être humain. Elles nous rappellent qu'il est toujours possible de transformer le réel, de modifier notre état d'esprit, de faire des choix différents et de créer une vie qui reflète les attentes de notre esprit et de notre âme.

Encourager la compassion

Compassion et vulnérabilité vont de pair. Nous ne pouvons pas forcer nos enfants à être gentils et nous ne devons pas les punir lorsqu'ils ne parviennent pas à manifester de l'empathie envers autrui. Pour que leurs cœurs s'ouvrent et s'adoucissent, ils doivent passer du temps en dehors de la bulle que nous avons construite pour eux et que nous protégeons si farouchement. Ils ont aussi besoin de constater par eux-mêmes que nous menons des vies empreintes de compassion. Lorsque nous recherchons réellement des occasions de rendre le monde plus proche et plus accessible à nos enfants, nous aidons ces derniers à se reconnaître comme des citoyens du monde qui sont responsables

> *Lorsque nous recherchons réellement des occasions de rendre le monde plus proche et plus accessible à nos enfants, nous aidons ces derniers à se reconnaître comme des citoyens du monde qui sont responsables du bien-être de leurs semblables et qui n'ont pas pour ambition de dominer autrui.*

du bien-être de leurs semblables et qui n'ont pas pour ambition de dominer autrui.

Mon amie Glennon Melton a su créer une merveilleuse tribu sur son site Web, *Momastery*, où elle a publié une lettre qu'elle a écrite à son fils alors qu'il était inscrit en classe de troisième. Cette lettre a été lue des centaines de milliers de fois. En voici un extrait :

> Chase, il nous importe peu que tu sois le plus intelligent, le plus rapide, le plus *cool* ou le plus amusant. Il y aura beaucoup de concours dans ton école et en réalité nous ne nous soucions pas que tu remportes l'un d'entre eux. Il nous importe peu que tu obtiennes les meilleures notes de ta classe. Nous nous fichons que les filles pensent que tu es mignon ou que tu sois le premier ou le dernier sélectionné pour une partie de football durant la récréation. Et nous nous fichons de savoir si tu es ou pas l'élève préféré de ton professeur. Il nous importe peu que tu aies les plus beaux vêtements, le plus de cartes Pokémon, ou les gadgets les plus en vogue.
>
> En fait, tout cela n'a aucune importance.
>
> Nous ne t'envoyons pas à l'école pour que tu deviennes le meilleur dans tout ce que tu entreprends. Nous t'aimons déjà autant que nous le pouvons. Tu n'as pas à mériter notre amour ou notre fierté car tu ne pourras jamais les perdre. C'est ainsi.
>
> Nous t'envoyons à l'école pour que tu apprennes à être courageux et bienveillant.

Par cette lettre, Glennon Melton a su exprimer clairement à son fils son espoir qu'il reconnaisse la responsabilité que nous avons tous de manifester de la compassion ! En lui faisant savoir qu'elle et son mari se souciaient plus de son attitude en tant qu'être humain que de sa capacité à remporter d'éventuels concours, ils ont créé les conditions optimales pour qu'il puisse ressentir une estime de soi authentique, ce que l'atteinte d'objectifs extérieurs, la réalisation d'exploits sportifs, les bravos et les félicitations de toutes sortes n'auraient jamais pu lui apporter.

La plupart des gens ont tendance à être attirés par ceux qui leur ressemblent, mais en agissant ainsi ils se privent d'occasions exceptionnelles de faire la connaissance de personnes susceptibles d'enrichir considérablement leur vie.

Nous savons tous que voyager permet d'élargir nos horizons, mais il n'est pas nécessaire de prendre l'avion pour aider nos enfants à comprendre qu'ils font partie d'un monde peuplé par une immense diversité d'êtres humains qui sont en tous points nos semblables. N'hésitez pas à partager votre pain avec des personnes d'origine étrangère ou à explorer des quartiers de votre ville où vivent des gens issus de cultures différentes. Discutez avec les chauffeurs de taxi. Demandez à votre mécanicien comment il a appris son métier. La vie de chacun d'entre nous est potentiellement fascinante si nous prenons le temps d'écouter. Nous avons tous une histoire à raconter. Et rien ne favorise plus la compassion et la générosité que l'établissement de contacts réels avec autrui.

Honorer nos aînés

Il n'y a pas si longtemps, les enfants grandissaient entourés de gens de tous âges, du nouveau-né à la personne âgée et infirme. La naissance et la mort étaient des éléments familiers de la vie. Les aînés étaient vénérés. Et il allait de soi que vous deviez manifester du respect envers les personnes plus âgées, écouter leurs histoires et rechercher leur sagesse.

Aujourd'hui, les membres de la famille sont éparpillés aux quatre coins du pays, et notre société relègue les personnes âgées dans des centres spécialisés où des étrangers prennent soin d'eux.

Cette situation est déplorable. Notre société se débarrasse sans sourciller de ses aînés, ce qui entraîne un coût humain considérable. Les enfants ont besoin de s'asseoir aux pieds de leurs aînés.

Naturellement, certaines personnes âgées sont trop faibles ou trop malades pour réconforter qui que ce soit ou guider autrui. Mais la plupart des aînés sont des trésors vivants de sagesse, de vision et d'inspiration.

Les rencontres avec ceux qui ont longtemps vécu et expérimenté sont inestimables. Bien qu'elles puissent vivre dans des foyers et connaître des problèmes physiques, certaines personnes âgées sont remarquables et ont un esprit toujours aussi vif et affûté. Nos enfants doivent absolument comprendre que leurs aînés ont déjà été jeunes tout comme eux. Eux aussi ont dansé, fait la fête, sont tombés amoureux et ont eu le cœur brisé. Ils ont de merveilleuses histoires à raconter.

Dans une culture qui vénère la jeunesse et la peur de vieillir, valoriser nos aînés aide nos enfants à comprendre que vieillir est un processus naturel et non pas un état dont nous devons avoir honte ou nous détourner.

J'ai de nombreux amis octogénaires et nonagénaires qui ont considérablement enrichi ma vie. Semblables aux passagers d'un hélicoptère qui ont une vue plus large sur le paysage environnant, les aînés partagent leur sagesse à partir d'une perspective bien plus vaste que la mienne, simplement parce qu'ils ont vécu plus longtemps. L'amour et le soutien de mes amis plus âgés sont inestimables.

Passez du temps avec les grands-parents ou adoptez un aîné ou deux si vous n'en avez pas dans votre famille. Certes, vos enfants pourraient se plaindre ou lever les yeux au ciel s'ils entendaient pour la énième fois la même histoire. Mais dans une culture qui vénère la jeunesse et la peur de vieillir, valoriser nos aînés aide nos enfants à comprendre que vieillir est un processus naturel et non pas un état dont nous devons avoir honte ou nous détourner.

Lorsque nous incitons nos enfants à élargir le cercle immédiat de leurs connaissances, ils finissent tout naturellement par comprendre à quel point nous sommes interdépendants de nos semblables, et ce, qu'ils habitent devant chez nous ou qu'ils vivent à l'autre bout du monde.

Aider vos enfants à faire la différence

Du matin au soir, on enseigne aux enfants ce qu'ils peuvent faire ou pas, ce qui les pousse parfois à éprouver un véritable sentiment d'impuissance. Pour que les enfants deviennent un jour des adultes conscients, confiants et attentionnés, ils doivent savoir qu'ils peuvent effectuer des changements et exercer un impact positif sur la vie d'une autre personne. Les paragraphes suivants vous présenteront les cas de deux enfants qui, après avoir constaté le sort tragique d'enfants de leur âge vivant à l'autre bout du globe, ont décidé d'agir pour changer les choses. Je mentionne ces histoires non pas pour vous inciter à élever des enfants qui, plus tard, s'impliqueront dans des mouvements humanitaires, mais pour vous encourager à utiliser tous les ressorts de votre imagination afin d'aider votre enfant à se connecter à ce qui l'émeut vraiment, de façon qu'il puisse exprimer pleinement ce qu'il est censé être.

En découvrant la photographie de deux petits garçons vivant en esclavage, Vivienne Harr, alors âgée de huit ans, décréta qu'il lui fallait impérativement agir. Elle décida alors de recueillir des fonds en vendant de la limonade dans la rue durant 365 jours, qu'il pleuve ou qu'il vente. Son objectif initial était de recueillir la somme de 100 000 $ pour contribuer à l'éradication de l'esclavage infantile dans le monde. Le cinquante-deuxième jour, alors qu'elle vendait toujours de la limonade derrière son stand, Nicholas Kristof, un journaliste du *New York Times*, écrivit un article sur Vivienne, ce qui donna un formidable coup de pouce à la campagne de cette dernière. Finalement, elle parvint à atteindre son but en recueillant la somme de 101 320 $, qu'elle versa intégralement à Not For Sale, un des principaux organismes luttant contre l'esclavage infantile.

Lorsque ses parents lui dirent : « Bravo, chérie. Tu as réussi », Vivienne leur répondit : « L'esclavage infantile a-t-il disparu ? » Ils ne purent que remuer la tête en signe de dénégation. « Alors, je n'ai pas terminé », ajouta-t-elle. Aujourd'hui âgée de dix ans, Vivienne a catalysé un vaste mouvement en fondant une jeune entreprise, baptisée Make a Stand, « une marque jouissant d'un fort impact social[1] qui

soutient la vision de sa fondatrice de dix ans et qui œuvre à l'avènement d'un monde où les 18 millions d'enfants réduits en esclavage
seraient libérés et en sécurité ». Lorsqu'on lui demanda quels conseils
elle pourrait donner aux enfants qui ont des rêves semblables aux
siens, mais qui ne sont pas sûrs de pouvoir les réaliser, elle répondit :
« Si vous y mettez tout votre cœur, vous pouvez réussir. Je vous le
promets : pour changer le monde, il n'est pas nécessaire d'être fort ou
puissant. Il suffit d'être comme moi. »

Les parents de Vivienne auraient pu lui expliquer que ses sentiments étaient nobles, mais que l'esclavage infantile était un problème
compliqué et une affaire d'adultes. Mais ils ne l'ont pas fait. Ils ont
élevé leur fille dans un foyer qui valorisait la compassion et la sollicitude envers autrui. (La campagne de Vivienne débuta après que sa
mère eut été profondément émue par des photographies d'enfants
esclaves découvertes lors d'une exposition dans une galerie.) À partir
de ce moment charnière, ses parents se contentèrent d'encourager le
désir de leur fille et de l'appuyer dans sa volonté d'essayer de changer
les choses.

Free the Children (Enfants Entraide) est un organisme caritatif
international qui a su convaincre plus de deux millions de jeunes de
s'engager concrètement afin d'affranchir les enfants de la pauvreté et
de l'exploitation et de les libérer de la préconception de leur impuissance à participer positivement à des changements sociaux mondiaux.
L'histoire de cet organisme commença en 1995 lorsque Craig
Kielburger, un jeune garçon, feuilleta un journal à la recherche de ses
bandes dessinées préférées. Ce matin-là, son regard s'arrêta sur une
photo de la page couverture qui changea sa vie à jamais. Elle relatait
l'histoire courageuse d'un garçon de son âge : Iqbal Masih. Né en
Asie du Sud-Est, cet enfant, qui avait été vendu comme esclave à l'âge
de quatre ans, avait passé plus de six ans attaché à un métier à tisser.
La couverture médiatique de cette histoire ayant attiré l'attention de
ceux qui voulaient réduire Iqbal au silence, ce dernier fut tué à l'âge
de douze ans pour s'être exprimé en faveur des droits des enfants.
Lorsque Craig lut cette histoire, il forma aussitôt un groupe avec ses

camarades d'école ; ce groupe fonda ultérieurement l'organisme Free the Children. Craig était lui aussi âgé de douze ans et ses camarades avaient tous sensiblement le même âge.

Les enfants ne peuvent pas acheter de billets pour assister à We Day, un événement unique et stimulant organisé dans quatorze villes et destiné aux enfants impliqués dans Free the Children. À la place, ils s'investissent en offrant bénévolement leurs services. Des dizaines de milliers de jeunes et de sympathisants participent chaque année à ces divers événements. L'archevêque anglican Desmond Tutu, le docteur Jane Goodall, Jennifer Hudson et Magic Johnson figurent parmi les conférenciers invités. Les jeunes impliqués dans le programme We Act (Jeunes en action) ont offert à l'organisme Free the Children l'équivalent de 14,6 millions d'heures de volontariat. Des études à long terme ont démontré que 80 % des jeunes qui avaient participé à ces programmes faisaient en moyenne 150 heures de bénévolat par année, que 83 % faisaient des donations à des organismes caritatifs, et que 79 % d'entre eux avaient voté lors des dernières élections fédérales canadiennes tenues en 2011 (comparé à 58 % d'électeurs dans l'ensemble).

J'espère que ces histoires vous inciteront à étudier la meilleure manière d'amener vos enfants à se joindre à des groupes tels que We Day et Make a Stand, qui ont pour mission d'insuffler aux jeunes le désir de se transformer en citoyens du monde socialement responsables, devenant ainsi des acteurs clés du changement mondial. Beaucoup de jeunes souffrent d'un sentiment de désorientation et d'inutilité. En conséquence, leurs parents doivent les aider à participer à des activités qui les poussent à sortir de leur zone de confort et à se donner un but précis dans la vie, ce qui ne les empêche pas de s'amuser avec leurs pairs. Tous les enfants viennent au monde avec une nature compatissante. Lorsqu'ils se soucient d'autrui, le volontariat leur offre la possibilité de donner un sens véritable à leur vie.

Montrez à votre enfant comment donner généreusement sans exiger quoi que ce soit en retour. Incitez-le à préparer un repas pour un voisin confiné chez lui et laissez-le le lui apporter. Incitez-le à participer au toilettage d'un chien dans un chenil. Participez avec lui au nettoyage des parcs de votre ville. Incitez-le à désherber le jardin de son école municipale. Participez à des marathons caritatifs en encourageant les organisateurs et en applaudissant en coulisses. Quel que soit l'âge de votre enfant, vous pourrez trouver des informations pertinentes sur le bénévolat en visitant le www.volunteermatch.org. Sur son blogue, Maria Shriver a intitulé un de ses billets «Nous avons besoin d'un mouvement de compassion sociale»[2]. Son mot d'ordre est le suivant : *répandre la bienveillance et la compassion*. Faites-en autant.

•

Nouvelle brève : L'art d'être parent est une tâche difficile.

Alors que j'étais plongée dans la rédaction de ces chapitres où je m'efforçais de décrire les qualités nécessaires pour aider un enfant à devenir un adulte confiant et compatissant, j'ai éprouvé une petite crise de confiance. Avais-je toute ma tête pour suggérer qu'un parent pouvait incarner, voire enseigner, toutes ces vertus à son enfant? Qui peut être à la fois honnête, responsable, tolérant, empathique et respectueux? Les parents s'imposent déjà suffisamment de contraintes; je ne voulais pas en plus leur donner le sentiment qu'ils avaient échoué d'une quelconque manière.

En vérité, l'art d'être parent est une tâche extrêmement difficile car elle exige que nous manifestions des qualités intrinsèques que nous n'avons peut-être pas pu exprimer encore. Cela suppose aussi un très haut niveau de patience dont nous ne pouvons pas toujours faire preuve, surtout lorsque nous sommes débordés et à bout de forces. Comme dans le film *Big*, où le personnage de l'enfant se retrouve dans la peau d'un adulte, nous ne sommes absolument pas préparés à faire preuve de la maturité, de la responsabilité et du dévouement nécessaires lorsque nous essayons d'apparaître comme un modèle aux yeux de notre enfant. Être parent demande beaucoup de courage, et aucun élixir ni aucune pilule magique ne pourront nous rendre assez courageux pour assumer ce rôle. Nous pouvons simplement avancer pas à pas et nous efforcer de faire de notre mieux.

Lorsque vous lirez ces chapitres, je souhaite que vous considériez certaines de mes idées comme des graines appelées à grandir dans votre conscience. Et je ne veux surtout pas que vous ayez le sentiment d'avoir échoué en n'étant pas suffisamment honnêtes, responsables ou compatissants.

Faites simplement de votre mieux. Soyez bienveillants. Commettez des erreurs. Tombez à terre. Relevez-vous. Soyez courageux. Et si vous estimez manquer de courage, dites une prière ou faites appel à un ami pour vous remonter le moral. Avancez un jour à la fois. Soyez gentils envers vous-mêmes.

MAINTENANT, C'EST VOTRE TOUR

La plupart des êtres humains sont intrinsèquement compatissants. Nous compatissons avec ceux qui luttent et souhaitons qu'ils puissent alléger leurs souffrances. Mais il y a une différence entre agir et éprouver une inquiétude momentanée pour le sort de ceux qui traversent une passe difficile.

Nous sommes tous très occupés. Et lorsque vous ajoutez les exigences de l'éducation parentale aux tâches quotidiennes, cela ne vous laisse guère le temps de vous asseoir pour déguster un repas ou organiser une sortie avec vos enfants lors de laquelle ils pourraient apprendre à redonner aux autres.

Pourtant, lorsque nous laissons libre cours à notre imagination, nous trouvons souvent les moyens les plus appropriés pour nous impliquer avec nos enfants dans des projets qui nous donneront le sentiment d'avoir contribué de manière significative à la vie d'autrui.

Étudiez ce qui vous motive ou vous émeut. Vos centres d'intérêt pourraient se porter sur les domaines les plus variés : les arts, les animaux, les personnes handicapées, les aînés, la politique, les anciens combattants, l'alphabétisation, l'environnement, les sans-abri, la faim dans le monde. Pensez à vos enfants ainsi qu'aux besoins ou aux causes humanitaires les plus naturellement susceptibles de les attirer. Étudiez aussi ce qui vous motive profondément. N'oubliez pas que les enfants font souvent du bénévolat lorsque leurs parents manifestent leur enthousiasme pour une cause particulière.

Dans votre journal, inscrivez une ou deux actions qui permettraient à vous et à vos enfants de consacrer un peu plus de temps aux autres. Il pourrait s'agir de préparer des cadeaux de Noël pour des familles dans le besoin ou d'écrire des lettres aux soldats stationnés à l'étranger. Il pourrait aussi s'agir d'amener le chien de la famille dans un centre de vie avec services de soutien ou de faire du bénévolat auprès d'enfants ayant des problèmes de lecture.

Il n'y a aucune limite à votre implication et il n'est pas nécessaire d'aller au-delà de vos limites. Pour redonner aux autres, vous pouvez fort bien vous contenter de faire la lecture à une personne âgée vivant dans votre voisinage.

SOYONS PRATIQUES
L'art d'être un parent présent dans la vie quotidienne

Mon fils est très sensible. Dois-je le pousser à faire du bénévolat?

Question : Mon fils ressent avec beaucoup d'acuité la douleur d'autrui. Il est aussi de nature inquiète. J'aimerais beaucoup faire du volontariat avec lui, mais il a tendance à s'effondrer après chaque expérience. Durant la fin de semaine, lorsque nous intervenons pour nourrir les sans-abri, il est effrayé à l'idée que notre famille puisse se retrouver un jour dans la rue. Lorsque nous nous occupons de la mère d'une de ses camarades d'école qui doit suivre des traitements de chimiothérapie, il est obsédé par la perspective que je souffre du cancer un jour. Je crois qu'il a vraiment le désir d'aider les autres, mais qu'il est submergé par leur souffrance.

Suggestion : Ah, ces chers enfants sensibles! Leurs filtres sont si minces que les sons leur semblent plus forts, les lumières plus brillantes et les sentiments plus intenses.

Je suis intervenue auprès de nombreux enfants hypersensibles et je me suis rendu compte à maintes reprises que ces enfants-là peuvent s'épanouir dans le bénévolat lorsque les causes qu'ils soutiennent sont moins empreintes de douleur et de tragédie. Par exemple, pourquoi ne le laisseriez-vous pas aider une voisine confinée chez elle? Il pourrait désherber son jardin ou promener son chien. Il pourrait aussi apprécier le bénévolat en jouant avec des tout-petits inscrits à l'école maternelle. Si votre fils aime la nature, il pourrait également contribuer à l'entretien des sentiers dans un parc situé à proximité de chez vous.

Nous ne pouvons pas garder nos enfants dans une bulle, et ce ne serait pas non plus dans leur intérêt. Peu à peu, nous devons les exposer à certaines vérités cruelles et difficiles, qui constituent le quotidien de nombreux habitants de notre planète. Mais nous devons aussi respecter l'hypersensibilité de notre enfant, et ce, afin qu'il ne soit pas submergé par la tristesse et l'anxiété.

Vous pourriez également consulter le livre d'Elaine Aron, intitulé *The Highly Sensitive Child*. Dans son ouvrage, le Dr Aron nous révèle que dans chaque population – humaine et animale – environ 15 à 20 % de la population étudiée se situe à l'extrémité impulsive du spectre[3], alors que 15 à 20 % se situe à l'extrémité hypersensible du spectre. Ces deux types d'individus sont essentiels à la survie de la tribu. Les impulsifs poussent leur clan à explorer de nouveaux territoires tandis que les âmes hypersensibles perçoivent des dangers potentiels qui autrement auraient été ignorés, comme d'imperceptibles égratignures sur un arbre suggérant qu'un ours pourrait fort bien se promener dans les alentours. Persévérez et continuez à chercher comment votre garçon pourrait contribuer de façon optimale, mais soyez à l'écoute de sa sensibilité.

Est-il souhaitable de s'inquiéter des notes de son enfant ?

Question : J'ai aimé la lettre adressée à Chase, mais ma femme et moi nous préoccupons beaucoup des notes obtenues par notre fils et nous aimerions qu'il décroche un prix au concours scientifique. Selon vous, est-il souhaitable d'encourager notre fils à se surpasser ?

Suggestion : Absolument ! Nous nous sentons tous bien lorsque nous savons pertinemment que nous sommes allés au bout de nous-mêmes. Cependant, il peut y avoir un problème. En effet, quand un enfant grandit en faisant tout pour gagner l'approbation de ceux qui l'entourent, il risque de perdre la satisfaction qui découle du fait de savoir au plus profond de lui-même qu'il a bien agi, et ce, même si personne ne l'a remarqué.

Notre culture est très axée sur le monde extérieur et sur le culte de la performance à tout prix. Il est vrai que nous évoluons dans un univers concurrentiel et que les enfants qui font preuve d'un certain degré de détermination et de persévérance s'en sortent habituellement mieux que ceux qui manquent de motivation. Toutefois, si nos enfants pensent que nous nous soucions par-dessus tout de leurs résultats scolaires ou de leurs mentions au tableau d'honneur, ils pourraient perdre de vue d'autres réalisations et réussites qui ne sont pas aussi facilement mesurées ou reconnues.

J'ai remarqué que lorsque les enfants apprennent à être autocentrés – ce qui signifie qu'ils plongent à l'intérieur d'eux-mêmes pour savoir ce qu'ils éprouvent, plutôt que de rechercher automatiquement des validations extérieures pour déterminer s'ils ont bien agi –, ils sont intrinsèquement bien plus forts. En effet, comme ces enfants ont des convictions plus affirmées, ils sont moins vulnérables à l'influence de leurs pairs et plus désireux de faire ce qu'ils jugent approprié, même si cela n'est pas populaire.

Certes, il faut aider nos enfants à découvrir la joie éprouvée au terme d'un travail ardu ! Mais faites-leur savoir qu'être ce qu'ils sont et agir de leur mieux est valorisant en soi et pour soi, et ce, même s'ils ne remportent aucun trophée, aucun prix ni aucune récompense.

Est-il possible d'apprendre aux enfants à aimer le bénévolat ?

Question : Mes enfants n'éprouvent aucun intérêt pour le bénévolat ou pour l'aide apportée aux autres. Leur école exige qu'ils fassent des travaux communautaires, mais ils le font de la façon la plus rapide et la plus désinvolte possible. Ce ne sont pas de mauvais enfants, mais ils sont très centrés sur eux-mêmes et ils trouvent injuste qu'on leur impose de consacrer quelques heures par semestre à redonner aux autres. Pouvez-vous réellement enseigner à vos enfants à ressentir de l'empathie pour autrui lorsque cette qualité ne leur a pas été donnée naturellement ?

Suggestion : Les programmes de travaux communautaires m'inspirent des sentiments partagés. En règle générale, je pense qu'ils valent mieux que rien, mais je crois aussi que nous ne pouvons pas décréter la compassion ou forcer qui que ce soit à ressentir de la bienveillance envers autrui. Ce sont des états intérieurs de conscience qui se manifestent lorsque nous comprenons que nous sommes tous des passagers du même bateau.

Renseignez-vous sur des activités que vous pourriez faire en famille – des activités susceptibles de plaire à votre progéniture. De

nombreux enfants aiment les animaux ou se sentent valorisés lorsqu'ils sont entourés d'enfants beaucoup plus jeunes. Vous pourriez
par exemple faire du bénévolat dans un jardin communautaire qui
fournit de la nourriture aux refuges pour personnes indigentes, ou
donner un coup de main pour soutenir une campagne de collecte de
fonds. Plus vous donnerez à vos enfants le sentiment qu'aider les
autres fait partie intégrante de votre vie – même si cela se résume à
quelques heures par mois –, moins ils se plaindront ou exprimeront
des réserves à ce sujet.

Evan, un jeune homme de Malibu qui terminait ses études secondaires, m'a appelée un jour pour une séance de consultation. Comme
j'étais intervenue auprès de lui de façon sporadique durant les années
précédentes, il lui fut facile de retrouver ses marques et de me parler
d'emblée et en toute sincérité des défis auxquels il était confronté.
Bien qu'il ait été satisfait par sa vie qui lui offrait plus ou moins tout
ce qu'il désirait, il était néanmoins déprimé. En fait, il m'avoua qu'il
obtenait des notes impressionnantes à l'école, qu'il avait une très jolie
petite amie, qu'il brillait dans le domaine athlétique et que son père
l'avait autorisé à utiliser librement sa carte de crédit. Cependant, en
dépit de tout cela, il était déprimé.

Evan me raconta que dans l'un de ses cours le professeur lui avait
demandé de faire les décomptes de ses dépenses en liquide durant la
semaine. Il avait été stupéfait de découvrir qu'il avait dépensé plus de
mille dollars en une semaine. «Je me suis rendu compte que ma vie se
résumait à accumuler des biens matériels, à faire la fête avec mes amis
et à être collé à mon téléphone pour m'assurer de ne rien rater d'exci-
tant. Ma vie ressemble à ça.» Je lui ai demandé alors s'il faisait des
choses qui lui donnaient une raison d'être ou lui procuraient le sentiment d'un but à atteindre. Il demeura longtemps silencieux puis me
répondit : «Absolument pas.»

Nous avons évoqué différentes pistes pour l'aider à gérer sa
dépression, mais il voulait surtout savoir comment il pourrait donner
plus de sens à sa vie. À la fin de la séance, son humeur s'était considérablement améliorée. Evan manifesta une véritable excitation à l'idée

de trouver des moyens pour être moins centré sur lui-même, par exemple en s'investissant davantage dans sa famille sans se contenter de simplement profiter de la largesse de ses parents.

J'espère que vous trouverez les moyens adéquats pour faire de la pratique du don à autrui une dimension essentielle de votre vie de famille, et ce, d'une manière qui soit agréable et gratifiante. Il est fondamental que vos enfants aient conscience de leur importance.

CHAPITRE 9

Aidez vos enfants
à faire face au stress

Être assis près de son chien sur une colline par un après-midi ensoleillé, c'est retourner au jardin d'Éden, où ne rien faire était paix plutôt qu'ennui.

– MILAN KUNDERA

Pour certains d'entre nous, l'enfance avait l'accent chantant et indolent du Sud. Elle évoquait aussi ces jours innombrables passés à explorer les champs et les bois, à faire des heures de bicyclette sans destination précise et à jouer à l'extérieur jusqu'à la nuit tombée. Avec de la terre et quelques pierres, nous bâtissions des villes et nous reconvertissions les vieux frigos en châteaux ou en vaisseaux spatiaux. Naturellement, cette vie apparemment idyllique avait aussi des aspects plus tristes et secrets comme les mauvais traitements et la négligence. Mais il n'y a pas si longtemps, les enfants occupaient leur temps autrement. Bref, nous étions moins pressés.

Aujourd'hui, les enfants portent le poids du monde sur leurs épaules. On les pousse à exceller à l'école, à s'illustrer dans leurs activités extrascolaires, à gérer des relations compliquées (réelles et virtuelles) et à être suffisamment concurrentiels pour intégrer une bonne université ou décrocher un poste décent.

> *Une étude a révélé que 30 %*
> *des adolescents étaient tristes,*
> *déprimés ou éprouvaient le*
> *sentiment d'être accablés par*
> *d'incessantes contraintes, en*
> *raison du stress auquel ils*
> *étaient soumis.*

En 2012, on a appris que 125 étudiants de l'Université Harvard avaient été accusés d'avoir triché lors de leurs examens, ce qui avait provoqué un scandale. Des recherches menées à l'Université du Michigan révélèrent que 10 % des lycéens qui terminaient leurs études secondaires[1] et presque 12,5 % des étudiants qui étaient inscrits au premier cycle d'études universitaires avaient admis utiliser des médicaments obtenus de façon illégale pour faire face à leur charge de travail. Par ailleurs, selon la publication scientifique *Journal of Adolescent Health*, la plupart des adolescents dorment en moyenne deux heures de moins que le temps de sommeil recommandé pour demeurer en bonne santé.

Une étude commandée par l'American Psychological Association et intitulée « Le stress aux États-Unis »[2], a révélé que 30 % des adolescents étaient tristes, déprimés ou éprouvaient le sentiment d'être accablés par d'incessantes contraintes, en raison du stress auquel ils étaient soumis. Environ 25 % des adolescents interrogés admirent qu'il leur arrivait souvent de sauter des repas en raison du stress. En outre, presque un tiers des adolescents reconnurent que le stress les amenait souvent au bord de la crise de larmes. Durant les soixante dernières années, le taux de suicide a quadruplé chez les jeunes hommes de quinze à vingt-quatre ans et doublé chez les jeunes femmes de la même tranche d'âge. Entre 1981 et 2006, le taux de suicide chez les enfants et les adolescents âgés de dix à quatorze ans a augmenté de plus de 50 %.

Une étude de l'American Academy of Pediatrics[3] a démontré que les hormones de stress, comme le cortisol et l'adrénaline, peuvent avoir un impact à long terme sur le corps des adolescents, ce qui pourrait entraîner des répercussions néfastes, telles que les maladies cardiovasculaires, l'asthme, l'hépatite virale et les maladies auto-immunes, lorsque ces adolescents atteindront l'âge adulte. Le stress libère des substances chimiques qui peuvent nuire à l'extension des réseaux neuronaux dans un cerveau en développement et inhiber la formation de nouveaux neurones dans les cerveaux en croissance.

Chaque jour, dans mon bureau, je constate la justesse de ces statistiques. Je reçois régulièrement des enfants de huit ans qui menacent de se suicider, ce qui affole leurs parents. Il y a aussi ces ados de quatorze ans qui s'infligent des coupures et des lacérations pour atténuer leur malheur et leur anxiété. Sans oublier tous ces enfants qui ne peuvent pas dormir ou manger, qui sont repliés sur eux-mêmes, qui pleurent à tout bout de champ ou qui redoutent de se retrouver seuls face à eux-mêmes. Je rencontre quotidiennement des enfants qui sont victimes d'intimidation ou qui recourent à celle-ci, des enfants qui trichent lors des examens ou qui se soulent systématiquement pour rendre plus supportables la douleur et la pression qu'ils ressentent. Cette situation est désolante. L'enfance est une courte étape de la vie. Durant ce court laps de temps, les jeunes sont censés explorer le monde, comprendre comment interagir avec autrui, découvrir leurs talents, danser, escalader des collines, chanter, faire de la musique... et s'amuser.

En tant que parents, nous pouvons exercer une influence considérable sur les croyances de nos enfants et, par conséquent, sur ce qui importe vraiment pour eux. Si nous leur enseignons que nous accordons la plus haute importance aux réalisations extérieures, ils chercheront tout naturellement des raccourcis pour atteindre de tels objectifs – en trichant lors des examens ou en diminuant leur temps de sommeil. Ils doivent savoir que nous voulons qu'ils mènent une vie empreinte d'excitation, de curiosité et d'enthousiasme. Ils doivent aussi comprendre que nous sommes là pour aimer et apprécier la vie, non pour nous battre constamment et réussir à tout prix.

Lorsque l'auteure Geneen Roth interviewa des conseillers financiers, ils lui confirmèrent que tous leurs clients, sans

> *Nos enfants doivent savoir que nous voulons qu'ils mènent une vie empreinte d'excitation, de curiosité et d'enthousiasme. Ils doivent aussi comprendre que nous sommes là pour aimer et apprécier la vie, non pour nous battre constamment et réussir à tout prix.*

aucune exception, qui étaient parvenus à atteindre leurs objectifs financiers initiaux, avaient haussé la barre de leurs exigences et visaient des résultats encore plus élevés. Tout ce qu'ils avaient réussi à acquérir ne leur suffisait plus dès lors qu'ils l'avaient obtenu. Bref, ils finissaient toujours par en vouloir plus.

Établir des liens dans la vie réelle

L'isolement et le manque de liens contribuent de façon significative à l'augmentation du niveau de stress. Dans une entrevue avec Sherry Turkle, auteure de *Seuls ensemble*, Michael Price déclara : «Aujourd'hui, grâce aux réseaux sociaux et aux messages textes, les gens sont reliés les uns aux autres comme jamais auparavant[4] dans l'histoire de l'humanité. Mais ils sont aussi plus seuls et plus distants les uns des autres lorsqu'ils n'ont pas recours à la technologie. Cela ne modifie pas seulement notre manière d'interagir en ligne, car cela affecte aussi de façon négative nos relations personnelles.» Turkle lui répondit : «Lorsque des adolescents me disent qu'ils préfèrent envoyer des messages textes plutôt que de parler, ils expriment une autre dimension, qui reflète les possibilités psychologiques offertes par ces nouvelles technologies – dont la possibilité de nous cacher et d'éviter tout contact avec autrui. Selon eux, une conversation téléphonique est trop révélatrice et des discussions en tête à tête ne leur donnent pas suffisamment de contrôle sur ce qu'ils veulent exprimer.»

Quand les enfants sortent de l'école, ils voient leurs parents littéralement collés à leur téléphone intelligent. Des garçons qui auparavant auraient discuté avec leur père durant la mi-temps d'un match de football doivent aujourd'hui attendre que ce dernier ait consulté ses courriels. Les tout-petits sont allaités ou nourris au biberon tandis que leur mère envoie des messages textes, ce qui a pour effet de diluer l'échange émotionnel qui devrait normalement découler de ce contact intime et naturel. De plus, si la mère reçoit un message qui génère de l'anxiété, elle transmettra l'angoisse qu'elle ressent à son bébé, qui l'interprétera comme un stress dans la relation qu'il entretient avec elle et non pas comme une tension attribuable à des contingences extérieures.

Dans son ouvrage intitulé *Thrive*, Arianna Huffington a partagé l'histoire suivante : «La dernière fois que j'ai vu ma mère se mettre en colère[5] contre moi peu avant sa mort, ce fut le jour où elle me vit consulter mes courriels tout en parlant à mes enfants. "Je déteste le multitâche", m'a-t-elle déclaré de son accent grec le plus délirant. En d'autres termes, être connecté au monde de manière superficielle pourrait nous empêcher d'être profondément connectés à ceux qui sont les plus proches de nous – nous-mêmes inclus. Et c'est alors que la sagesse intervient.»

Établir des liens avec autrui nous aide à prévenir le stress. Pour fortifier un enfant, rien ne remplace un lien véritable avec un être aimé. Dans mon livre précédent, j'ai abordé dans le détail les six étapes de l'attachement que vivent les enfants durant les six premières années de leur vie, étapes décrites par le Dr Gordon Neufeld. En

> *Pour fortifier un enfant, rien ne remplace un lien véritable avec un être aimé.*

gardant ces six étapes à l'esprit, nous pouvons approfondir l'attachement que nous éprouvons pour notre enfant en lui offrant un des antidotes les plus efficaces contre le stress : des relations humaines saines et véritables.

Le nouveau-né commence son long voyage dans le territoire de l'attachement par l'étape de la *proximité*, en s'attachant à nous par les sens, l'odorat, le toucher et le son de notre voix. Vers l'âge de deux ans, notre bambin veut nous ressembler – cette étape, qui est celle de l'*imitation* ou de la *similitude*, est liée à l'acquisition du langage et de la culture. Durant l'étape suivante, qui est celle de l'*appartenance* ou de la *loyauté*, l'enfant de trois ans cherche à s'attacher aux adultes significatifs par des comportements de possession et de marque de loyauté; cette étape est souvent caractérisée par un bambin qui s'efforce de pousser son petit frère ou sa petite sœur des genoux de sa mère en déclarant de manière possessive : «C'est ma maman!» Lorsque votre enfant atteint l'âge de quatre ans, il passe à la quatrième étape de l'attachement, où prédomine le sentiment d'*importance*. À cette étape, l'enfant cherche à plaire et à obtenir l'approbation des personnes auxquelles il s'attache, ce qui sous-entend une grande vulnérabilité. À la cinquième étape, l'enfant de cinq ans s'attache par sentiment d'*amour*, d'affection et de chaleur; si tout s'est bien passé jusque-là, il est maintenant capable de ressentir des émotions et de les exprimer aux personnes qui comptent à ses yeux. La sixième et ultime étape de l'attachement est le *besoin d'être reconnu*. À cette étape, l'enfant de six ans cherche à s'attacher aux adultes significatifs par un partage sur le plan de l'intimité psychologique. Tandis qu'il cherche à être vu et

> *Les enfants qui éprouvent un attachement sincère et durable pour ceux qu'ils aiment sont beaucoup plus aptes à faire face aux facteurs de stress.*

entendu de ceux à qui il s'attache, ces derniers doivent affirmer clairement qu'ils sont capables de l'écouter et de le soutenir en toutes circonstances, et ce, en tant que capitaines du bateau qui affrontent avec calme et confiance les tempêtes qu'il traverse.

Les enfants qui éprouvent un attachement sincère et durable pour ceux qu'ils aiment sont beaucoup plus aptes à faire face aux facteurs de stress. L'auteur Johann Hari fait état de recherches[6] suggérant que la dépendance résulte de la rupture de liens émotionnels et non pas de la seule absorption de substances chimiques. « Si nous ne pouvons pas nous relier aux autres, nous nous relierons à tout ce que nous pourrons trouver – le bruit de la roulette ou la piqûre d'une seringue. » À ce sujet, il cite le professeur Peter Cohen : « Nous devrions arrêter de parler de dépendance et parler plutôt de liens affectifs. Un héroïnomane crée des liens avec l'héroïne parce qu'il n'a pas pu en créer de plus forts avec qui que ce soit ou quoi que ce soit d'autre. » Hari poursuit en déclarant que « l'opposé de la dépendance n'est pas la sobriété, mais les relations humaines ».

Il y aura toujours des jeunes qui entretiendront des relations étroites avec leurs parents, mais qui devront néanmoins lutter de toutes leurs forces contre l'adversité. Cependant, en règle générale, les enfants qui éprouvent un fort sentiment d'attachement pour des parents aimants ont un avantage considérable lorsqu'il s'agit de gérer de façon optimale les facteurs de stress.

Gérer le changement et l'incertitude

Dans la vie, une des plus grandes certitudes est l'incertitude. Plus nous acceptons le fait que certains événements sont en dehors de notre contrôle, moins nous nous sentons dépourvus quand ceux-ci ne se déroulent pas comme nous l'espérons. Lorsque nous démontrons à nos enfants que nous savons faire preuve de flexibilité dans des circonstances imprévues, nous les aidons à comprendre qu'ils pourront eux aussi supporter et gérer les situations incertaines auxquelles ils devront s'adapter.

Je me souviens d'un soir où j'étais assise dans un aéroport de Nairobi en compagnie de mon fils, alors âgé de quinze ans. Il était minuit, et nous avions été informés que nous ne serions pas autorisés à embarquer à bord de l'avion à destination de l'Australie car la compagnie aérienne ne reconnaissait pas nos visas électroniques. Ari commençait à être assez nerveux ; nous n'avions aucun contact à Nairobi, nous étions debout depuis vingt-quatre heures car nous arrivions de Tanzanie, et l'heure de départ approchait à grands pas. Certes, j'étais préoccupée, mais je me suis efforcée de rester calme et détendue, sachant que ma façon d'agir influencerait probablement la manière dont mon fils gérerait des événements similaires plus tard dans sa vie.

Je lui ai donc suggéré d'anticiper le pire scénario et de nous en accommoder. Nous avons évoqué ce que nous pourrions faire si nous ne pouvions prendre ce vol et nous en avons conclu que même si nous devions attendre un jour ou deux à Nairobi avant qu'un visa traditionnel nous soit délivré, cela n'avait pas la moindre importance.

Quelques minutes avant l'heure de décollage, la compagnie aérienne reçut un fax de confirmation du consulat australien, et nous fûmes autorisés à embarquer.

Cependant, si nous avions raté ce vol, nous avions anticipé le fait de passer quelques journées non planifiées à Nairobi en sachant fort bien que rien de grave ne pourrait nous arriver.

Aider nos enfants ne se résume pas à leur enseigner à faire face à des situations inattendues lorsque les choses se passent mal. Il faut aussi leur apprendre à insuffler de la joie dans leur vie.

S'amuser

On prétend que les bambins âgés de quatre ans rient en moyenne trois cents fois par jour alors qu'un adulte de quarante ans rit seulement quatre fois par jour. Dans son remarquable ouvrage intitulé *Comment je me suis soigné par le rire*, Norman Cousins nous révèle de quelle manière il s'est guéri d'une maladie chronique dégénérative, la spondylarthrite ankylosante, en regardant – seulement dix minutes par jour – des films comiques des Marx Brothers, ce qui lui a permis de réduire l'inflammation due à son arthrite, d'endurer les fortes douleurs qui nécessitaient un traitement morphinique, et de pouvoir dormir paisiblement durant de longues heures.

Le rire a pour effet de réduire les hormones de stress, de stimuler la production d'endorphines, d'améliorer la circulation du sang vers le cœur, d'accroître le nombre de cellules tueuses de virus et de nous rendre plus résistants aux maladies. Il a aussi pour effet d'améliorer notre humeur et notre attitude et de solidifier les liens que nous entretenons avec autrui.

Le rire et les amusements de toutes sortes sont un merveilleux moyen de combattre le stress. Anne Lamott a déclaré ceci : «Le rire est une célébration pétillante.» La musique peut aussi constituer un formidable levier pour nous sortir de nos têtes et nous laisser entrer dans nos cœurs. Écoutez la chanson *Oh, What a Beautiful Morning* lorsque vous réveillez vos enfants le matin, ou *Happy* de Pharrell Williams, si vous voulez être d'humeur guillerette à l'heure du dîner. Un léger changement d'état d'esprit peut avoir un puissant impact. Dans le chapitre 11, vous trouverez des idées pour ajouter plus de rire et de joie dans votre vie quotidienne.

Notre attitude face à la vie peut exercer une influence positive ou négative sur les niveaux de stress de nos enfants. Il n'est pas toujours facile de savoir quand nous devons les encourager à aller de l'avant et à surmonter les obstacles, et quand nous devons leur apprendre à lâcher prise et à considérer un événement particulier comme une leçon de vie. Mais comme dans tous les domaines de l'éducation parentale, notre manière de gérer les hauts et les bas de notre vie exerce une influence déterminante sur la façon dont nos enfants géreront les leurs.

Persister

Inciter nos enfants à persister et à persévérer lorsque la réussite n'est pas au rendez-vous est inestimable. En effet, il est essentiel qu'ils puissent développer les ressources intérieures qui leur permettront de surmonter les obstacles alors même qu'il semblerait plus facile de jeter l'éponge. Mais il y a une différence entre poursuivre ses rêves avec joie et passion et s'acharner à faire en sorte que quelque chose survienne même quand cela n'est pas censé se produire. Nos enfants doivent comprendre que lorsqu'ils ne parviennent pas à atteindre un objectif

C'est en chutant et en trébuchant que souvent nous nous rendons là où nous devons aller.

espéré, ils peuvent recourir à une autre approche, marquer une pause dans leur quête, ou lâcher prise. Ne pas atteindre un résultat n'est pas synonyme d'échec, et de toute façon l'échec n'est pas fatal. C'est en chutant et en trébuchant que souvent nous nous rendons là où nous devons aller.

Faites comprendre à vos enfants que, bien que vous puissiez avoir des préférences, vous pouvez être en paix même lorsque la vie ne se déroule pas comme vous l'aviez prévu. Comment votre enfant vous a-t-il vu réagir lorsque vous avez appris que vous aviez raté votre vol? Avez-vous cherché quelqu'un à blâmer? Comment vous voit-il réagir quand on vous apprend que votre voiture a besoin d'une réparation majeure? Jurez-vous ou tapez-vous du pied? Quand un imprévu survient, montrez-lui clairement que vous pouvez garder votre calme et aller de l'avant. Posez-vous à voix haute (afin qu'il l'entende) la question suivante : «Ce problème se posera-t-il encore dans cinq ans – ou dans deux jours ? » Lorsque vos enfants constatent que vous pouvez inscrire ces petits incidents de parcours dans un contexte plus large, ils sont incités à agir de même. Mais si vous considérez que, pour être acceptable, une situation doit se dérouler exactement comme vous le pensez, vous vous sentirez impuissant. Et l'impuissance mène au stress.

Certains pensent que nous dorlotons et couvons trop nos enfants et qu'en faisant tout ce que nous pouvons pour les protéger, nous les isolons des blessures et des écueils inévitables de la vie. Il y a quelques années de cela, on m'a raconté l'histoire d'une jeune étudiante qui, après avoir découvert que le feu était pris dans son dortoir, avait appelé sa mère pour lui demander ce qu'elle devait faire plutôt que de composer le 911. À cet égard, il y a certainement beaucoup à dire sur le «parent hélicoptère» qui plane anxieusement au-dessus de son enfant pour s'assurer que chacune des réponses de son devoir de mathématiques est correcte, ou sur le parent qui appelle la mère d'une amie pour «corriger un oubli» lorsque sa fille n'a pas été invitée à une fête d'anniversaire. Mais il y a une grande différence entre couver et réconforter. Lorsque nous couvons nos enfants et les entourons de soins excessifs, nous manifestons en réalité notre propre anxiété car nous régentons dans le détail toutes leurs expériences dans l'espoir que nous ne les verrons pas angoissés ou malheureux. À l'inverse, réconforter est un acte d'amour car il suppose que nous sommes étroitement connectés à nos enfants et à l'écoute aimante de ceux-ci.

De nos jours, les enfants sont soumis à des pressions exceptionnelles et, alors que les niveaux de stress ne cessent d'augmenter, nous devons aider nos jeunes à développer de bonnes stratégies de survie et d'adaptation.

Prêter attention au stress de votre enfant

Si vous avez un enfant qui manifeste constamment des signes de stress, d'anxiété ou de dépression, ne détournez pas le regard.

Assurez-vous que vos enfants soient parfaitement conscients qu'ils peuvent vous dire la vérité, quelles que soient les épreuves qu'ils traversent. Dans mes formations et mes ateliers en ligne, je consacre beaucoup de temps à travailler avec les parents afin de m'assurer qu'ils n'envoient pas de messages ambigus à leurs enfants – Tu peux tout me dire. Attends un peu, qu'as-tu fait ?! Tu as un gros problème !

Nos enfants nous mettent à l'épreuve pour s'assurer que nous sommes sérieux quand nous leur demandons de s'adresser à nous lorsqu'ils se sentent inquiets ou stressés ; pour ce faire, ils expriment de petites doléances pour voir si nous sommes vraiment capables de les écouter et de comprendre ce qu'ils ressentent. Agissons-nous comme des capitaines de bateau calmes et confiants ou perdons-nous toute contenance quand nos enfants nous révèlent ce qui les perturbe ?

Si nous voulons réellement aider notre enfant à gérer le stress et à restaurer son équilibre lorsque la vie est difficile, nous devons faire notre travail, et ce, afin de pouvoir lui dire en toute sincérité : « Chéri, quelles que soient les épreuves que tu traverses, je suis là et je t'aiderai à les surmonter. »

Si nous voulons réellement aider notre enfant à gérer le stress et à restaurer son équilibre lorsque la vie est difficile, nous devons faire notre travail, et ce, afin de pouvoir lui dire en toute sincérité : « Chéri, quelles que soient les épreuves que tu traverses, je suis là et je t'aiderai à les surmonter. »

Pratiquer la pleine conscience

« Quand ma sœur a mis mon chandail préféré, j'ai déchiré ses devoirs. J'étais si furieuse ! » – Caroline

« Mon esprit me dit des choses qui m'inquiètent, comme échouer à l'examen oral et voir toute la classe se moquer de moi. Je ne peux pas arrêter ces pensées. » – David

« J'ai vu une photo en ligne de mes amis qui participaient à une soirée pyjama à laquelle je n'avais pas été invitée. De rage, j'ai fini par me taillader la jambe ; je me sentais si triste et si délaissée. » – Tiffany

« Je me suis senti vraiment mal lorsque je n'ai pas obtenu la meilleure note de ma classe. Quand je suis entré dans la voiture de ma mère, je l'ai houspillée puis je me suis mis à pleurer. » – Henry

De nos jours, il apparaît clairement que les adultes ne sont pas les seuls à expérimenter un stress sévère et chronique. Les adolescents et même les jeunes enfants ont tout avantage à apprendre des stratégies qui les aideront à s'adapter lorsque la vie ne leur sera pas clémente. Enseigner aux enfants à ralentir et à se reconnecter à l'instant présent – qu'il s'agisse d'améliorer leur régulation émotionnelle ou de mieux gérer leur impulsivité – leur confère un énorme avantage et les prépare à mener une vie plus heureuse aujourd'hui et à l'âge adulte.

Margaret, une enseignante du primaire, avait mis en place un programme permettant à chaque élève d'apprendre une pratique de pleine conscience. En constatant l'influence positive que ce programme exerçait sur ses élèves de troisième année, elle décida de l'essayer sur son fils de sept ans, qui venait de recevoir un diagnostic de trouble déficitaire de l'attention avec hyperactivité (TDAH). « J'ai acheté une cloche de méditation. Avant d'aller nous coucher, nous fermions les yeux, faisions sonner la cloche, écoutions le son s'estomper et nous nous imaginions flottant sur un nuage. Parfois, quand il s'énerve vraiment contre son frère, je l'entends faire sonner la cloche à l'étage pour se calmer ! » Margaret me confirma aussi que depuis qu'il avait adopté ces pratiques, son fils était plus centré et moins agité, comme tous les élèves de sa classe. « Les pratiques de pleine conscience ne prennent que quelques minutes et cela change réellement les choses pour ces enfants. »

Le terme *pleine conscience* a fait de nombreux adeptes par-delà les âges, le genre et les données démographiques. En deux mots, il signifie « prêter attention » – avec curiosité et sans porter de jugement – à ce qui se passe dans l'instant présent et à examiner les sensations qui se présentent à l'esprit. Eckhart Tolle préfère employer le terme *présence* : « La pleine conscience semble suggérer que l'esprit est totalement empli[7] alors que c'est le contraire qui est vrai. » D'autres encore utilisent les termes *conscience éveillée* ou *conscience accrue*. En ce qui me concerne, dans ce livre j'emploierai l'expression *pleine conscience* pour décrire cette conscience tranquille qui ne porte aucun jugement et nous permet de nous reposer profondément sous la surface des événements extérieurs qui sont générateurs d'agitation et de stress. Ces pratiques reposent sur l'utilisation des sens – les sons, les perceptions, la respiration – pour s'ancrer dans l'instant présent au lieu de se perdre dans des pensées portant sur le passé ou sur l'avenir.

> *La pleine conscience signifie « prêter attention » – avec curiosité et sans porter de jugement – à ce qui se passe dans l'instant présent.*

La pleine conscience apprend aux enfants à marquer une pause avant de réagir à une situation stressante et à gérer leurs difficultés de manière plus flexible. Elle leur apprend aussi à être moins réactifs à leurs pensées en leur enseignant que les pensées ne sont rien d'autre que des pensées et que, semblables en cela au vaste ciel qui n'est pas affecté par la présence de nuages, nous ne devons pas laisser des pensées négatives assombrir notre conscience. Les pensées viennent à nous, elles demeurent là un instant, puis elles s'évanouissent.

Ceux qui enseignent les pratiques de la pleine conscience transmettent cette idée aux enfants à l'aide d'un exemple : ils remplissent un bocal d'eau puis y ajoutent du sable ou du bicarbonate de soude ; ils referment ensuite le couvercle et demandent aux enfants de secouer très fort le bocal en observant ce qui se produit. Quand les ingrédients se stabilisent, les enfants peuvent constater que le sable ou le bicarbonate de soude s'est déposé sur le fond du bocal et que l'eau est de nouveau claire et limpide. Cela ressemble beaucoup à ce qui se passe dans nos esprits. Lorsque nous recouvrons notre calme durant un certain temps, la tempête de nos pensées s'apaise et nous pouvons alors penser et agir plus consciemment.

Dans les familles ou les écoles où la pleine conscience est enseignée, les enfants gèrent mieux leurs frustrations. De plus, ils ont tendance à être plus compatissants, plus coopératifs et plus patients. Les enfants hyperactifs apprennent à être plus à l'aise avec eux-mêmes. Et ceux qui souffrent d'anxiété découvrent qu'en dépit de leur tendance à s'inquiéter pour des menaces réelles ou imaginaires, dans l'instant présent ils ne courent aucun danger. Cette approche leur permet de restaurer un certain équilibre émotionnel alors qu'autrement ils auraient pu s'effondrer.

La pleine conscience a été introduite avec grand succès dans les milieux les plus divers. Phil Jackson, l'ex-entraîneur de l'équipe de basketball des LA Lakers, qui a remporté à onze reprises le championnat de l'Association nationale de basketball (NBA), a affirmé que ses victoires étaient en partie attribuables à son utilisation des pratiques de pleine conscience. Il imposait à ses joueurs de s'asseoir en silence pour bâtir leur force mentale et décrétait même des Journées du silence durant lesquelles personne ne parlait. Lorsqu'un joueur connaissait des difficultés sur le terrain, il pouvait se ressaisir en pratiquant la pleine conscience sur le banc de touche. Le député Tim Ryan et d'autres parlementaires ont institué des programmes de pleine conscience destinés aux anciens combattants, ce qui a entraîné une diminution significative des symptômes de trouble de stress post-traumatique (TSPT). Les prisons offrent elles aussi des pratiques de pleine conscience pour guérir et transformer la vie des détenus tout en prévenant le crime et la récidive.

Plus de six mille personnes, trois mille parents et quarante mille étudiants ont suivi le Programme de résilience intérieure proposé par Linda Lantieri. Cette dernière a mis au point ce programme – qui s'articule autour de la méditation, du yoga et d'une période spécifiquement consacrée au travail intérieur et à la réflexion – pour aider les enseignants de la ville de New York à faire face au traumatisme et au stress ressentis après les événements du 11 septembre 2001. «Je l'ai fait parce que toutes les étapes que nous empruntons[8] pour nous placer dans un état de préparation extérieure peuvent s'effondrer alors que ce que nous avons à l'intérieur de nous ne pourra jamais être détruit. C'est en nous, quoi qu'il se produise.»

J'ai connu de grandes réussites en proposant aux enfants et aux parents de simples pratiques de pleine conscience. Une retombée de ces pratiques est que les participants développent des aptitudes à la méditation réflexive et créative centrée sur le cœur.

Un jour, je me suis retrouvée au beau milieu d'une séance particulièrement difficile où une mère et sa fille de quinze ans s'opposaient violemment. La mère voulait que sa fille respecte les «règles de la maison», mais sa fille, emplie de malveillance et de colère, les ignorait systématiquement. Je leur ai demandé : «Si ça ne vous dérange pas, pourrions-nous prendre une pause dans notre conversation et remettre les compteurs à zéro?» Elles m'ont donné leur accord; une lourde tension régnait dans la pièce et nous avions toutes trois besoin de marquer une pause.

Je les ai alors invitées à fermer les yeux, puis je les ai guidées et accompagnées dans un court exercice de pleine conscience. Tout d'abord, je leur ai demandé de prêter attention à leur respiration et de remarquer les sensations qu'elles percevaient – dans leurs narines quand elles respiraient ou à l'arrière de leur gorge ou encore dans les mouvements de soulèvement et d'abaissement de leur poitrine ou de leur estomac. Après un certain temps, je leur ai demandé de prêter attention à tous les sons qu'elles percevaient. «Ce pourrait être le bruit du vent dans les arbres ou celui d'une voiture qui s'éloigne. Vous pourriez aussi remarquer le tic-tac d'une horloge ou simplement le bruit de votre respiration. Si votre attention se détourne, ramenez-la à vous et enregistrez les sons qui vous entourent.»

Nous avons pratiqué cet exercice durant environ trois minutes. Quand celui-ci fut terminé, je leur suggérai de rester tranquillement assises pendant un court laps de temps en gardant les yeux fermés et de ne les rouvrir que lorsqu'elles se sentiraient prêtes.

Dès qu'elles rouvrirent les yeux, je sus que la situation s'était radicalement transformée. Toutes deux me confirmèrent qu'elles se sentaient beaucoup plus calmes et centrées, et ce, après un exercice qui n'avait duré que quelques minutes. La température émotionnelle qui régnait dans la pièce s'était elle aussi modifiée. Lorsque nous reprîmes notre conversation, toutes deux firent preuve de plus d'ouverture et de moins de rigidité dans leurs positions respectives.

Après avoir pratiqué cet exercice avec des enfants de six ans et des personnes de soixante ans, j'ai constaté qu'arrêter un instant de penser pour se connecter aux sons, aux sensations ou à sa propre respiration permettait aux participants de se recentrer sur eux-mêmes, un résultat qu'ils n'auraient jamais pu atteindre si je m'étais contentée de les exhorter à se calmer ou à se relaxer.

Pratiquer cet exercice chaque jour avec vos enfants – idéalement au même endroit et au même moment – peut devenir un rituel bénéfique pour tous les membres de la famille. La plupart des activités de pleine conscience sont susceptibles de plaire à vos enfants et très faciles à mettre en œuvre. Dans le chapitre 11, je vous présenterai plus en détail celles que je préfère.

Relations personnelles, encore et toujours

Dans son ouvrage *Et la lumière fut*, Jacques Lusseyran décrit les épreuves qu'il a dû subir et lors desquelles il a successivement perdu la vue à la suite d'un accident alors qu'il était écolier, créé un mouvement de résistance en France et réussi à survivre dans un camp de concentration. «Mes parents m'apportaient protection, confiance et chaleur[9]. Encore aujourd'hui, quand je songe à mon enfance, j'éprouve cette sensation de chaleur au-dessus de moi, derrière moi, autour de moi… Je passais entre les dangers et les peurs comme la lumière à travers un miroir. Et c'est cela que j'appelle le bonheur de mon enfance. C'était une armure magique qui, une fois posée sur vos épaules, pouvait être transportée tout au long de votre existence.»

Le lien d'amour que nous nouons avec nos enfants peut véritablement constituer pour eux la pierre fondamentale d'une protection éternelle.

MAINTENANT, C'EST VOTRE TOUR

Vos enfants peuvent-ils vous dire la vérité? La plupart d'entre nous veulent croire que leurs enfants feront appel à eux lorsqu'ils connaîtront des difficultés. Mais nous ne créons pas toujours les conditions optimales pour qu'ils acceptent de nous faire part des bouleversements qui les affectent, car nous leur avons enseigné par notre réactivité qu'il n'est pas toujours conseillé ou prudent de nous révéler la vérité sur ce qu'ils vivent.

Si notre enfant reconnaît qu'il a été pris en flagrant délit de tricherie lors d'un examen ou si notre adolescente de quatorze ans nous avoue qu'elle songe à avoir des relations sexuelles avec son petit ami, nous pourrions fort bien nous retrouver en train de hurler, de menacer, de conseiller, démontrant ainsi que nous sommes en fait totalement incapables d'accepter certaines vérités auxquelles nos enfants sont confrontés.

Réfléchissez à votre façon de répondre lorsque votre enfant vous fait part d'une vérité que vous ne voulez pas entendre. Êtes-vous calme et ouvert d'esprit? Vous mettez-vous en colère et lui donnez-vous des conseils? Essayez-vous d'arranger à tout prix la situation au lieu de laisser votre jeune exprimer pleinement ce qu'il ressent? Le punissez-vous ou essayez-vous de l'intimider? Mettez-vous un terme brutal à cette conversation, lui donnant ainsi le sentiment tenace que, s'il doit vivre de nouveau une situation stressante, il serait nettement préférable pour lui d'en discuter avec ses amis plutôt que de vous en parler?

Ce n'est pas toujours facile mais, en faisant savoir à nos enfants qu'ils peuvent faire appel à nous pour obtenir du soutien, nous les préparons de façon optimale à affronter les tempêtes que le stress pourrait créer dans leur vie.

Dans votre journal, notez dans quelle mesure votre enfant peut s'adresser à vous quand il est stressé par une situation quelconque. En devenant plus conscient et en vous engageant à assumer plus pleinement le rôle d'un capitaine calme et serein, vous serez plus apte à être présent auprès de votre jeune lorsque le stress lui posera problème.

SOYONS PRATIQUES
L'art d'être un parent présent dans la vie quotidienne

Comment puis-je aider mon adolescent s'il refuse de nous parler ?

Question : Mon adolescent de seize ans s'est retiré de la vie de famille depuis que sa petite amie l'a quitté. Je sais bien qu'il a été dévasté. J'ai essayé de le convaincre que ce n'était pas si grave et qu'il finirait par trouver quelqu'un qui lui correspondrait mieux, mais il m'a complètement ignorée. Je me sens horriblement mal lorsque vous évoquez l'importance de l'attachement pour aider nos enfants à surmonter le stress, surtout parce que nous nous sommes éloignés l'un de l'autre. Comment pouvons-nous l'aider s'il refuse de se confier à nous ?

Suggestion : Comme je l'ai déjà dit, par notre manière de réagir lorsqu'ils s'ouvrent à nous, nous enseignons à nos enfants qu'il est prudent ou pas de révéler ce qui se passe dans leur vie. Quand nous réagissons en les abreuvant de conseils ou en leur donnant l'impression que nous sommes totalement déboussolés par leur malheur, ils apprennent à garder leurs secrets par peur de courir le risque de devoir non seulement assumer leur stress mais aussi de gérer la pression qui s'installe lorsqu'ils constatent que nous sommes contrariés par leurs problèmes.

Rebâtir des liens véritables requiert du temps et de la patience, mais cela est tout à fait possible. Bien que votre adolescent soit parvenu à une étape de sa vie où les enfants aspirent à se dissocier de leurs parents, cela ne signifie pas que votre fils n'a pas besoin de vous. Cependant, si vous vous adressez à lui en lui faisant ressentir votre détresse et votre faiblesse – en voulant désespérément connaître les moindres détails de sa vie et en vous démenant pour restaurer son bonheur –, il se retirera instinctivement.

Pour rétablir des liens solides, recourez à des approches discrètes et moins intrusives. Par exemple, votre fils pourrait trouver intéressant de vous aider à préparer un nouveau dessert. Vous pourriez aussi lui demander de vous parler de ses découvertes musicales les plus récentes. Et s'il vous parle d'un problème auquel il est confronté – même s'il s'agit d'un problème mineur et inoffensif –, efforcez-vous de lui répondre en manifestant votre intérêt, sans le soumettre à une avalanche de questions et sans l'accabler par un déluge de conseils.

Pour en apprendre plus sur l'attachement, référez-vous au chapitre 9 ou découvrez mes programmes en ligne au www.SusanStiffelman.com.

Que puis-je faire quand ma fille est stressée par ce qui se passe dans son monde virtuel?

Question : Ma fille, qui est âgée de quatorze ans, est stressée par tout ce qui se passe en ligne entre ses amis. Quand j'essaie de la convaincre de rester éloignée de ces querelles stériles, elle me répond que je n'y comprends rien. Elle a fini par perdre le sommeil en raison des messages blessants qui lui sont adressés ou qui concernent une de ses amies.

Suggestion : Il est presque impossible que les enfants maîtrisent toutes les complexités sociales de leur monde virtuel. Dans un certain sens, c'est aussi un territoire inconnu des parents. Comment établir des barrières et fournir la bonne dose de supervision, de façon que vos jeunes puissent apprécier ce qui se passe dans leur monde virtuel sans risquer d'être perturbés, blessés ou même tourmentés?

Faites savoir à votre fille que vous êtes d'accord avec elle – vous ne pouvez pas savoir ce que ses amitiés en ligne représentent à ses yeux, mais vous voulez l'aider à être moins affectée lorsque les choses prennent une tournure négative. Plutôt que de lui donner des conseils qu'elle ne sollicite pas (j'appelle cela *faire irruption dans une soirée à laquelle on n'est pas invité*), demandez-lui de vous expliquer comment vous pouvez l'aider et laissez-la exprimer le type de soutien dont elle a le plus besoin lorsqu'elle est confrontée à des situations troublantes. Si elle veut juste se vider le cœur, laissez-la faire sans interférer. Si elle constate que vous pouvez l'écouter sans lui prodiguer de sermons, elle sera plus encline à solliciter votre avis ou à suivre certaines recommandations.

Si vous parvenez à lui inspirer suffisamment confiance pour qu'elle baisse sa garde, procédez avec prudence. Manifestez votre curiosité. « Tu as l'air vraiment perturbée quand certaines personnes se moquent de ce que tu as publié sur ta page. Peux-tu m'aider à comprendre ce qui te pousse à consulter cette page quand tu es quasi certaine d'y lire des commentaires blessants ? » ou « Chérie, je ne suis pas sûre que tu aides vraiment Cassie lorsque tu la défends en publiant des messages négatifs envers ceux qui s'en prennent à elle. Peut-être serait-elle plus touchée si tu éteignais un instant ton ordinateur et que tu l'appelais pour voir comment elle se sent. »

Je crois que tous les parents sont un peu déboussolés lorsqu'il s'agit d'aider leurs enfants à naviguer dans le monde numérique. Il faut agir avec prudence et discernement. Si votre fille passait du temps dans un lieu de rencontre de votre voisinage et si elle rentrait tous les soirs à la maison en pleurant ou en ayant été meurtrie, vous chercheriez à trouver la racine de ce problème au lieu de lui interdire de sortir de la maison. Faites le maximum pour qu'elle sente que vous êtes son alliée et ne lui donnez pas l'impression que vous agissez comme une force extérieure contrôlante ayant pour seule ambition de limiter ses plaisirs.

Comment puis-je aider mon fils, qui est un perfectionniste ?

Question : Comment pouvons-nous aider les enfants à savoir quand ils doivent travailler d'arrache-pied et donner le meilleur d'eux-mêmes et quand ils doivent lâcher prise ? Je suis heureux que mon fils de douze ans fasse de son mieux à l'école, mais j'aimerais parfois qu'il soit moins perfectionniste et qu'il ne recherche pas en permanence l'excellence lorsqu'il fait ses devoirs. Il est obsédé par chaque détail. Ma femme et moi nous sommes inquiets car nous nous demandons comment il se comportera lorsqu'il entrera au secondaire alors qu'il est déjà si stressé par ses devoirs de sixième année du primaire.

Suggestion : Certains enfants semblent venir au monde avec une forte dose de perfectionnisme. Nous aurons beau nous efforcer de les persuader de lâcher prise, il sera difficile de les convaincre de prendre plus légèrement les choses qui importent à leurs yeux. Cependant, de nombreux enfants semblent imiter ou reproduire le besoin de perfection d'un de leurs parents ou de leurs deux parents en intégrant l'idée qu'il leur faut sans cesse se surpasser et que faire de son mieux n'est pas suffisant.

Dites à votre fils que vous aimeriez comprendre ce qu'il ressent lorsque sa voix intérieure le pousse dans sa quête de perfection, et ce, même quand il est fatigué, voire épuisé. « Qu'éprouves-tu lorsque tu as fait un excellent travail et que tu te sens toujours aussi insatisfait ? » Si vous montrez à votre fils que vous vous intéressez à son univers et que vous voulez mieux comprendre ce à quoi il est confronté – sans le juger ou le critiquer –, il pourrait s'ouvrir davantage et être finalement plus réceptif à vos conseils.

Il se pourrait aussi que votre fils soit une sorte de « fanatique de l'approbation » qui recherche ardemment l'attention et les louanges de ses professeurs. Si c'est le cas, étudiez ce qu'il gagne en recevant cette approbation et voyez s'il pourrait l'obtenir autrement. Il n'y a rien de mal à vouloir impressionner un professeur par un travail bien fait, mais si cela occasionne un stress indésirable, il faut répondre à ce besoin sous-jacent d'une autre manière.

Par ailleurs, si vous croyez que votre fils tire sa nature perfectionniste de vous ou de votre femme, faites de votre mieux pour lui donner l'exemple en agissant de manière plus équilibrée. Lorsque vous travaillez sur un projet que vous pourriez améliorer en travaillant encore plus, faites en sorte qu'il reconnaisse que le mieux est l'ennemi du bien. Pour ce faire, prenez une pause, offrez-vous un jour de congé et lâchez prise. Bien qu'il soit recommandable de bien faire les choses, il comprendra alors que rien ne peut justifier le sacrifice de votre santé ou de votre bien-être.

CHAPITRE 10

Le bonheur est un travail intérieur

Porcinet remarqua que même s'il avait un très petit cœur, il contenait beaucoup de gratitude.

– A. A. Milne

Dans les années 1970, alors que j'étais adolescente, je suis entrée dans une librairie nouvel âge de Kansas City où j'ai découvert un petit livre bleu intitulé *Discours de Meher Baba*. J'ignorais ce que signifiait le mot discours, mais la première phrase de cet ouvrage m'a marquée pour le restant de mes jours : « Dites "Je ne désire rien", et soyez heureux. » J'étais encore jeune et inexpérimentée, pourtant cette idée me pénétra jusqu'au plus profond de mon être. Je savais d'instinct qu'elle était vraie même si je ne comprenais pas tout à fait ce qu'elle signifiait ou comment procéder pour l'incarner.

D'innombrables penseurs et sommités ont avancé le même principe – à savoir que la clé du bonheur réside dans notre capacité à nous libérer du désir. Lorsque nous sommes en paix avec la vie telle qu'elle se présente à nous, nous pouvons alors nous libérer et éprouver une joie véritable.

Je crois en cette idée de tout mon être.

Cela ne signifie pas pour autant que nous devons élever nos enfants en les laissant errer dans la vie sans les inciter à honorer les aspirations et les désirs de leur esprit. En effet, nos aspirations expriment souvent notre moi le plus profond, ce qui nous pousse éventuellement à développer nos dons et nos talents spécifiques. Selon Eckhart Tolle, il s'agit en fait de mainte-nir un juste équilibre entre l'Être et le Devenir. Lors de ses conférences, il nous rappelle que nous perdons notre capacité à apprécier pleinement le moment présent quand nous sommes trop axés sur le Devenir, ce qui nous pousse dans des sché-mas de stress et d'anxiété où nous n'éprouverons jamais un véritable sentiment de plénitude. Par ailleurs, si nous demeurons en perma-nence dans un état où l'Être et le mental prédominent, nous ne serons pas très efficaces pour affronter le monde extérieur. Selon Eckhart Tolle, lorsque nous abandonnons toute aspiration, nous per-dons en fait le sentiment de vigilance qui caractérise notre présence au monde. Bref, pour que notre vie soit heureuse et fructueuse, nous devons maintenir un juste équilibre entre l'Être et le Faire.

> *Lorsque nous sommes en paix avec la vie telle qu'elle se présente à nous, nous pouvons alors nous libérer et éprouver une joie véritable.*

Cependant, maintenir cet équilibre est plus facile à dire qu'à mettre en pratique, car nous vivons dans une culture qui s'évertue à nous séduire par une offre incessante de gratifications et de biens matériels censés nous rendre parfaitement heureux. Dans un tel contexte, il est très difficile d'élever des enfants qui ne soient pas ani-més par la volonté acharnée d'obtenir une chose ou une autre. En effet, nos enfants sont assaillis de toutes parts par des promesses d'ap-probation, de statut, de popularité et de plaisir, habituellement condi-tionnées par l'obtention d'une gratification ou d'un bien situé hors de leur portée. « Si j'obtiens une note parfaite à cet examen… Si vous m'achetez un nouvel iPad avec une meilleure caméra… »

Cela me rappelle une étude[1] menée par le Centre de recherche Pew. Dans cette étude, lorsque l'on demandait à des jeunes âgés de dix-huit à vingt-cinq ans ce à quoi ils aspiraient le plus, 81 % d'entre eux répondaient qu'ils aspiraient par-dessus tout à être riches. Il n'est pas facile de contrecarrer l'impact des messages publicitaires, qui donnent l'impression que la vie ne mérite pas vraiment d'être vécue si nous ne possédons pas tel ou tel bien matériel.

Pourtant, le bonheur ne peut être acheté. Dans ma pratique de psychothérapeute, certains de mes clients les plus amers et les plus découragés par la vie font la une des magazines, possèdent des maisons aux quatre coins du monde, ont des vies apparemment idylliques et se font photographier en train de faire du surf à Malibu, entourés de leurs enfants parfaits et de leurs magnifiques conjoints. Peu de gens pourraient se douter qu'ils passent toutes leurs journées à se morfondre, déprimés et le cœur brisé, ou qu'ils s'efforcent d'oublier leur malheur en recourant aux drogues ou à l'alcool. De l'extérieur, tout semble parfait – comme une magnifique pomme rouge et brillante – mais, en eux, un ver sinistre dévore leur âme.

Un jour, tandis que je parcourais un exemplaire du magazine *Architectural Digest*, qui présentait des maisons merveilleusement agencées et conçues – avec des cuisines de rêve, des salles à manger somptueuses, des meubles faits sur mesure et des coussins harmonieusement disposés –, je me suis mise à penser aux familles qui vivaient dans de tels environnements. Certaines d'entre elles apprécient et savourent sans l'ombre d'un doute leur cadre de vie. Mais il y en a beaucoup d'autres qui ont consacré des années à obtenir la maison de leurs rêves et qui se sont rendu compte, une fois qu'elles l'ont obtenue, que le bonheur n'est pas à vendre et que le chagrin et la peine perdurent en dépit de cette acquisition. Peut-être que ces familles-là ne se réunissent pas, le soir venu, autour de l'immense cheminée en pierre de leur somptueuse salle à manger, ornée de poutres de chêne apparentes, pour partager des rires et jouer ensemble à des jeux. Peut-être aussi que leurs enfants se retirent en boudant dans leurs chambres design où, des heures durant, ils s'efforcent lamentablement d'impressionner leurs amis en ligne. De telles maisons peuvent certes susciter l'envie, mais pas les vies de ceux qui évoluent à l'intérieur de leurs murs.

Il n'y a rien de répréhensible à vouloir aimer les belles choses de la vie, et parmi les gens bien nantis nombreux sont ceux qui ont des vies gratifiantes, remplies d'amour, de joie et de motivation. Je veux seulement souligner que la réussite matérielle et le bonheur ne vont pas nécessairement de pair. Les éléments qui contribuent à une vie pleine et entière sont situés bien au-delà de ce que l'argent peut procurer.

Faire la paix lorsque nous n'obtenons pas ce que nous voulons

Lorsque nous comprenons que le bonheur ne peut être acheté, nous pouvons gérer plus aisément les plaintes et les doléances de nos enfants quand ils n'obtiennent pas ce qu'ils désirent. Cependant, plutôt que de les critiquer pour leur manque de reconnaissance, nous devons valider leurs sentiments, les aider à naviguer de façon optimale par-delà leurs déceptions et les inciter à accepter la situation qui se présente à eux.

Je me souviens qu'un jour mon fils, alors âgé de huit ans, n'arrêtait pas de pleurer parce que j'avais refusé de lui acheter une carte Pokémon de trente dollars. Comme il mourait d'envie d'avoir cette carte, il m'aurait été facile d'acheter son sourire ! Mais je m'étais fixé une limite de dépenses à ne pas dépasser. Pourtant, je me sentais horriblement mal. Il voulait tant cet objet ! Il n'y aurait rien eu de mal à accéder à sa demande.

Cependant, je voulais qu'il sache que je croyais en sa capacité à surmonter cette épreuve et à accepter de ne pas obtenir ce qu'il voulait. Je me suis efforcée de me montrer gentille et compréhensive : « Chéri, je sais à quel point tu désires cette carte. Je sais aussi que cela te semble injuste. » Mais j'ai maintenu ma position. Bien que cela ait été difficile, je crois qu'en n'obtenant pas ce qu'il voulait, il a appris que son bonheur ne dépendait pas du fait que sa mère sorte ou pas sa carte de crédit.

Comme je l'ai déjà dit, le désir n'est pas en soi une chose négative. Les aspirations et les désirs sont souvent des murmures de notre âme qui nous indiquent la direction à suivre dans notre vie. En effet, pourquoi un athlète consacrerait-il des jours entiers à s'entraîner et à perfectionner sa pratique s'il ne voulait pas exprimer le meilleur de lui-même ? Comment aurais-je pu apprendre à parler l'hindi si j'avais ignoré mon désir ? Cela pose problème uniquement lorsque la promesse d'un meilleur avenir nous prive de notre oxygène quotidien.

Il est de notre devoir d'aider nos enfants à apprendre qu'il y a une grande différence entre manifester des demandes incessantes de biens matériels et répondre aux aspirations de leur âme. En effet, être à l'écoute de nos cœurs est un don inestimable. Mais il ne faut pas confondre cette aspiration légitime avec la quête permanente de gratifications ou de biens matériels du type « Un jour, je serai heureux si et seulement si… » Le voyage est la destination, même quand nous aspirons à atteindre les sommets. Bref, nous ne sommes pas seulement censés atteindre les étoiles ; nous sommes aussi censés apprécier le voyage.

> *Nous ne sommes pas seulement censés atteindre les étoiles ; nous sommes aussi censés apprécier le voyage.*

Quand l'ambiance familiale est légère et aimante, quand nous redonnons à autrui, quand nous insufflons à nos enfants l'idée que leur vie est riche de sens et quand nous les aidons à rester tendrement reliés à eux-mêmes et aux autres, nous donnons à nos jeunes les ingrédients nécessaires pour qu'ils aient une vie exceptionnellement bonne et heureuse.

Aider nos enfants à avoir des vies plus joyeuses exige aussi que nous leur enseignions à remettre en cause leurs habitudes négatives et leurs schémas de pensée – ce qui implique de modifier notre marqueur du bonheur ou notre capacité par défaut à éprouver de la joie.

Modifier notre marqueur du bonheur

Les chercheurs actifs dans le domaine de la psychologie positive croient que chacun de nous dispose d'un marqueur du bonheur – soit un niveau subjectif de bien-être qui demeure relativement constant.

Par exemple, ceux qui gagnent à la loterie ont tendance à retourner à leur seuil de référence du bonheur, et ce, même après avoir gagné des millions de dollars. Il en va de même pour ceux qui ont subi une grande perte. Selon mon amie Marci Shimoff, nous avons tous un degré de bonheur fixe, ou un marqueur du bonheur, que nous avons tendance à vouloir retrouver tout au long de notre vie et qui est déterminé par trois facteurs : la génétique (50 %), les habitudes (40 %) et les circonstances (10 %).

Au premier abord, cela pourrait suggérer que si vous avez été malchanceux à la loterie génétique et que vous avez hérité de gènes qui vous poussent à voir le monde sous le prisme du « verre à moitié vide », vous aurez 50 % de risques d'être destiné à vivre une existence malheureuse. Mais ce n'est pas le cas. Les spécialistes de l'épigénétique ont déterminé que vous pouviez réellement transformer votre ADN en modifiant vos habitudes. À cet égard, le Dr David Rakel a déclaré ce qui suit : « Le mot épigénétique veut dire "autour du gène"[2], ce qui signifie que la soupe dans laquelle nos gènes sont plongés est déterminée par des choix humains... Nous avons le choix d'immerger nos gènes dans la joie, le bonheur, l'exercice physique et des aliments hautement nutritifs, mais nous pouvons aussi les plonger dans la colère, le manque d'espoir, la malbouffe et un style de vie sédentaire. » En d'autres termes, nous pouvons cultiver le bonheur en dépit des circonstances et de notre génétique.

> *Si nous ne changeons pas notre façon de penser habituelle, nous serons immergés dans environ quarante-cinq mille pensées négatives par jour.*

Selon certains experts, chaque être humain nourrit en moyenne soixante mille pensées par jour. Parmi celles-ci, environ 80 % sont négatives et 95 % des pensées que nous avons aujourd'hui sont plus ou moins celles que nous avons eues hier, avant-hier, et le jour d'avant. En d'autres mots, si nous ne changeons pas notre façon de penser habituelle, nous serons immergés dans environ quarante-cinq mille pensées négatives par jour. Cette soupe semble bien trop négative pour y plonger nos gènes !

Quand des chercheurs des National Institutes of Health (NIH, Instituts nationaux de la santé) ont mesuré le débit sanguin[3] et les schémas d'activité dans le cerveau, ils ont découvert que les pensées négatives stimulent des zones associées à l'anxiété et à la dépression, agissant ainsi comme un poison sur notre système. La meilleure façon d'aider nos enfants à adopter de saines habitudes de bonheur consiste à les adopter nous-mêmes.

Lorsque vous traversez une épreuve difficile, vos enfants constatent-ils que vous sombrez dans une spirale négative du type « Que serait-il arrivé si?... » ou vous voient-ils fredonner un refrain enlevant et leur préparer une limonade bien fraîche en faisant contre mauvaise fortune bon cœur? Naturellement, vous préféreriez que la transmission de votre voiture ne vous lâche pas au moment où vous partez en excursion ou que la pluie cesse de tomber quand vous organisez une fête dans votre cour arrière. Mais il y a une grande différence entre les préférences et les besoins. Quand nous dépendons de quelque chose, nous sombrons dans l'impuissance, ce qui exacerbe notre désespoir et les comportements malsains auxquels nous recourons lorsque nous essayons de contrôler un résultat particulier, car nous ne pouvons pas imaginer avoir à endurer un scénario contraire à nos attentes.

Quand nos enfants constatent que nous pouvons surmonter nos déceptions sans sombrer tête première dans le malheur, ils développent une image mentale qui leur permet de visualiser à quoi ressemble le fait de demeurer présent en dépit des aléas de la vie – une façon d'être à laquelle ils pourront ultérieurement se référer quand ils devront faire face à leurs propres difficultés.

Aller à l'intérieur de soi pour y puiser le bonheur

Quand certains d'entre nous pensent au bonheur, ils s'imaginent un joueur de football explosant de joie après avoir marqué un but ou une jeune mariée, radieuse et épanouie, qui exulte en s'avançant vers l'autel. Certes, ces moments sont spéciaux, mais ils sont relativement rares. Ils dépendent aussi des circonstances extérieures.

Le véritable bonheur est tranquille et profond. Il ne dépend pas des circonstances. Et il ne se manifeste pas par une réalisation particulière ou par un événement depuis longtemps espéré. En fait, c'est un état dans lequel nous évoluons et qui imprègne tous les moments de notre vie – ordinaires et extraordinaires – d'une joie profonde.

L'auteure Barbara De Angelis a mentionné une histoire personnelle qui a exercé une grande influence sur ma vie. J'aimerais vous la raconter. Après avoir cherché durant de longues années[4], elle rencontra un homme qu'elle crut être son âme sœur. Ils tombèrent éperdument amoureux, et elle ne put s'empêcher d'être émerveillée par sa bonne fortune. Alors qu'ils se promenaient main dans la main au bord de la plage, le cœur de Barbara était empli de bonheur. Son amoureux lui envoyait des lettres d'amour passionnées. Et elle passait la plupart de ses journées prise dans une sorte de béatitude romantique qu'elle n'avait jamais connue auparavant.

> *Le véritable bonheur est tranquille et profond. C'est un état dans lequel nous évoluons et qui imprègne tous les moments de notre vie – ordinaires et extraordinaires – d'une joie profonde.*

Quelques mois plus tard, elle découvrit que cet homme fréquentait en réalité plusieurs autres femmes. Ajoutant l'insulte à l'injure, il leur avait envoyé les mêmes lettres d'amour que celles qu'elle recevait. Elle en fut dévastée. Cet amour, qui lui avait semblé si vrai et si profond, n'était-il qu'une imposture ? Le cœur brisé, elle se retira du monde et sombra dans un trou noir sans fond.

Après avoir vécu un certain temps dans cette situation délétère, elle sentit que quelque chose se libérait à l'intérieur d'elle-même et qu'elle vivait une sorte d'épiphanie. Si toute son expérience de l'amour avait été fondée sur une tromperie, pourquoi avait-elle ressenti un tel bonheur ? Elle commença alors à comprendre que la joie et l'amour qu'elle avait éprouvés en compagnie de cet homme, et chaque fois qu'elle pensait à lui, étaient là depuis toujours, à l'intérieur d'elle-même. Chaque fois qu'ils se retrouvaient, il ne lui tendait pas une parcelle d'amour. Et il ne lui donnait pas non plus de pilules susceptibles d'ouvrir grandes les portes de son cœur. En fait, c'était les marques d'affection de cet homme qui l'incitaient simplement à ouvrir sans réserve le robinet de joie à l'intérieur d'elle-même. C'est en ouvrant ce robinet, et non pas en raison de ce que cet homme aurait pu faire, qu'elle s'autorisait à expérimenter ce merveilleux amour.

En vérité, son amoureux avait simplement été l'excuse dont elle avait eu besoin pour s'autoriser à éprouver les sentiments d'amour qui existaient depuis toujours dans son cœur.

J'aime cette histoire car elle révèle un mensonge que la plupart d'entre nous perpétuent : à savoir que notre bonheur dépend de quelqu'un ou de quelque chose d'autre. Quand vous songez à des moments heureux où vous avez été empli de joie, vous vous souvenez peut-être en premier de ce qui se passait extérieurement : vous promeniez-vous alors dans les bois ou aviez-vous réuni autour de vous tous ceux que vous aimiez ?

Cependant, bien que ces conditions extérieures soient importantes, le sentiment de joie et de bonheur bourdonnait déjà en vous. Le véritable bonheur est généré par nous-mêmes ; c'est un sentiment dans lequel nous pouvons puiser sans tenir compte de ce qui se passe sur le plan extérieur. Quel merveilleux cadeau ce serait si vous pouviez aider vos enfants à comprendre que le bonheur résulte en réalité d'un travail intérieur !

> *Lorsque nous ouvrons nos cœurs et apprécions ce que nous offre le moment présent, manger un morceau de pain peut apporter autant de bonheur que passer en revue une liste d'événements dont nous nous réjouissons – une leçon de vie essentielle que nous devons enseigner à nos enfants.*

Lorsque nous ouvrons nos cœurs et apprécions ce que nous offre le moment présent, manger un morceau de pain peut apporter autant de bonheur que passer en revue une liste d'événements dont nous nous réjouissons – une leçon de vie essentielle que nous devons enseigner à nos enfants.

En nous coule une rivière qui sera toujours là et dans laquelle nous pourrons toujours puiser. Le véritable bonheur consiste à apprécier le simple miracle d'être en vie.

Exprimer son appréciation

L'appréciation n'est pas une chose que l'on peut enseigner aux enfants uniquement par les mots. Par contre, si nous créons des habitudes de gratitude, ils ne pourront qu'en être affectés. Exprimer régulièrement notre appréciation nous aide à ne pas trop nous attarder sur ce qui ne va pas pour célébrer ce qui est merveilleux.

John Gottman est professeur de psychologie et auteur de nombreux livres, dont *Les couples heureux ont leurs secrets : les sept lois de la réussite*. Lors de ses recherches sur la stabilité conjugale, il a développé une technique qui est utile non seulement pour les mariages, mais aussi pour d'autres relations familiales : établir un ratio de cinq appréciations pour chaque commentaire négatif.

Par exemple, lorsque vous vous plaignez de l'attitude de votre partenaire, vous devez neutraliser l'impact de cette récrimination en offrant à votre conjoint cinq appréciations positives. Harville Hendrix, qui a créé avec sa femme le programme Imago Relationship Therapy, reprend lui aussi cette idée en encourageant les couples à passer des schémas de communication qui blessent à des schémas qui élèvent. Pour ma part, j'ai connu beaucoup de succès en intégrant cette idée dans la vie quotidienne des familles auprès desquelles j'interviens ; les enfants (et les parents !) adorent entendre les choses que nous aimons ou apprécions chez eux. Si, par frustration, vous dites à votre fils : « Pourquoi fais-tu toujours autant de bruit quand tu manges ? » vous pourriez émailler la journée de commentaires positifs tels que : « Chéri, j'ai adoré ta façon de jouer avec les chiots » ou « Quand j'ai garé l'auto et que j'ai vu que tu jouais, j'ai été si heureux de te voir et si fier d'être ton père ! » Formuler des appréciations à ceux que nous aimons a le même effet que lubrifier un moteur ; cela réduit la friction et rend plus harmonieux le fonctionnement de la vie familiale.

Répondre aux grandes questions
que votre enfant se pose

Les mots *spirituel* et *spiritualité* recouvrent une multitude de significations. Dans ce paragraphe, je les emploierai non pas dans un sens religieux ou dogmatique, mais plutôt pour décrire notre désir inné de comprendre pourquoi nous sommes en vie, quel pouvoir ou quelle force (si tel est le cas) nous anime et, en premier lieu, ce qui nous a amenés sur terre. Les êtres humains semblent disposer d'une aspiration préprogrammée à comprendre le mystère de la vie. Nous avons besoin de dépasser les explications rationnelles pour acquérir une compréhension plus profonde de l'univers et de la place que nous y occupons.

Notre vision personnelle de la spiritualité peut inclure la croyance en Dieu ou en une force bienveillante qui gouverne l'univers. Elle peut être associée aux anges ou aux guides spirituels, ou même aux traditions ancestrales des peuples autochtones. Vos croyances peuvent être influencées par vos parents ou par la communauté au sein de laquelle vous avez grandi. Vous pourriez aussi avoir rejeté ces croyances pour embrasser une dimension très différente qui refléterait plus étroitement ce que vous percevez et ressentez.

Quelles que soient nos pratiques ou nos croyances, nous devons nous interroger sur notre manière de les transmettre à nos enfants. Souhaitons-nous les inscrire à l'école du dimanche? Y a-t-il certains rituels que nous voulons intégrer à leur vie quotidienne? Voulons-nous qu'ils apprennent des passages des Écritures? Souhaitons-nous qu'ils prient avant les repas ou avant d'aller se coucher? Croyons-nous qu'il est souhaitable de les familiariser à différentes religions, de façon qu'ils puissent choisir en toute liberté? Sommes-nous des athées ou des agnostiques déterminés à ne pas insuffler des croyances particulières à nos enfants afin qu'ils puissent trouver leur propre voie?

Ce sont là des décisions très personnelles que les parents doivent résoudre par eux-mêmes. Cependant, nous devons être prêts à apporter certains éléments de réponses lorsque nos enfants s'interrogent

sur les questions fondamentales de la vie, incluant ce qui se passe lorsqu'une personne que nous aimons décède.

Dans le film *Cocoon*, une scène m'a profondément marquée. Dans
celle-ci, une jeune femme se déshabille dans sa cabine et, plutôt que
de se contenter d'enlever ses vêtements (ce qu'espère l'homme qui
l'observe en secret à travers un judas), elle enlève sa peau – entièrement, de la tête aux pieds. Elle apparaît alors comme un être lumi-
neux entouré d'une aura éblouissante. L'homme qui l'observait en
secret est frappé de stupeur. En fait, elle se dépouille simplement de
son identité extérieure pour devenir ce qu'elle est en réalité – un pur
être de lumière.

J'aime cette image, et parfois je me la remémore en vaquant à
mes occupations quotidiennes. Lorsque j'interagis avec des gens,
j'imagine que, sous leur enveloppe extérieure, ils sont – tout comme
moi – des manifestations du divin incarnées dans un corps pour jouer
et apprendre sur terre durant un certain temps. Parfois, je m'imagine
même que chaque individu que je rencontre est Dieu ou une présence
divine déguisée – sachant tous deux que nous ne pouvons pas être
réduits au rôle que nous jouons tout en ayant (heureusement) beaucoup de plaisir à jouer ce rôle.

Cette idée vous semble peut-être loufoque mais, avec certains
enfants, elle peut s'avérer fort utile. En effet, elle pourrait vous permettre de leur expliquer que notre esprit est comparable à de la
lumière se déversant dans l'enveloppe de notre corps et que c'est la
raison pour laquelle, lorsqu'une personne meurt, l'amour et l'attachement que nous ressentons pour elle demeurent. Cependant, il est de
la responsabilité de chaque parent de trouver la meilleure façon de
parler de la vie et de la mort à ses enfants. Pour certains, cela peut
signifier ne rien dire et ne jamais en parler. Leur approche pourrait se
résumer à mener une vie tranquille et compatissante, ce qui permettrait à leurs enfants de comprendre ce que signifie emprunter un chemin spirituel, et ce, en le vivant eux-mêmes.

Mais certains parents sont tout à fait passionnés par leur pratique
spirituelle. Ils peuvent fréquenter fidèlement leur église, méditer

quotidiennement, écouter des conférences données par des maîtres spirituels, s'incliner chaque matin devant l'autel de leur gourou, communier avec leurs anges ou leurs guides spirituels, ou encore participer à des retraites pour approfondir leur foi. Parfois, les enfants de ces dévots passionnés considèrent que la quête spirituelle de leurs parents est absurde et que tout cela ne les concerne pas. Semblables au personnage interprété par Michael J. Fox dans la série télévisée *Sacrée famille*, qui rejette en bloc les idées libérales de ses parents pour devenir un adolescent très conservateur portant costume et cravate, nos enfants peuvent rejeter nos croyances spirituelles, et même les renier totalement en les tournant en dérision et en les considérant avec dédain.

> *Si votre manière de nourrir votre âme est authentique à vos yeux, elle n'a pas à être validée par qui que ce soit – incluant vos enfants.*

Bien qu'il puisse être très décevant de constater que votre enfant ne partage aucune de vos croyances, cela peut aussi être une bénédiction. Si votre manière de nourrir votre âme est authentique à vos yeux, elle n'a pas à être validée par qui que ce soit – incluant vos enfants. J'ai vu des parents saboter tout espoir que leurs enfants partagent un jour leurs pratiques spirituelles en les forçant à y participer. Cela ne fonctionne pas ainsi.

Certes, il est souhaitable d'exposer vos enfants à ce qui nourrit votre esprit. Mais laissez-les adopter librement et à leur rythme ces pratiques, peut-être lorsqu'ils se rendront compte qu'elles vous rendent plus calme, plus aimant et plus généreux. De nouveau, n'oublions pas que nos enfants peuvent être nos meilleurs professeurs de vie. Ils sauront flairer et mettre à jour la moindre hypocrisie de notre part. Par ailleurs, si nous les forçons à croire en nos croyances ou à emprunter le même chemin spirituel que nous, ils s'éloigneront de nous et récuseront notre approche. De plus, si après avoir médité nous sortons de la pièce en affichant une attitude irritable, ils perdront tout respect pour l'expérience de paix intérieure dans laquelle nous prétendons nous immerger. Et si nous revenons de l'église en colportant des ragots sur les personnes que nous avons rencontrées…

vous voyez le tableau. Nos enfants accordent énormément d'importance à la vérité et à l'authenticité.

Il n'est pas non plus nécessaire d'émerger de votre pratique spirituelle en adoptant une attitude quasi angélique, en donnant l'impression de flotter dans la pièce avec un sourire béat et en vous exprimant à voix basse pour demander à vos enfants si cela ne les ennuierait pas trop de nettoyer leurs jouets. Soyez conscients qu'ils apprennent beaucoup plus de ce qu'ils voient et constatent que de ce que nous leur disons. Si vous souhaitez qu'ils empruntent un jour votre chemin spirituel – ou au moins qu'ils soient ouverts à l'idée de l'explorer –, ne le leur imposez pas à coups de matraque. Laissez-les être attirés par cette pratique, comme vous l'avez été, en raison d'un sentiment intérieur qui les y convie, tout en continuant à pratiquer en leur présence.

> *Laissez vos enfants être attirés par cette pratique, comme vous l'avez été, en raison d'un sentiment intérieur qui les y convie, tout en continuant à pratiquer en leur présence.*

MAINTENANT, C'EST VOTRE TOUR

Vous trouverez ci-dessous une liste des qualités mentionnées dans les chapitres précédents. Je me suis efforcée de couvrir bon nombre de domaines, mais j'ai sans doute omis certains attributs que vous pourriez juger essentiels dans l'éducation de votre enfant. Prenez un moment pour réfléchir aux caractéristiques que vous trouvez les plus importantes. Dans votre journal, écrivez une phrase ou deux sur un changement spécifique que vous pourriez mettre en œuvre et qui pourrait vous aider – vous et votre enfant – à développer cette qualité.

Par exemple, si vous choisissez la qualité « éprouver du respect pour soi-même », vous pourriez décider de vous montrer plus affirmatif envers une collègue de travail lorsque celle-ci vous demande régulièrement d'assumer certaines tâches afin qu'elle puisse disposer de plus de temps pour déjeuner. Si vous avez choisi « être responsable de vos choix », vous pourriez vous fixer comme objectif de parler à vos enfants afin que chaque membre de la famille puisse gérer plus harmonieusement ces moments inévitables où nous heurtons les sentiments des autres ou ignorons leurs demandes. Si vous avez choisi « vivre avec passion et détermination », informez-vous sur certains organismes au sein desquels vous et vos enfants pourriez intervenir en tant que bénévoles. Vous pourriez aussi décider de vous inscrire à un cours de création littéraire pour montrer à vos enfants ce qui survient lorsque vous répondez aux aspirations tranquilles de votre cœur.

Pour rappel, voici les qualités que nous avons déjà abordées :

Présenter ses excuses
Être responsable de vos choix
Être heureux et content
Être honnête
Être vulnérable
Bien communiquer
Établir des liens

Faire face au stress
Cultiver la compassion
Gérer la colère
Faire preuve de bonnes manières
Développer de l'empathie
Apprécier la vie
Apprécier votre propre compagnie
Vous sentir digne d'être aimé
Savoir redonner aux autres
S'amuser
Honorer nos aînés
Honorer la spiritualité
Respecter nos engagements
Écouter avec respect
Écouter notre intuition
Vivre avec passion et détermination
Gérer l'incertitude
Pratiquer la gratitude
Pratiquer la pleine conscience
Pratiquer la gentillesse
Prendre soin de soi
Éliminer les relations malsaines
Réinitialiser notre marqueur du bonheur
Respecter autrui
Éprouver du respect pour soi-même
Fixer des limites dans les relations
Renforcer l'attachement
Dire la vérité

SOYONS PRATIQUES
L'art d'être un parent présent dans la vie quotidienne

Devons-nous obliger nos enfants à aller à l'église ?

Question : Mon mari et moi allons à l'église tous les dimanches. Nous avons toujours considéré qu'il était important que nos enfants nous accompagnent, ce qu'ils faisaient avec joie lorsqu'ils étaient plus jeunes. Mais maintenant, mon fils de quinze ans prétend que c'est stupide et son jeune frère de treize ans, qui veut l'imiter, refuse lui aussi de nous accompagner. Que faire ?

Suggestion : Pour répondre à votre question, je dirais qu'il y a deux écoles de pensée. L'une d'elles avance qu'il y a de nombreux avantages à établir une pratique hebdomadaire consacrée à la prière, à la contemplation ou à la dévotion. Cette approche reconnaît que les enfants ne sont pas naturellement enclins à se réveiller le dimanche matin pour participer à des activités qui ne sont pas «amusantes» à leurs yeux et que leurs parents doivent faire preuve de fermeté pour impliquer la famille dans une activité régulière ayant pour but d'entretenir des qualités significatives, et ce, même si leurs enfants se plaignent.

L'autre école de pensée considère que forcer les enfants à se rendre dans un lieu de culte est peu susceptible de les inciter à éprouver un quelconque intérêt pour Dieu ou pour la spiritualité. De plus, forcer les enfants à aller à l'église le dimanche pourrait en fait les détourner de toute quête spirituelle en raison des associations négatives qu'ils intègrent quand ils se sentent contraints de manifester une vénération qui ne repose pas sur un désir véritable.

Lorsque les parents manifestent leur enthousiasme authentique pour la pratique d'une activité spirituelle, ils doivent être conscients que la présence physique de leurs enfants à l'église n'a pas une si grande importance et que ce qui importe vraiment, c'est qu'ils ressentent la joie, la paix et la dévotion que cette pratique inspire à leurs parents. Ultimement, c'est ce qui incitera le plus un enfant à explorer sa propre spiritualité. Cependant, chaque parent gère ce type de situation en fonction de ses convictions les plus intimes. En conséquence, on peut comprendre que certains parents estiment qu'aller à l'église, même à contrecœur, est préférable au fait de rester à la maison pour dormir ou regarder la télévision.

Si votre fils de quinze ans ne veut plus aller à l'église, peut-être est-il souhaitable de le laisser agir à sa guise. Comme le dit si bien le proverbe, vous pouvez amener le cheval à la rivière, mais vous ne pouvez pas le forcer à boire. Certes, vous pouvez lui demander de se joindre à vous pour participer à un rituel familial spécial et précieux à vos yeux, mais vous pourriez aussi juger qu'il serait probablement plus incité à y participer s'il avait le droit de choisir. Si vous croyez que votre fils cadet aime vraiment vous accompagner à l'église, parlez-lui de l'importance de penser par lui-même et de faire des choix qui lui correspondent, plutôt que des choix motivés par la volonté de gagner l'approbation de son frère.

Ai-je trop gâté mes enfants ?

Question : J'ai travaillé comme un fou pour offrir une vie de rêve à ma famille et pourtant mes enfants ne semblent pas apprécier les beaux meubles et la belle maison dans laquelle nous vivons. Tout ce qui leur importe, c'est de se procurer les derniers gadgets et les vêtements les plus *cool*. Il est trop tard pour leur apprendre à apprécier ce qu'ils ont au lieu de se plaindre de ce qu'ils n'ont pas. Les ai-je pourris à jamais ?

Suggestion : Je n'ai jamais aimé le terme « gâté » lorsqu'il s'agit de décrire les enfants. Des aliments gâtés ? Oui. Des enfants gâtés ? Non. Les enfants exigent naturellement ce qu'ils veulent – et ils nous le font souvent savoir de la manière la plus énergique ! Mais c'est nous qui leur enseignons qu'ils peuvent espérer obtenir tout ce qu'ils demandent. Nous devons croire en la capacité de nos enfants à surmonter les déceptions lorsque chacun de leurs souhaits n'est pas exaucé.

Se mettre en colère contre des enfants ingrats, parce que nous avons soudainement décidé de ne plus leur acheter tout ce qu'ils demandent, est un peu injuste. Si votre famille a toujours cherché à acquérir ce qui est nouveau et ce qui brille, il n'est pas raisonnable de vous attendre à ce que vos enfants basculent soudain dans un état d'appréciation perpétuelle.

Modifiez la perception de vos enfants quant à l'amour paternel. Offrez-leur des moments privilégiés que l'argent ne peut acheter et qui sont profondément satisfaisants : de longues balades à vélo, des parties épiques de Monopoly, la découverte des quartiers de votre ville que vous n'aviez jamais visités auparavant ou des soirées passées à regarder des vidéos en famille. Faites en sorte qu'ils constatent à quel point vous aimez les éléments intangibles de la vie – le plaisir d'un bon livre ou la joie ressentie lorsque vous voyez grandir une graine que vous avez plantée dans votre jardin. Si vous parvenez à modifier ce à quoi vous accordez de la valeur, vos enfants seront plus enclins à cesser d'exiger des biens matériels et à éprouver de la reconnaissance pour ce qu'ils ont reçu.

Cela peut prendre un certain temps avant que vos enfants cessent d'exiger toujours plus. Ne les blâmez pas pour leur manque d'appré-ciation. Quand ils demandent quelque chose, invitez-les à ajouter cette requête à une liste de souhaits spéciaux qui se réaliseront un jour. Sensibilisez vos enfants au plaisir du travail et aux vertus de l'épargne pour obtenir ce qu'ils désirent tout particulièrement. Reconnaissez leur déception et leur frustration en faisant preuve de compréhension lorsqu'ils ne peuvent obtenir ce qu'ils désirent. (Pour en apprendre plus à ce sujet, vous pourriez lire *L'art d'être parent*, acte 1, dans le chapitre 5 ou consulter mon ouvrage précédent *Parenting Without Power Struggles.*)

Une personne négative peut-elle devenir positive ?

Question : Il y a de nombreux dépressifs dans ma famille. Une per-sonne qui nourrit habituellement des pensées négatives peut-elle changer et devenir une personne positive et remplie d'espoir ?

Suggestion : Le miracle de la vie, c'est que nous pouvons grandir dans des circonstances qui semblent définir la trajectoire de nos existences et ultimement nous libérer afin de créer quelque chose d'entièrement neuf pour nous-mêmes.

Certes, vous aurez à travailler pour vous défaire de ces schémas de pensée négative qui vous habitent depuis si longtemps. Ces schémas sont habituels, et les habitudes ne sont pas faciles à briser. Cela exigera de votre part beaucoup de détermination et une conscience aiguë pour éviter de sombrer dans les ornières coutumières où vous repoussez tout ce qui vous arrive de bien parce que vous ne croyez pas que cela soit réel et où les expériences désagréables sont considérées comme inévitables.

Cependant, vous pouvez vous libérer des contraintes de la génétique familiale car vous disposez du libre arbitre. Vous pouvez donc choisir comment réagir aux aléas de la vie en considérant les moments difficiles comme autant d'occasions de grandir et les moments heureux comme les dons d'un univers bienveillant.

Cela ne signifie pas que vous ne devez pas rechercher du soutien si vous en ressentez le besoin, ce qui pourrait inclure des médicaments, une thérapie ou des changements de style de vie concernant le régime, le sommeil, l'exercice, la méditation, les loisirs. Soyez un pionnier, brisez les vieux schémas familiaux et faites exploser le plafond de verre qui étouffe votre famille et l'empêche de vivre dans une joie véritable !

CHAPITRE 11

Outils, conseils
et stratégies

En définitive, ce qui est réel dans votre voyage,
c'est le pas que vous faites en cet instant précis.
C'est tout ce qui importe.

– ECKHART TOLLE

L'essentiel de ce que j'ai écrit sur l'éducation d'enfants conscients, confiants et attentionnés doit maintenant vous sembler plus familier. Nous savons qu'il est important d'adopter une attitude de gratitude et qu'il est sage de vivre dans l'instant présent. C'est la mise en œuvre de ces préceptes qui pose problème à certains d'entre nous. Certes, il est souhaitable de savoir que nous devrions être plus présents auprès de notre progéniture ou vivre dans un état de gratitude, mais il est difficile d'incorporer cette compréhension dans notre quotidien.

Nombreux sont ceux qui s'impliquent pour œuvrer à l'avènement d'un monde meilleur et qui consacrent énormément de temps et d'énergie à la promotion de causes humanitaires. Pourtant, la possibilité d'exercer un impact positif sur le monde est à portée de main. En effet, notre choix d'être parents nous offre une occasion pratique de contribuer à bâtir un monde meilleur en élevant des enfants qui deviendront plus tard des adultes conscients et attentionnés.

Dans ce chapitre, je vous présenterai différents types d'activité qui peuvent être intégrés dans votre vie quotidienne. Certaines idées vous séduiront, d'autres moins. Néanmoins, je vous conseille vivement de retenir certaines de ces pratiques et de les intégrer dans votre vie. Bien que je vous encourage à pratiquer toutes ces activités avec vos jeunes, vous pouvez aussi les pratiquer par vous-même.

Pratiques pour cultiver la pleine conscience, la sensibilisation et la connaissance

« *Maman, est-ce que tu m'écoutes ?* »

« *Papa, je t'ai déjà dit deux fois qu'il fallait que tu m'amènes à l'école en voiture.* »

« *Tu m'as dit que tu allais consulter tes courriels du bureau pendant une minute mais, depuis, beaucoup de temps s'est écoulé !* »

Comme je l'ai mentionné à maintes reprises, nos enfants peuvent être nos meilleurs professeurs de vie, car ils nous offrent des possibilités innombrables de nous surpasser. Un des moyens qu'ils emploient pour nous contrôler est de nous pointer du doigt lorsqu'ils nous prennent en défaut.

Comment je l'ai indiqué précédemment, les pratiques de pleine conscience sont en train de sortir des centres de méditation pour entrer dans les écoles, les prisons et les hôpitaux. Ce serait réellement merveilleux si de telles pratiques faisaient partie de la vie d'un enfant, et ce, dès son plus jeune âge ! Imaginez un monde dans lequel les enfants grandiraient en étant à l'écoute de leurs sentiments, moins dépendants des pensées stressantes, et animés chaque jour d'un sentiment de gratitude.

Vous trouverez ci-après certaines idées qui vous permettront d'intégrer des pratiques de pleine conscience dans votre vie de famille. Il est toujours conseillé de prêcher par l'exemple. En conséquence, si vous n'avez jamais médité ou recouru à des pratiques de pleine conscience, je vous conseille de vous y adonner durant au moins un mois avant de présenter ces pratiques à vos enfants.

Préparer le terrain

Votre manière d'introduire les pratiques de méditation et de pleine conscience dépendra de l'âge de votre enfant et de son stade de développement, mais en règle générale vous pourriez aborder le sujet de la façon suivante : « Tu as certainement remarqué que j'aime parfois m'asseoir tranquillement et rester immobile durant un certain temps le matin (ou l'après-midi ou le soir). Quand j'agis ainsi, je me sens vraiment bien et j'éprouve une paix intérieure qui m'accompagne toute la journée. »

« J'aimerais t'apprendre à le faire. Aimerais-tu ça ? » (Il est recommandé de laisser le libre choix aux enfants plutôt que de leur imposer la pratique de la pleine conscience. La plupart des enfants sont intéressés par cette pratique, mais je vous conseille de leur demander s'ils aimeraient l'apprendre.)

« La pleine conscience est vraiment simple. Elle consiste simplement à remarquer ce qui se produit à l'instant présent plutôt que de penser au passé ou à l'avenir. J'aime pratiquer la pleine conscience car elle m'aide à me sentir plus heureux et plus calme. La première chose que nous ferons sera de créer un endroit spécial où nous passerons chaque jour quelques minutes ensemble à pratiquer. Je pense que cet endroit pourrait convenir (pointez du doigt un coin précis de votre maison). Pourrais-tu m'aider à l'arranger ? » (Invitez vos enfants à créer avec vous un espace propice à la méditation, peut-être en le décorant de coussins, de fleurs, de plantes d'intérieur ou de petits bibelots qui ont une signification à vos yeux et à ceux de votre enfant. Si cela vous convient, allumez une bougie parfumée ou un bâtonnet d'encens car cette senteur vous aidera à rester ancré dans le présent.)

Une fois que vous aurez créé un endroit dédié à la pleine conscience, vous pourrez commencer votre première pratique.

COMMENCER À PRATIQUER

« Mettons-nous à l'aise. Oublions nos tensions et nos raideurs. Commence par le sommet de ta tête et imagine une boule chaude et lumineuse qui apaise les muscles de ton visage et de ta mâchoire, puis qui descend le long de ton cou et de tes épaules, ce qui permet à chacun de tes muscles de se détendre alors que tu te débarrasses de tout sentiment de tension ou de raideur. » Continuez à guider votre enfant jusqu'à ce qu'il se sente détendu, et ce, de la tête aux pieds.

Pour sensibiliser les enfants à la pleine conscience, un des moyens les plus efficaces est d'utiliser une cloche de méditation ou un bol chantant tibétain. Après avoir fait résonner le gong ou donné le ton, demandez à votre enfant d'écouter très attentivement tandis que le son diminue progressivement d'intensité. Vous pourriez aussi lui suggérer de lever la main lorsqu'il ne pourra plus entendre le son. Ainsi, il portera toute son attention sur ce son, et sur rien d'autre.

Une autre activité fort appréciée des enfants est celle mentionnée au chapitre 9. Demandez à vos enfants d'écouter tous les sons qui se manifestent autour d'eux – à l'intérieur de la pièce où ils se trouvent ainsi qu'à l'extérieur. Et s'ils remarquent que leur esprit vagabonde – ce qui sera le cas –, dites-leur qu'ils peuvent le ramener en se concentrant sur un son qui captive leur attention – le son d'une voiture, les gargouillis de leur ventre, un chien qui aboie. Quels que soient les sons qui entourent vos enfants, encouragez ces derniers à les enregistrer d'une manière détendue et sans effort.

SUIVRE SA RESPIRATION

Une des approches les plus communes dans les pratiques de la pleine conscience est de suivre sa respiration. Dites à votre enfant : « Quand tu inspires, prête attention à ta respiration. As-tu conscience de l'air qui pénètre dans tes narines ? Est-il chaud ou froid ? Suis ta respiration jusqu'au fond de ta gorge, et jusqu'à ce qu'elle pénètre dans tes poumons. Puis, l'instant d'après, prête attention à ta respiration, et ce, dans ton nez, à l'arrière de ta gorge, et peut-être aussi aux mouvements de ton ventre et au son qui est produit lorsque tu inspires et expires. Si ton esprit vagabonde – ce qu'il fera sans doute –, ramène-le en suivant ta respiration.» Demeurez tranquille durant quelques respirations et laissez-le poursuivre cet exercice.

Vous pourriez aussi l'inciter à compter ses inspirations et ses expirations pour occuper son esprit alors qu'il s'efforce de contrôler les flux et reflux de sa respiration. Dites à votre enfant : «Détends ton corps. Lorsque tu seras prêt, respire et, tout en inspirant, compte "un, un, un, un, un, un, un", jusqu'à ce que tes poumons soient pleins. Lorsque tu expireras, compte "un, un, un, un", jusqu'à ce que tes poumons soient vides. Attends la prochaine respiration – sans te presser. Puis inspire en comptant "deux, deux, deux", et expire en comptant "deux, deux, deux, deux", jusqu'à ce que tes poumons soient vides. Tu peux aussi décider de ne compter que lorsque tu inspires ou expires, ce qui est tout à fait acceptable. Poursuis cet exercice durant dix respirations. Remarque ce que tu ressens lorsque tu continues à respirer sans compter durant un certain laps de temps.»

PLACER LES MAINS SUR LA POITRINE ET LE VENTRE

Quand nous déployons beaucoup d'énergie ou évoluons dans un état de stress, nous avons tendance à respirer par notre poitrine; en conséquence, nos respirations sont plus rapides et ont moins d'amplitude. Par contre, lorsque nous sommes détendus, nous respirons plus lentement à partir de notre ventre. Pour que votre enfant acquière une sensation de présence, une manière simple et efficace est de l'inviter à placer une main sur son ventre et l'autre sur sa poitrine. «Tandis que tu inspires et expires, remarque quelle est la main qui s'élève et s'abaisse. N'essaie pas de modifier le mouvement de l'une ou l'autre de tes mains; contente-toi de prêter attention à la main qui est le plus en mouvement.» Après avoir laissé votre enfant observer sa respiration et ses mains durant un certain temps, encouragez-le à essayer de respirer par le ventre. Par la suite, vous pourriez lui demander s'il a remarqué une quelconque différence en respirant par le ventre plutôt que par la poitrine. S'il vous répond qu'il s'est senti plus calme, suggérez-lui de recourir à cette pratique lorsqu'il se sent perturbé, inquiet ou particulièrement anxieux.

Après une séance de pleine conscience, de nombreux enfants ont envie de partager ce qu'ils ont ressenti – leurs difficultés à rester concentrés ainsi que le sentiment de calme qu'ils ont pu éprouver. Ils pourraient aussi vous demander ce que vous avez ressenti. Soyez à leur écoute et faites-leur savoir combien vous avez apprécié ce moment spécial passé en leur compagnie.

OBSERVER LES ÉMOTIONS

La pleine conscience aide vos enfants à comprendre ce qu'ils ressentent, ce qui leur permet d'être moins dépendants des émotions qu'ils éprouvent et qui peuvent vite se transformer en véritables tsunamis émotionnels si elles ne sont pas maîtrisées.

Invitez vos enfants à s'asseoir tranquillement ou à s'allonger les yeux fermés en étant à l'écoute de ce qu'ils ressentent au plus profond de leur être. « Prête attention à ce que tu éprouves : es-tu excité, en colère, triste, inquiet, content, curieux ? Tu peux aussi éprouver des sentiments différents au même moment – être à la fois excité et un peu inquiet. N'essaye pas de changer quoi que ce soit – sois simplement à l'écoute de ce que tu ressens. » Quand nous encourageons nos enfants à accepter leurs émotions sans opposer de résistance, nous les aidons à mieux gérer leurs émotions les plus puissantes.

Dans son livre intitulé *Calme et attentif comme une grenouille*, où elle propose des exercices de pleine conscience aux enfants, Eline Snel leur a demandé de décrire ce qu'ils éprouvaient sous la forme d'un bulletin météo personnel. Demandez-leur : « Te sens-tu d'humeur ensoleillée, orageuse, venteuse, calme, pluvieuse ou pris au beau milieu d'un ouragan ? » En étant à l'écoute et en identifiant ce qu'ils ressentent, les enfants peuvent ainsi créer une certaine distance entre eux-mêmes et leurs émotions. Comme Snel l'a décrit, les enfants peuvent fort bien reconnaître : « Je ne suis pas l'averse[1], mais j'ai remarqué qu'il pleuvait ; je ne suis pas un froussard, mais je me rends compte que j'éprouve un sentiment de peur quelque part près de ma gorge. »

LAISSER LES PENSÉES DÉRIVER COMME LES NUAGES DANS LE CIEL

C'est une activité très intéressante à pratiquer avec les enfants, particulièrement avec ceux qui sont très inquiets. Invitez-les à s'asseoir le@s yeux fermés tout en restant à l'écoute de leur respiration comme nous en avons parlé déjà. « Quand tu seras assis, tu remarqueras ou tu entendras des pensées qui traverseront ton esprit. Contente-toi de les remarquer sans chercher à les faire disparaître – ce qui est impossible. Prétends que tu es le grand ciel bleu – si immense que ces quelques nuages n'ont au fond aucune importance, car l'espace y est infini. Sens à quel point tu es grand et spacieux, et considère les pensées qui te viennent à l'esprit comme autant de petits nuages qui dérivent dans le ciel. N'essaie pas de t'accrocher aux pensées que t'inspirent ces nuages, ou alors laisse-les aller et venir. Contente-toi de les remarquer. Tu pourrais même les définir – "Je songe au dîner. Je suis inquiet pour mes devoirs. Je me demande quand tout ceci sera terminé. Je pense à ce que mon ami m'a dit aujourd'hui." Détends-toi et apprécie la paix et la tranquillité d'être tout simplement le ciel. » Après un certain temps, autorisez-les à ouvrir les yeux pour terminer cet exercice.

FLÂNER TOUT EN ÉTANT PRÉSENT

Lorsque les enfants sont petits, presque tout ce qu'ils font est basé sur l'attention. Vous souvenez-vous de vos promenades avec votre tout-petit ? Marcher une cinquantaine de mètres dans la rue semblait durer une éternité. Nos tout-petits considèrent que tout est intéressant, qu'il s'agisse du chant d'un oiseau jaillissant d'un buisson ou des fissures mystérieuses qui parsèment les trottoirs.

Incitez vos enfants plus âgés à évoluer vers un niveau de conscience plus élevé en vous promenant ensemble dans votre voisinage. Marchez en silence, et écoutez les sons qui vous entourent durant une minute ou deux. Demandez à vos enfants quelle sensation ils éprouvent lorsque l'air caresse leur corps. Le soleil réchauffe-t-il leur peau? Y a-t-il une brise légère? Encouragez-les à prêter attention à la lumière – est-elle filtrée par les arbres ou se reflète-t-elle sur une voiture garée au coin de la rue? Ou incitez-les à s'imaginer qu'ils viennent d'atterrir sur la Terre en provenance d'une autre planète et que tout leur semble nouveau et fascinant. Si tel était le cas, demandez-leur ce qu'ils ressentiraient en voyant une barrière fraîchement peinte et à quel point ils seraient émerveillés par les couleurs des fleurs qu'ils contemplent.

VOUS FROTTER LES MAINS ENSEMBLE

Une manière très simple d'enseigner à vos enfants comment s'extraire de leurs pensées pour vivre l'instant présent est de les encourager à se frotter les mains rapidement durant environ trente secondes, et ce, de façon qu'ils ressentent la friction exercée et la chaleur croissante qui en découle. Ensuite, demandez-leur d'interrompre cet exercice et de remarquer la chaleur et le picotement de leurs mains. C'est un moyen simple et facile de les inciter à réintégrer pleinement leur corps.

DÉGUSTER CHAQUE BOUCHÉE DE NOURRITURE

Le goût est un sens très puissant, un sens qui peut nous ramener très rapidement dans l'instant présent. Suggérez ceci à vos enfants : «Imaginez que vous venez d'un pays – ou d'une autre planète – où vous ne disposez pas d'un aliment particulier. Vous ne l'avez jamais vu ou goûté auparavant. Prenez une bouchée de cet aliment et dégustez-la lentement en la gardant un instant dans votre bouche avant de la mâcher. Remarquez la saveur de cette bouchée – est-elle douce ou salée? Remarquez sa densité – est-elle molle ou dure? Quelle est son odeur? Que se passe-t-il lorsque vous la mâchez? La texture se transforme-t-elle sous l'effet de votre salive? Ne vous demandez pas si vous aimez cet aliment et n'essayez pas de le décrire. Contentez-vous de le déguster en étant attentifs aux goûts et aux sensations que vous éprouvez.»

Une autre version de cette approche consiste à inviter votre enfant à manger une pomme tout en prêtant attention à chaque aspect de cette expérience. «Sois à l'écoute de tes doigts qui entourent cette pomme. Ressens son poids et son toucher lisse. Croque un morceau de cette pomme et sois attentif au son que produisent tes dents qui en déchirent la peau. Laisse les sucs emplir ta bouche en remarquant le goût de ce fruit – est-il doux, aigre, acidulé ou rafraîchissant?»

ÉCOUTER ATTENTIVEMENT DE LA MUSIQUE

Elisha et Stefanie Goldstein, qui sont tous deux psychologues cliniciens et cofondateurs du Center for Mindful Living, font un travail merveilleux avec leur programme CALM, qui a pour finalité de sensibiliser les adolescents à l'apprentissage de la pleine conscience. Leur méditation par la musique permet aux ados de vivre une expérience sensorielle qui est grandement facilitée par une dimension qu'ils apprécient tout particulièrement – la musique! Ils commencent leurs séances en procédant à une vérification de l'état de pleine conscience des jeunes (en incitant ces derniers à se connecter à leur respiration, à leur corps, à leurs pensées et à leurs émotions) puis, après avoir appuyé sur le bouton «Lecture», ils les encouragent à être à l'écoute de ce qu'ils expérimentent dans l'intégralité de leur corps alors qu'ils écoutent attentivement de la musique populaire. Autant vous dire que ce programme est particulièrement apprécié des jeunes!

MARCHER AU RALENTI

Une pratique exquise de la pleine conscience consiste à marcher au ralenti en concentrant toute votre attention sur les petits mouvements que vous effectuez chaque fois que vous faites un pas en avant. Regardez vers le bas de façon à rester intérieurement concentré. Déplacez-vous à un rythme plus lent que d'habitude et remarquez ce que vous ressentez lorsque les talons, la plante du pied puis les orteils d'un de vos pieds entrent en contact avec le sol. Prêtez aussi attention au fonctionnement de l'autre pied – quand il se soulève et supporte votre poids. Quels muscles sont alors sollicités dans vos chevilles, vos mollets, vos genoux et vos cuisses? Lorsque vous vous déplacez, certains de vos muscles sont-ils tendus ou relâchés? Vos pas sont-ils légers ou lourds? Remarquez ce que vous ressentez lorsque vous transférez votre équilibre sur l'autre pied.

Vous pouvez pratiquer cette activité pendant deux ou trois minutes, mais il est très intéressant de marcher en concentrant toute votre attention durant environ vingt minutes. Lorsque j'ai pratiqué cet exercice lors de retraites spirituelles, les participants avaient reçu pour instructions de ne pas parler et d'éviter tout contact visuel, afin de rester totalement concentrés sur l'expérience de la marche au ralenti, et ce, un pas à la fois.

POSER DES QUESTIONS POUR FAVORISER
LA PRISE DE CONSCIENCE

Cette activité est directement inspirée de l'ouvrage de Sussan Kaiser Greenland, *Un cœur tranquille et sage*, qui suggère de poser des questions à votre enfant afin qu'il acquière une meilleure conscience de soi. Pour développer son attention, posez-lui la question suivante : «Te sens-tu concentré, distrait ou entre les deux?» Pour vous enquérir de son état d'éveil, vous pourriez lui poser la question suivante : «Te sens-tu rempli d'énergie, léthargique ou entre les deux?» Et pour en apprendre plus sur son aisance corporelle, demandez-lui : «Est-il facile de rester assis sans bouger, difficile de rester assis sans bouger, ou ni l'un ni l'autre?» Susan nous incite aussi à encourager nos enfants à répondre par des signes de la main, par exemple en pointant les pouces vers le haut, vers le bas ou vers les côtés. Il s'agit là d'un exercice formidable qui les aide à être plus conscients de ce qu'ils expérimentent tout en leur permettant de communiquer de manière verbale ou non verbale.

SE CONCENTRER SUR UNE ACTIVITÉ SPÉCIFIQUE

De nombreux enfants croient qu'ils peuvent pratiquer plusieurs activités à la fois : écouter de la musique et faire leurs devoirs tout en poursuivant une conversation par messages textes. Mais en réalité, le multitâche se résume à passer rapidement d'une tâche à une autre. Les études démontrent que la qualité de notre travail diminue de manière importante lorsque nous partageons notre attention entre différentes activités. Quand les enfants accomplissent de multiples tâches tout en faisant leurs devoirs, ils comprennent moins ce qu'ils font, mémorisent moins ce qu'ils apprennent et éprouvent plus de difficultés à mettre en œuvre ce qu'ils ont étudié.

Si vous avez pris l'habitude d'accomplir des tâches multiples simultanément, efforcez-vous d'inverser ce mécanisme et prêchez par l'exemple en montrant à vos enfants que vous portez votre attention exclusive à la tâche unique que vous effectuez à chaque instant précis.

Et si vous vous apercevez que votre enfant accomplit différentes tâches simultanément, suggérez-lui d'arrêter d'agir ainsi, de prendre quelques respirations et de se repositionner en se concentrant sur une activité précise. Pour ce faire, invitez-le à se concentrer sur une seule activité pendant une minute ou deux. « Sois à l'écoute de ta respiration ou de tes sensations corporelles, à l'exclusion de toute autre chose. Maintenant, interroge-toi sur le paragraphe que tu viens tout juste d'écrire pour le devoir que tu dois remettre demain et demande-toi s'il reflète réellement ce que tu voulais exprimer. » Vous pourriez aussi suggérer à votre enfant de prendre un véritable recul et de marquer une pause en se promenant en pleine nature. Respirer dans un parc ou au milieu des bois est un moyen privilégié pour se repositionner dans l'instant présent.

DÉPLIER VOS OREILLES

Les enfants apprécient particulièrement cet exercice. Placez votre pouce à l'intérieur du pavillon, situé au sommet de chacune des oreilles de votre enfant. Ensuite, placez votre index à l'extérieur et « dépliez » littéralement chaque oreille, en appliquant une légère pression tandis que vous repliez l'oreille jusqu'au lobe. Répétez à plusieurs reprises cet exercice. C'est une manière agréable d'éveiller le cerveau. Je suggère parfois aux enfants de pratiquer cet exercice le matin, quand ils sont encore à demi endormis ou avant de passer un examen à l'école.

———————————•———————————

Vous pouvez pratiquer la pleine conscience à n'importe quel moment de la journée. Par ailleurs, j'ai inclus diverses pratiques qui peuvent être effectuées alors que vous vous déplacez. Cependant, de nombreuses familles considèrent qu'il est important de s'adonner à une courte pratique chaque jour, au même moment. Pour certains enfants, pratiquer quelques minutes avant d'aller à l'école crée un état d'esprit particulièrement favorable qui leur permet d'aborder la journée à venir de façon optimale. Une pratique rapide de trois minutes permet aussi de réduire la tension générée par des réveils chaotiques. Certains parents ont pris l'habitude de pratiquer avec leurs enfants avant l'heure du coucher, ce qui permet à ces derniers de s'endormir dans un état beaucoup plus détendu. Vous pourriez aussi tous vous réunir dans un lieu particulier de votre maison pour pratiquer quelques minutes avant le souper.

Ne forcez pas vos enfants à pratiquer la pleine conscience comme vous pourriez les forcer à apprendre le piano ou à faire leurs devoirs. Invitez-les plutôt à participer. Et s'ils ne sont pas intéressés, n'insistez pas. Certains parents donnent à leurs enfants des conseils que ceux-ci n'ont absolument pas envie d'entendre. Cela vous semble-t-il familier ? Lorsque j'interviens auprès d'un parent qui reconnaît qu'il a essayé par tous les moyens de convaincre son enfant qu'une chose est bonne ou mauvaise, je lui demande : « Votre fille est-elle inscrite dans votre classe ? » Habituellement, après une courte pause, le parent ne peut s'empêcher de sourire. Nous savons tous que les enfants rechignent à recevoir des suggestions ou des conseils utiles qu'ils n'ont pas sollicités. En conséquence, manifestez-leur votre respect et ne les forcez pas à pratiquer la pleine conscience. Par contre, si vous parvenez à leur donner le sentiment que de telles pratiques sont agréables, leur réticence éventuelle pourrait disparaître par le fait même. Et si tel n'est pas le cas, cela vous permettra de pratiquer à titre personnel le non-attachement à des résultats spécifiques.

Pratiques pour gérer de fortes émotions

FAIRE DES CÂLINS

Il est assez évident qu'en règle générale les enfants adorent les câlins. Cependant, si l'affection est taboue dans votre famille d'origine ou si vous avez sous-estimé son importance, il pourrait s'avérer utile d'élaborer quelque peu à ce sujet.

Presque tous les enfants sont émotionnellement nourris lorsque leur père ou leur mère les tient étroitement serrés dans leurs bras. Le contact physique avec un parent aimant permet de réguler et d'apaiser leur système nerveux souvent instable et encore en phase de développement. Mais plus important encore, les câlins permettent de communiquer directement ce qu'un enfant a un besoin urgent de savoir : le fait qu'il est profondément aimé et chéri. Dans l'échange sans paroles d'une longue et aimante étreinte, tout ce qui doit être dit est dit.

Il est vrai que certains enfants éprouvent des difficultés à établir des contacts étroits, mais vous en êtes déjà parfaitement conscient si votre jeune entre dans cette catégorie. Pour l'essentiel, je vous suggère d'être très généreux avec les câlins et leur proche cousin, les bisous sur le dessus de la tête. Certaines familles ont instauré une «politique du câlin» à laquelle elles recourent lorsque la situation se détériore. En cas de conflit, elles cessent de crier, d'argumenter et de marchander pour ouvrir grands leurs bras.

Dans son ouvrage intitulé *Journal de moi 3 ans, insupportable et pourtant...*, voici comment Bunmi Laditan décrit les câlins que les grands-parents prodiguent à leurs petits-enfants. C'est peut-être un peu mielleux, mais c'est vraiment trop mignon. «Les câlins des grands-parents ont quelque chose de mystique[2]. Si le câlin d'un grand-parent était un aliment, ce serait une guimauve recouverte de sauce au chocolat, roulée dans une barbe à papa, et gentiment réchauffée par le souffle d'une licorne.» Elle propose aussi aux parents divers tuyaux pour entrer dans la tête et l'univers souvent déconcertant des bambins de un à trois ans, incluant les conseils suivants : «Débarrassez votre esprit de tout ce que vous avez à faire. Contentez-vous de vivre dans l'instant présent. Et souriez comme si c'était chaque jour Noël. »

Faites des câlins à vos enfants. Et s'ils ne sont pas réceptifs, faites-leur des câlins avec vos yeux. Ils comprendront le message.

Laisser les larmes couler

Les parents font des efforts considérables pour empêcher leurs enfants de pleurer. « Ne sois pas triste. » « Sèche tes larmes. » « Ce n'est pas si grave ! » Comme tous les autres systèmes miraculeux de notre corps, le mécanisme des pleurs est extrêmement important. Vous souvenez-vous du *syndrome de l'œil sec* ? C'est le terme employé par les psychologues pour décrire ces enfants qui n'accordent aucune importance à nos menaces et aux punitions éventuelles que nous pourrions leur réserver. Leur cœur s'est endurci à un point tel qu'ils sont émotionnellement figés.

Lorsque nous commençons à prendre le temps de ralentir et d'être tranquillement à l'écoute de ce que nous ressentons, les émotions pénibles que nous réprimons depuis si longtemps peuvent alors remonter à la surface. La plupart d'entre nous sont pris dans une sorte de mouvement perpétuel. En conséquence, nous ne pouvons ressentir pleinement la douleur de nos peines et de nos chagrins non résolus alors que nous pourrions les laisser s'exprimer librement et remonter à la surface si nous nous accordions le droit d'éprouver réellement ce que nous ressentons. Il est merveilleux d'inciter nos enfants à apprendre qu'ils peuvent ressentir pleinement les émotions qu'ils éprouvent, incluant les plus difficiles.

Dans son essai intitulé *What Makes You Cry*, Annie Lalla déclare ceci :

Les sentiments qui sont intériorisés peuvent souvent être dissimulés[3] ; par contre, les larmes sont extériorisées et donc visibles par tous. Elles constituent un signal visible explicite qui annonce qu'un individu particulier a besoin d'aide. Une coupure profonde sur une partie quelconque de votre corps transmet le message suivant : «Prête attention à cette personne et fais ton possible pour guérir cette blessure.» De même, les larmes versées par une personne au cœur meurtri nous indiquent que la tribu tout entière souffre de la détresse d'un de ses membres. «Donne-lui toute ton attention et aide-le.» Les larmes... vos larmes sont le moyen privilégié par lequel votre corps vous indique ce qui importe réellement pour vous. Retenir ses larmes est une sorte d'aveuglement et une négation de votre vérité la plus profonde... Chaque larme non versée est une épiphanie perdue, une leçon de vie ratée, un moment dénué de vie... Les larmes nous conduisent là où nous devons aller.

Parfois, la chose la plus généreuse que nous pouvons faire pour nos enfants – et pour nous-mêmes – est de s'asseoir tranquillement et de laisser les larmes couler. L'auteur Marc Gafni affirme que nos larmes nous indiquent ce qui importe vraiment à nos yeux. Je partage cette vision.

Lorsque vos enfants sont soumis à des sentiments puissants, encouragez-les à exprimer par les larmes la joie ou le chagrin qu'ils éprouvent. Respectez les émotions puissantes auxquelles ils sont soumis et faites de même pour vous. Laissez les larmes vous guider là où vous devez aller, c'est-à-dire au plus profond de votre cœur.

Se tenir en équilibre sur une jambe

Kim Eng anime les ateliers Présence par le mouvement (Presence through Movement), qui incorporent les mouvements physiques comme un moyen privilégié d'accéder à un état de présence. Dans le cadre de sa pratique, elle propose cette idée pour mieux maîtriser la colère. Chaque fois que vous vous retrouverez dans une discussion animée ou dans une lutte de pouvoir avec votre enfant, essayez de vous tenir en équilibre sur une jambe tout en argumentant. (Plus la discussion est animée, plus vous devez lever la jambe.) Vous constaterez vite qu'il est quasiment impossible de rester longtemps en colère.

Vous pouvez inciter votre enfant à pratiquer lui aussi cet exercice. Lorsque vous vous tenez en équilibre sur une jambe, un exercice qui peut sembler absurde, vous constatez que ce n'est pas l'exercice en soi qui est absurde, mais votre ego. Cet exercice sur une jambe vous rappelle aussi que votre ego réagit à une situation donnée et que vous pouvez lâcher prise. Toute posture ou tout mouvement inhabituel peut être un moyen de soustraire votre attention de votre esprit conditionné, de prendre conscience du pouvoir de votre ego et de générer une plus grande conscience de soi.

Créer un espace de paix

De nombreux enfants reconnaissent qu'ils préfèrent qu'on les laisse seuls durant un certain temps quand ils se sentent perturbés par le comportement de leurs frères et sœurs ou par les remontrances de leurs parents. C'est en réalité une réaction très saine par laquelle ils manifestent leur besoin de prendre soin d'eux-mêmes. Une manière de rendre plus accessibles ces moments passés en solitaire est d'établir un espace dans votre maison où vos enfants pourront se ressourcer après avoir vécu une tempête émotionnelle. (Ce qui est l'exact opposé de les punir ou de les mettre au coin lorsqu'ils se sont mal comportés.) Vous pourriez décorer cet espace d'un pouf et d'une belle couverture et décréter qu'il sera désormais un lieu sûr ou un espace de paix. Disposez des objets dans cet espace, comme des balles tactiles, des Wikki Stix, un animal en peluche bien rembourré, des aimants, un jouet ou un livre favori, un Tangle à manipuler pour diminuer le stress, ou des marionnettes. Lorsque votre enfant est déprimé, faites-lui savoir qu'il a à sa disposition un lieu spécial où il peut se retirer pour décompresser et s'éloigner de ceux et celles qui auraient pu le contrarier. En tant que parent, vous pourriez vous aussi utiliser de temps en temps cet espace pour vous ressourcer.

Établir des signaux

Bien que de nombreux parents croient que leurs enfants créent des crises pour les manipuler et obtenir ce qu'ils veulent, la plupart des jeunes souffrent beaucoup lorsqu'ils basculent dans des tempêtes émotionnelles, puis finissent par s'effondrer, ce qui les pousse presque toujours à avoir honte de leur conduite après la survenue d'un tel incident. En effet, quand ils sont sous l'emprise d'émotions puissantes, les enfants ne savent pas toujours comment se comporter ou se maîtriser.

Dans ma pratique, je mentionne souvent le fait qu'il est tout à fait possible d'éviter les problèmes parents-enfants en s'attaquant à leurs causes profondes. Mais parfois nos meilleurs efforts ne sont pas suffisants pour éviter d'être emportés dans les tempêtes émotionnelles que vivent nos enfants. Pour parer à de telles éventualités, il serait souhaitable de s'entendre sur un signal que votre enfant pourrait utiliser pour vous informer de son état lorsqu'il a besoin de votre aide après avoir été submergé par des sentiments qu'il ne peut contrôler. L'idée de base est d'aider l'enfant à comprendre ce dont il a besoin pour se recentrer et de l'encourager à assumer ses responsabilités afin qu'il puisse prévenir de futures crises sans pour autant se sentir jugé pour avoir perdu son sang-froid.

« Chéri, te souviens-tu à quel point tu étais énervé ce matin lorsque tu n'arrivais pas à trouver les chaussures que tu voulais porter ? Tu avais l'air de te sentir horriblement mal – comme si un ouragan s'était mis à tournoyer à l'intérieur de toi. » Si vous constatez que votre enfant est réceptif, vous pourriez poursuivre en lui tenant le discours suivant : « J'aimerais vraiment t'aider lorsque tu commences à perdre les pédales et à t'énerver. Y a-t-il une chose que j'aurais pu dire ou faire pour t'apaiser ? Aurais-tu aimé que je te fasse un câlin ou que nous soyons allés marcher ensemble à l'extérieur pendant une minute ou deux ? Ou alors aurais-tu préféré que je te laisse seul pendant un certain temps ? Que penses-tu de l'idée d'utiliser un signal qui m'indiquerait que tu es sur le point de perdre ton sang-froid ? De cette façon, je pourrais réellement t'aider – par exemple en te serrant dans mes bras – plutôt que d'aggraver la situation en faisant des choses qui pourraient te heurter, comme parler trop ou te donner des conseils non sollicités. »

Certains enfants vous proposeront une phrase spéciale («Patates douces!»). D'autres inventeront un signe de la main (agiter les doigts d'une seule main ou tirer le lobe d'une oreille). D'autres encore vous proposeront un son comme signal – Whoosh!

Soyez conscient qu'il est beaucoup plus facile d'évoquer le sujet lorsque tout se passe bien plutôt que d'édicter des règles quand votre enfant est au bord de la crise de nerfs. Créer des signaux pour étouffer dans l'œuf tout comportement explosif peut aider votre enfant à développer une plus grande conscience de soi et une meilleure maîtrise émotionnelle.

Pratiques pour une détente profonde

ÉTEINDRE LES FEUX

Cette pratique peut être très bénéfique pour des enfants agités, en colère ou déprimés car elle les incite à sortir du maelstrom de leurs pensées troublantes. Demandez à votre enfant de s'asseoir ou de s'allonger et dites-lui : «Ferme les yeux et imagine-toi dans un minuscule avion qui survole toutes les parties de ton corps à la recherche des foyers de tension, comme le fait un avion amphibie, conçu pour la lutte contre les incendies, qui identifie les points chauds dans un incendie de forêt. Peut-être ressens-tu un serrement dans ton estomac ou une pression sur ta poitrine. Tes mains pourraient aussi être moites ou ton cou tendu. Observe ces sensations et lâche prise en imaginant que tu déverses des tonnes d'eau pour éteindre les feux de la crispation et de la tension. Tandis que tu inondes mentalement ces zones porteuses de stress, prête attention au merveilleux sentiment de relaxation que tu ressens et apprécie ce sentiment.»

ORGANISER UNE COMPÉTITION ENTRE LES DIFFÉRENTES PARTIES DE VOTRE CORPS

Bien que cela puisse paraître quelque peu loufoque, cette technique est un moyen amusant pour s'extraire d'un esprit fébrile et approfondir la relaxation. Je m'allonge et je ferme les yeux et, plutôt que de chercher à identifier les zones porteuses de stress, j'identifie les parties de mon corps qui sont les plus détendues. Puis j'annonce à mon corps qu'il va y avoir une compétition et que les parties les plus détendues l'emporteront! Assez curieusement, tandis que je me déplace de la tête au cou, du dos aux bras, des jambes aux pieds, et ainsi de suite, je remarque que chaque partie de mon corps se détend un petit peu plus, de façon à pouvoir être en mesure de «gagner». La dose d'humour que suscite cette activité pourrait vraiment plaire à vos enfants!

RESPIRER À TRAVERS UNE PAILLE

Pour pratiquer cet exercice, vous devez utiliser une paille. Invitez votre enfant à prendre quelques respirations normales; demandez-lui ensuite de prendre une paille, d'inspirer puis d'expirer lentement en maintenant ses lèvres autour de la paille et en plaçant sa main à environ deux centimètres de l'extrémité de la paille. Le but recherché est que votre enfant expire si lentement qu'il ne pourra ressentir le moindre souffle d'air à l'extrémité extérieure de la paille. Après avoir laissé votre enfant inspirer naturellement à deux ou trois reprises, placez la paille entre ses lèvres et demandez-lui d'inspirer à nouveau puis d'expirer lentement de façon que sa main placée au bout de la paille ne puisse ressentir le moindre souffle. Le cas échéant, vous pourriez pratiquer cet exercice sans recourir à une paille, et ce, en plaçant tout simplement votre main près de votre nez ou de votre bouche tandis que vous expirez et en laissant l'air sortir si doucement que vous ne ressentirez pas le moindre souffle.

OFFRIR UN BRACELET APAISANT À VOTRE ENFANT

Avec une certaine solennité, placez un bracelet autour du poignet de votre enfant et dites-lui que celui-ci sera dorénavant son «bracelet spécial apaisant». Ensuite, asseyez-vous à ses côtés et pratiquez ensemble une des activités ayant prouvé son efficacité pour le calmer ou l'apaiser. Lorsque vous aurez terminé cet exercice, demandez-lui de toucher le bracelet en lui suggérant de projeter ses sentiments les plus paisibles dans ce bracelet afin qu'il soit saturé de calme et de sérénité. « Quand tu te sens agité ou perturbé, touche ton bracelet et souviens-toi de ce merveilleux sentiment de calme. »

PRENDRE UN BON ÉLAN

J'ai appris cet exercice lors d'une séance d'entraînement à la vision. Par la suite, je me suis rendu compte que non seulement cette pratique permettait à mes yeux de se détendre après une séance prolongée devant l'ordinateur, mais qu'en plus elle m'apportait un sentiment de profonde détente. Cela pourrait être lié aux mouvements lents et réguliers de cette pratique, laquelle évoque la sensation que vous éprouviez lorsque vous étiez doucement bercé dans le ventre de votre mère.

Demandez à votre enfant de se tenir bien droit, les pieds écartés à la largeur des épaules, et dites-lui : « En gardant les yeux ouverts, tourne la partie supérieure de ton corps vers la droite et ensuite vers la gauche, en gardant les pieds posés sur le sol mais en permettant à tes talons de se soulever chaque fois que tu tournes ton corps dans une direction opposée. Laisse tes yeux vagabonder et se poser là où ils doivent se poser, sans jamais chercher à fixer un point particulier. En fait, n'essaye pas de voir quoi que ce soit. Laisse tes yeux se poser rapidement sur des centaines de points sans en fixer un seul en particulier tandis que tu tournes ton corps de droite à gauche. » Plus vous pratiquerez cet exercice, plus vous en ressentirez les effets bénéfiques. Cependant, le pratiquer seulement trois ou quatre minutes par jour peut aussi s'avérer très apaisant.

ADOPTER LA POSTURE DE L'ENFANT

Le yoga propose une grande variété de postures qui favorisent la relaxation. Lorsqu'il s'agit de pratiquer avec les enfants, une de mes postures favorites est justement la posture de l'enfant. Mettez-vous d'abord à genoux, les fesses appuyées sur les talons, tout en étirant votre corps vers l'avant. Puis placez votre estomac au-dessus de vos cuisses, allongez vos bras sur le sol vers l'arrière et le long de votre corps, paumes vers le haut, et faites reposer votre front sur le tapis. Cette posture, qui aide à détendre l'ensemble du corps, est une de celles qui permettent de réduire le stress.

Pratiques pour toute la famille

EXPRIMER VOS APPRÉCIATIONS

Lorsque j'organise une consultation familiale, je propose souvent de commencer par une ronde d'appréciations. Pour ce faire, chaque membre de la famille doit se lever à tour de rôle et mentionner à chacune des personnes présentes un événement qu'il a particulièrement apprécié durant la semaine qui vient de s'écouler. « Papa, j'ai apprécié que tu fasses une balade à vélo avec moi. (Le frère aîné) Max, j'ai apprécié que tu me laisses jouer avec toi dans ta chambre au lieu de me mettre à la porte. (La petite sœur) Cassie, j'ai apprécié que tu m'aides à retrouver mes chaussures. J'avais oublié que je les avais enlevées dans la cour arrière, mais tu me l'as rappelé. Maman, j'ai apprécié que tu verses des amandes dans mon bol de céréales car tu sais que j'adore ça. » Les visages des membres de la famille sont empreints d'une expression d'expectative et de quasi-béatitude tandis que tous attendent avec impatience de savoir ce que les autres ont à dire à leur sujet. Je suis toujours émue par ces manifestations d'une grande simplicité qui incitent les participants à exprimer du fond du cœur ce qu'ils ressentent. De nombreuses familles pratiquent régulièrement cet exercice. Savoir que nous sommes appréciés d'une personne modifie presque instantanément ce que nous éprouvons à son sujet, même s'il s'agit d'un grand frère particulièrement irritant !

INSUFFLER PLUS DE JOIE ET DE PLAISIR

Le « facteur plaisir » semble réellement absent de la vie de nombreux enfants. Vous trouverez ci-dessous quelques idées pour insuffler plus de joie et de fantaisie dans votre routine quotidienne. Je vous recommande vivement d'utiliser certaines de ces pratiques pour jouer plus souvent avec vos enfants !

- Organisez des courses poursuites dans votre maison.
- Faites des bulles.
- Jouez régulièrement à la lutte.
- Tournez autour de la table en jouant du tambourin ou du mirliton avant que les membres de la famille ne quittent la table à la fin du repas.
- Jouez à cache-cache.
- Organisez une bataille d'oreillers.
- Invitez chaque membre de la famille à raconter une blague lors du souper familial.
- Chantez un air de remerciement avant de commencer à manger.
- Planifiez une « nuit karaoké » avec vos voisins.
- Organisez une soirée disco en famille ou apprenez ensemble des danses carrées.
- Cuisinez tous ensemble. Soyez l'aide-cuisinier de votre enfant, laissez-le planifier le menu et contentez-vous de trancher ou de hacher les ingrédients selon ses instructions.
- Jouez aux billes (un de mes jeux préférés).
- Jouez au jeu des devinettes.
- Organisez un spectacle où les talents de votre famille et des familles du voisinage seront mis en valeur.
- Exprimez-vous avec un accent étranger lorsque vous demandez à vos enfants de nettoyer leurs jouets. Chuchotez à leur oreille. Ou donnez-leur des instructions comme si vous étiez la reine de La La Land.
- Programmez de passer une soirée par mois avec vos enfants. Amenez-les dans un lieu où vous n'êtes encore jamais allés.
- Le soir, préparez un petit-déjeuner plutôt qu'un souper. Mangez sur l'herbe ou organisez un pique-nique à la mode d'antan dans un parc, lors duquel vous jouerez au lancer d'œufs et organiserez des courses de relais avec vos amis.
- Faites de la balançoire ensemble.
- Jouez au jeu de poches, aux fléchettes ou au fer à cheval.

- Pratiquez l'art de la calligraphie (un exercice très créatif qui développe l'attention).
- Jetez-vous dans une pataugeoire.
- Dessinez tous ensemble à la craie sur un trottoir. Faites-en un chef d'œuvre familial !
- Organisez une compétition où vous devez tous vous regarder fixement – personne ne doit cligner des yeux ! Ou encore un concours de sourires où chacun des membres de la famille fait de son mieux pour ne pas sourire.
- Organisez en famille un cercle de tambours. Vous pourrez frapper sur des bongos, des pots ou des casseroles avec des cuillères en bois – utilisez tout ce que vous avez sous la main. Si vous avez un danseur dans votre famille, il pourra danser au son du tambour.
- Faites l'école buissonnière avec vos enfants une fois par année : faites semblant de les conduire à l'école, puis continuez votre chemin et offrez-leur une aventure non planifiée pour le reste de la journée. « Allons-nous tourner à droite ou à gauche ? » Laissez-vous guider par votre inspiration.

Comme Ralph Waldo Emerson l'a fort bien exprimé, « c'est un talent heureux de savoir comment jouer ». Vous amuser avec vos enfants est l'un des moyens les plus rapides pour modifier le pH de votre relation (voir le chapitre 3) et rétablir les liens. Amusez-vous !

Vous accorder trois plaisirs par jour

Voici une activité amusante que vous pourrez pratiquer avec vos enfants. Elle vous permettra de vous détacher des activités mentales (nécessitant souvent le recours à un branchement, à un écran ou à une pile) pour mieux apprécier les plaisirs résultant du simple fait d'habiter un corps humain. Cette pratique m'a été inspirée par l'ouvrage de Martha Beck, intitulé *The Joy Diet*.

Invitez chaque membre de la famille à terminer les phrases suivantes à voix haute en indiquant cinq choses qu'il apprécie particulièrement dans chacune de ces catégories. L'un d'entre vous pourrait prendre des notes. Ensuite, offrez-vous au moins trois de ces plaisirs par jour !

J'aime le goût de…
J'aime la vue de…
J'aime la sensation de…
J'aime l'odeur de…
J'aime le son de…

Ce que vous découvrirez pourrait vous inciter à vous plonger dans des activités merveilleuses que vous avez jusqu'alors ignorées. Vous souvenir que vous adorez l'odeur du lilas vous rappellera peut-être à quel point vous aimez aller chez le fleuriste – un moyen facile pour vous remonter le moral. Vous pourriez aussi vous souvenir qu'il est extrêmement relaxant d'écouter le chant des oiseaux, ce qui pourrait vous inciter à vous asseoir plus souvent sur un banc de parc pour vous abreuver de leurs gazouillis.

DESSINER EN ÉTANT ATTENTIF

Dessiner avec un enfant est un moyen formidable de vivre ensemble l'instant présent. Demandez à votre enfant de choisir un objet et donnez-vous pour instruction commune de dessiner simplement ce que vous voyez. Permettez ainsi à votre cerveau gauche, qui est le siège de l'esprit analytique et du langage, de s'apaiser un instant alors que vous dessinez l'objet devant vous. Observez les détails. Promenez-vous autour de cet objet pour l'étudier sous différents angles. C'est une activité que je vous conseille vivement de pratiquer avec vos enfants afin d'éveiller leur conscience et de les rendre plus attentifs à ce qui se présente à eux.

RACONTER DES HISTOIRES

Dans cette ère numérique, de nombreux enfants perdent la capacité de former des images mentales, ce qui explique leur peu d'intérêt à apprécier le plaisir de lire un bon livre. Raconter des histoires est une activité divertissante qui stimule l'imagination et apaise les enfants. Il y a différentes façons d'inciter les enfants à pratiquer l'art séculaire du récit. Câlinez-vous, inventez un personnage fictif original et voyez ce qui se passe lorsque vous commencez à tisser un récit. Ne vous souciez pas d'être performant dans l'art du récit. De toute façon, vos enfants se divertiront et bénéficieront de vos efforts.

Une autre option est de créer des histoires à tour de rôle. Proposez une phrase pour amorcer le récit et demandez à chacun de vos enfants d'ajouter l'un après l'autre une phrase ou deux, ce qui permettra d'alimenter la description narrative. Leur participation active vous offre la garantie qu'ils seront alertes et impliqués. Vous pourriez aussi choisir d'écouter des histoires contées par de tierces personnes. Il y a des acteurs de talent qui livrent des performances audio remarquables destinées aux enfants. Jim Weiss, de Greathall Productions, est l'un d'eux.

Raconter (et écouter) des histoires est un exercice relaxant qui permet de tisser des liens précieux et de développer la capacité de votre enfant à rester concentré.

SE CONTENTER D'ÉCOUTER

Cela va sans dire, mais je tiens néanmoins à le préciser : un des moyens les plus efficaces pour créer des liens avec votre enfant est de l'écouter et de laisser tomber séance tenante ce que vous étiez en train de faire. Bref, intéressez-vous à ce qui intéresse votre enfant. Posez-lui des questions. Parlez-lui des araignées, d'Elmo au pays des grincheux ou des changements climatiques. Lorsque nous nous rendons totalement disponibles à nos enfants et cherchons à en apprendre plus sur leur vie intérieure en faisant preuve d'ouverture et de curiosité, nous renforçons l'attachement et les liens qui nous unissent à eux.

Dans le chapitre 6, j'ai mentionné l'exercice des trois « oui », qui permet de développer de l'empathie ainsi qu'une meilleure compréhension mutuelle. Voici un exemple de cet exercice, tiré d'une séance où une mère et son fils interagissaient. Lors de cette rencontre, Thomas entama la conversation en parlant à sa mère durant quelques minutes et en évoquant un sujet qui le perturbait. Sa mère avait accepté de l'écouter attentivement sans l'interrompre, sans lever les yeux au ciel et sans chercher à se justifier. À la fin de notre discussion, elle reçut pour instruction d'obtenir trois « oui » de la part de Thomas afin qu'il puisse se sentir écouté et validé. Puis ils inversèrent les rôles.

Thomas : « Maman, ça me rend vraiment dingue quand tu es grincheuse et irritable le matin. Je n'aime pas quand tu entres dans ma chambre en criant et tempêtant. Tu es beaucoup plus gentille avec Jen. Ce n'est pas juste. Le matin, je suis fatigué et j'aimerais que tu me laisses dormir plus longtemps. Je ne vois pas pourquoi je dois me lever à 6 h 45. Nous ne quittons pas la maison avant 7 h 30 et je n'ai pas besoin d'autant de temps que Jen pour me préparer. Je ne veux pas prendre de petit-déjeuner, mais tu m'y forces même quand je n'ai pas faim. Je pourrais tout simplement manger une barre de céréales dans la voiture. Pourtant, tu me réveilles chaque jour à la même heure et tu m'obliges à m'asseoir à la table du petit-déjeuner alors que j'aimerais rester au lit plus longtemps. Je suis vraiment épuisé. Voilà, c'est tout ce que j'avais à dire. »

Maman : « Merci, Thomas. Tu dis ne pas comprendre pourquoi tu dois te lever si tôt le matin. Selon toi, il te faut moins de quarante-cinq minutes pour te préparer. »

Thomas : « Oui. » (Je lève un doigt pour signaler que maman a obtenu son premier « oui ».)

Maman : « Tu affirmes aussi que tu détestes m'entendre crier le matin. Il semblerait que cela te perturbe vraiment. »

Thomas : « Oui. C'est exact. » (Je lève deux doigts.)

Maman : « Et je pense t'avoir entendu dire que tu voudrais prendre ton petit-déjeuner dans la voiture. »

Thomas : «Non, je ne veux pas prendre de petit-déjeuner complet. Je veux seulement manger une barre de céréales dans la voiture.»

Maman : «D'accord. Tu aimerais manger une barre de céréales dans la voiture et pouvoir rester au lit plus longtemps.»

Thomas : «Oui!» (Je lève trois doigts pour signaler que maman a obtenu ses trois «oui».)

Maman : «OK. Je comprends ton point de vue. Merci d'avoir exprimé ce que tu ressens.»

À présent, c'est au tour de la mère de prendre la parole. Elle doit répondre – respectueusement – à ce que Thomas lui a dit. Maintenant, c'est au tour de Thomas d'obtenir trois «oui» de la part de sa mère afin qu'elle puisse, elle aussi, se sentir écoutée.

Maman : «Je comprends que tu es vraiment fatigué le matin et qu'il t'est très difficile de sortir du lit. Mais pour moi aussi, ça l'est. Chaque matin, quand je me dirige vers ta chambre, je me sens tendue et anxieuse parce que je n'ai pas envie d'argumenter jour après jour avec toi. Je dois être au bureau à 8 h 30 et, si je ne vous dépose pas à l'école à l'heure convenue, je risque d'être en retard au travail et de devoir affronter l'humeur de mon patron, qui me fera la tête toute la journée – et qui s'imaginera peut-être que je ne prends pas mon travail suffisamment au sérieux. J'aimerais que nous puissions démarrer la journée de manière plus agréable parce que je t'aime et je ne veux pas me disputer avec toi. Cela nous fait du mal. Le soir, j'aimerais aussi que tu ailles te coucher à l'heure convenue afin que tu sois moins fatigué au petit matin et que nous puissions démarrer la journée de façon plus conviviale sans que je me sente stressée dès le réveil.»

Thomas : «OK. Si j'ai bien compris ce que tu as dit, quand nous sommes en retard à l'école, tu risques d'avoir des problèmes à ton travail.»

Maman : «Oui, c'est à peu près cela. Je n'aurais pas d'ennuis particuliers – comme être convoquée dans le bureau du directeur ou quelque chose de semblable –, mais mon patron remarquera mon retard et il déteste ça.» (Je lève un doigt.)

Thomas : «OK. Je t'ai aussi entendu dire que tu étais stressée le matin quand tu entrais dans ma chambre parce que tu ne voulais pas que nous nous disputions.»

Maman : «Oui.» (Je lève deux doigts.)

Thomas : «Hum!… Je ne peux me souvenir de rien d'autre.»

J'invite sa mère à parler une minute ou deux de plus, puis nous nous tournons de nouveau vers Thomas.

Thomas : «Ah oui! Tu as déclaré que tu aimerais que nos journées commencent de façon plus agréable. Tu as dit aussi que tu m'aimais et que tu ne supportais pas de démarrer la journée en nous cha-maillant.»

Maman : «Oui, c'est tout à fait exact. Merci de m'avoir écoutée, Thomas. J'ai vraiment apprécié cet instant.» (Je lève un troisième doigt pour signaler à Thomas qu'il a obtenu ses trois «oui».)

Thomas : (très timidement) «OK.»

En pratiquant cet exercice, j'ai constaté à maintes reprises que le simple fait de se sentir écouté et validé rend les gens plus susceptibles d'éprouver de l'empathie pour ceux contre lesquels ils étaient en colère. Cela permet aussi d'instaurer un climat permettant d'envisager de nouvelles possibilités ou de conclure de nouveaux accords. Autrement dit, chacun se départit d'une posture où il se sentait l'ennemi pour se retrouver avec l'autre sur la même longueur d'onde. Il s'agit là d'un exercice très facile et très efficace.

ORGANISER LE RITUEL MATINAL DES ADIEUX

Établir une pratique rapide de pleine conscience avant d'envoyer votre enfant à l'école ne prend qu'une minute et peut l'aider à passer une bien meilleure journée. Ajouter un élément susceptible de renfor-cer les liens peut aussi rendre plus facile la séparation, particulièrement pour des enfants qui rechignent à être séparés de leurs parents. Cela pourrait se résumer à prendre ensemble trois respirations profondes en se tenant la main. Cela pourrait aussi être un câlin de trois secondes, ou une petite chanson que vous auriez tous deux composée. Les enfants adorent les rituels. Plus vous établirez de liens privilégiés et un sentiment de gratitude dans la routine quotidienne de votre enfant, plus il y aura de chances qu'il poursuive par lui-même dans cette voie.

OFFRIR UN SOURIRE

Offrir un sourire est une des façons les plus simples de nous relier les uns aux autres. C'est aussi un moyen universel et privilégié pour toucher le cœur d'autrui, bâtir la confiance et favoriser l'empathie. De plus, sourire est vraiment très bénéfique sur le plan médical ! En effet, sourire permet de réduire la tension artérielle, détendre le corps, libérer des endorphines et diminuer le stress. Offrir un sourire aimant à un enfant qui se dépêche de terminer son petit-déjeuner ou à une épouse qui franchit le seuil de la porte peut exercer une influence profondément transformatrice.

Petite parenthèse touchante : l'obstétricien Carey Andrew-Jaja chante un *Joyeux Anniversaire* à chaque nouveau-né qu'il met au monde. Jusqu'à présent, plus de huit mille enfants ont vu le jour en étant accueillis par cette chanson. Imaginez à quel point votre enfant pourrait être affecté si, chaque fois qu'il entrait dans une pièce, vous célébriez tranquillement sa présence. Pour un enfant, se sentir aimé à ce point représente un véritable cadeau de la vie.

ORGANISER UNE CÉLÉBRATION D'AMOUR

Nous voulons tous nous sentir appréciés pour ce que nous sommes. Lorsque des gens visitent mon site Web et s'inscrivent pour recevoir mon infolettre, ils ont automatiquement accès à une vidéo qui leur présente un exercice appelé L'amour qui jaillit (Love Flooding). Dans cette vidéo, j'invite les parents à noter par écrit au moins dix choses qu'ils aiment et apprécient chez leurs enfants et je leur suggère ensuite de prendre le temps de lire cette liste à leur fils ou à leur fille. De nombreux parents m'ont confié que cette activité, qui ne prend que quelques minutes, leur a permis d'améliorer considérablement leurs relations avec leurs enfants.

Lorsque nous faisons savoir à notre enfant que nous le chérissons pour ce qu'il est, nous lui offrons une véritable célébration d'amour. Je vous recommande vivement de dire à ceux que vous aimez ce qui vous enchante à leur sujet.

INDIQUER CLAIREMENT VOS INTENTIONS

La plupart du temps, quand je me rends à mon bureau pour une séance avec un client, je lui indique clairement mes intentions, soit la quête de clarté, de présence et de sagesse. Chaque année, j'organise un colloque intitulé *L'art d'être un parent présent* (Parenting with Presence) qui s'articule durant quatre jours autour d'une série de dialogues avec différentes personnalités, comme le Dr Jane Goodall, Arianna Huffington, Jon Kabat-Zinn, Alanis Morissette et le député Tim Ryan. Avant d'amorcer chacun de ces dialogues, je passe un certain temps avec chaque invité pour lui indiquer ma ferme intention de faire en sorte que notre discussion se déroule de façon à réconforter, soutenir et inspirer le cœur et l'esprit des parents qui sont disséminés aux quatre coins du monde. De même, quand je reprends le volant de ma voiture, je ferme les yeux avant de démarrer le moteur et j'affirme mon intention que le trajet s'effectue en toute sécurité.

Enseigner aux enfants à indiquer clairement leurs intentions est facile. Encouragez-les simplement à décrire de façon positive comment ils aimeraient que certains événements se déroulent – peut-être souhaitent-ils obtenir de meilleurs résultats scolaires ou se sentir confiants à l'approche d'un examen. Aborder une situation précise en indiquant clairement votre intention peut faire une énorme différence dans la manière dont vous vivrez cette expérience.

Manifester votre gratitude

La gratitude est la pierre angulaire de tout ce dont j'ai parlé dans ce livre. La gratitude peut tout transformer – notre acceptation de ce qui se passe dans notre vie, notre capacité à accepter ceux avec qui nous interagissons et à profiter de l'instant présent. L'appréciation peut aussi transformer l'expérience la plus éprouvante en une expérience que nous pouvons pleinement embrasser. Je pourrais facilement écrire un livre sur la gratitude – ce qu'ont fait de nombreux auteurs. Vous trouverez ci-dessous quelques idées à intégrer dans votre vie.

Lorsque vous ressentez de la gratitude pour une chose qu'une personne a faite, exprimez-lui votre appréciation. Il est facile d'oublier de reconnaître la gentillesse que certains manifestent à notre égard, mais il est tout aussi facile de leur faire savoir que nous avons remarqué ce qu'ils ont fait et que nous leur en sommes reconnaissants. Dire rapidement «merci» en personne est tout à fait recommandé, particulièrement lorsque vous marquez une pause après avoir parlé et éprouvez une réelle reconnaissance. Un courriel ou un message texte peut être suffisant pour faire savoir à une personne que vous reconnaissez ses efforts. Une brève conversation téléphonique est tout aussi satisfaisante. Mais rien ne peut se comparer à une lettre manuscrite envoyée par la poste, car vous savez alors que le récipiendaire aura le plaisir de lire et relire vos mots de gratitude. Écrire des lettres est un art qui se perd – un art que nous devrions raviver. Si vous êtes enclin à écrire des lettres, vous pourriez inciter vos enfants à rédiger des notes de remerciement – mais seulement si cela est fait dans une atmosphère détendue. Forcer des enfants à rédiger des notes de remerciement peut les décourager d'écrire pour le restant de leurs jours.

Mettre une pièce de dix sous dans le pot de reproches

Dans les chapitres précédents, j'ai évoqué l'importance d'assumer la responsabilité de nos erreurs. Bien que certains puissent nous offrir des occasions en or de justifier notre comportement répréhensible, nous devons aider nos enfants à comprendre qu'ils sont responsables de leurs actes. Blâmer autrui nous empêche d'assumer pleinement notre responsabilité et d'opérer les changements nécessaires pour nous rapprocher du bonheur, et ce, sans trop nous soucier du fait que les gens ou les circonstances soient conformes ou pas à nos aspirations. Un « pot de reproches » peut aider tous les membres de la famille à se libérer du mode victimaire. L'idée est simple : si quelqu'un pointe le doigt vers un membre de la famille qui a commis une erreur, l'accusateur devra mettre une pièce de dix sous dans le pot de reproches. (Certains parents jugent que pleurnicher et se plaindre font partie des comportements qui justifient une amende de dix sous !) Cette activité peut constituer un élément important pour nous aider à prendre conscience que nous sommes les architectes de nos vies et que nous ne sommes pas à la merci de circonstances que nous ne pouvons contrôler.

FAIRE UNE BALADE EN VOITURE DE SIX MINUTES

Pensez à un endroit situé à proximité de chez vous et essayez d'instaurer un rituel chaque fois que vous vous rendrez en voiture dans ce lieu en compagnie de vos enfants. À partir du moment où vous quittez votre maison et jusqu'à ce que vous arriviez à l'école, au parc ou à l'épicerie, exprimez chacun à voix haute ce qui vous inspire de la reconnaissance. C'est un exercice très facile. « Je suis si heureuse de porter cette veste chaude par ce matin glacial. » « J'ai apprécié le délicieux *smoothie* que nous avons préparé ce matin. » « J'éprouve de la reconnaissance envers vous, mes enfants, qui êtes de véritables petites pestes ! » Au terme de cette balade en voiture, vous pourriez être surpris de vous sentir tous aussi heureux – et reconnaissants !

EXPRIMER VOTRE APPRÉCIATION PENDANT TRENTE SECONDES

Voici un exercice que vous pouvez pratiquer dès maintenant. Regardez autour de vous jusqu'à ce que vos yeux s'arrêtent sur un objet situé dans votre environnement immédiat. Choisissez un objet ordinaire que vous avez vu des centaines de fois auparavant. Peut-être est-ce le verre d'eau posé à côté de vous. Observez-le attentivement.

Marquez une pause pour l'apprécier. Pensez à la personne qui a fabriqué ce verre, aux efforts qu'elle a dû déployer pour imaginer ce que vous ressentiriez en le prenant dans votre main et en buvant l'eau qu'il contient – songez aussi aux études qu'elle a menées pour concevoir ses dimensions, parfaitement adaptées à la taille de votre main, et déterminer la sensation que vos lèvres éprouveraient lorsque vous le porteriez à votre bouche. Pensez ensuite à l'eau qu'il contient – et à la personne qui a contribué à configurer la station d'épuration afin d'éliminer tous les contaminants, ce qui vous permet d'étancher votre soif en toute sécurité. Ensuite, détendez-vous un instant et appréciez ce simple verre d'eau et tout ce qui est posé sur la table placée à côté de vous. Vous pouvez pratiquer cet exercice à n'importe quel moment de la journée et avec une quantité illimitée d'objets. Ressentez pleinement ce sentiment de gratitude qui vous habite.

Un autre exercice de trente secondes consiste à placer la main sur votre cœur tandis que vous passez en revue tous les bienfaits dont la vie vous a gratifié, ce qui vous permet de vous relier étroitement à votre cœur et à votre esprit. Laissez la gratitude se répandre dans votre poitrine, telle une vibrante lueur, en vous ouvrant au miracle de l'instant présent. La pratique quotidienne de cet exercice pourrait transformer votre vie. Vous pourriez même programmer une alarme sur votre téléphone intelligent pour vous rappeler de pratiquer cet exercice toutes les heures ou toutes les deux heures, et ce, afin de renforcer votre attitude de gratitude.

Faire des chaînes de gratitude en papier

Voici une autre activité simple et facile que vous pouvez pratiquer avec vos enfants. Découpez au moins vingt bandes de papier et, sur chacune d'elles, inscrivez ce qui vous inspire de la reconnaissance. Vous pourrez ensuite constituer une chaîne de gratitude en papier que vous pourrez accrocher dans votre cuisine ou votre salle à manger – ou même à l'extérieur de votre porte d'entrée – pour vous rappeler la gratitude que vous éprouvez. Amusez-vous !

Avoir un aperçu de la journée

Le matin, avant même que vos yeux ne s'ouvrent, ayez un aperçu mental de la journée à venir et détendez-vous en éprouvant de la gratitude pour tous ceux que vous allez rencontrer – vos enfants, votre conjointe, vos voisins, votre patron, vos collègues de travail. Pensez à cinq caractéristiques que vous appréciez chez chacune de ces personnes. Cette pratique peut sans l'ombre d'un doute rendre votre journée plus facile et plus agréable. C'est aussi un exercice formidable que vous pourriez pratiquer avec vos enfants avant qu'ils se rendent à l'école.

S'accrocher aux pensées positives

Le neuropsychologue Rick Hanson a inventé l'expression «syndrome Velcro-Téflon». Selon lui, nous sommes conditionnés à nous souvenir des expériences négatives beaucoup plus intensément que des expériences positives, et ce, parce que Mère Nature est plus concernée par notre survie que par le plaisir que nous pouvons tirer d'un événement particulier. La menace d'un sanglier sauvage a plus d'impact sur nous que le doux gazouillis d'un petit oiseau!

De la sorte, les expériences négatives s'agrippent à nous comme le ferait une bande velcro et pénètrent notre conscience en profondeur, ce qui nous pousse à les analyser sans cesse, souvent même à l'heure du coucher, lorsque nous cherchons désespérément à nous endormir. («Je ne peux pas croire que mon patron ne m'ait pas remercié d'être resté si tard au bureau. Il n'apprécie pas les efforts que j'ai dû consentir pour terminer ce projet. Pourtant, je me suis investi à fond.») Heureusement, nous pouvons changer ce schéma qui nous entraîne dans la spirale sans fin de nos pensées négatives.

En effet, plus nous entretenons de pensées positives dans notre conscience, plus les neurones sont activés, créant ainsi de nouveaux circuits neuronaux, ce qui suscite dans notre cerveau un climat favorable au bonheur. En conséquence, si nous voulons garder la mémoire de nos expériences positives (plutôt que de les laisser glisser sur notre revêtement en téflon), nous devons rester concentrés sur elles pendant au moins vingt secondes. Voici ce que Hanson a déclaré : «Plus vos neurones seront activés[4] par des faits positifs, plus ils pourront développer des structures neuronales positives.»

Créez un journal de gratitude dans lequel vous inscrirez vos expériences positives de la journée. Vous pourriez aussi dessiner un événement spécial qui vient tout juste de se produire et qui vous inspire de la gratitude. Ou alors vantez-vous auprès des autres – ou en vous adressant à vous-même à voix haute – de ce qui vous arrive de bien. Ces activités, qui durent au moins vingt secondes, vous permettront de recâbler votre cerveau de manière proactive et de reprogrammer vos neurones vers le positif.

PRENDRE BONNE NOTE DES CHOSES POSITIVES

Lorsque vous vivez une expérience agréable – le goût d'une myrtille bien juteuse, le son de vos enfants qui rient aux éclats, le soleil qui réchauffe votre peau –, immergez-vous dans les sentiments positifs que cette expérience vous inspire. Laissez ces sentiments positifs se répandre dans votre corps comme un feu de forêt, ce qui déclenchera en vous une intense sensation de joie. Sachez que tant que vous serez conscient de cette bonne expérience, vos neurones seront activés et reprogrammés vers le positif, ce qui vous permettra de cheminer de manière plus stable et plus légère vers le bonheur.

DIRE « ARRÊTE, ARRÊTE »

Nous ne pouvons pas choisir la première pensée qui s'impose à nous, mais nous pouvons choisir la seconde. En d'autres termes, une pensée négative peut s'infiltrer dans notre esprit, mais cela ne signifie pas que nous devons obligatoirement emprunter cette route sombre et affligeante. Si une croyance négative ou limitative traverse votre esprit, comme «Je ne peux pas croire que Jonathan soit égoïste à ce point» ou «Je ne comprendrai jamais comment fonctionne cette centrifugeuse», dites : «Arrête, arrête.» L'idée de base est d'étouffer dans l'œuf toute pensée susceptible de vous entraîner dans la spirale descendante de la négativité.

Exercices que les parents peuvent pratiquer
par eux-mêmes

JETER L'ANCRE À LA MER

Un des meilleurs indicateurs permettant de prédire à quoi ressemblera la journée à venir dépend du fait que nous soyons ou pas enchaînés à notre esprit. En réalité, cela ressemble à un bateau qui prend la mer ; un bateau libre de tout ancrage peut dériver durant des heures alors qu'un bateau fermement ancré – même au milieu d'une mer agitée – restera arrimé au-dessus de l'endroit où l'ancre a été jetée.

Quelles que soient les tâches ou les activités qui nous attendent lorsque nous ouvrons les yeux le matin, la plupart d'entre nous ressentent une forte pression, celle de bien démarrer la journée. En effet, nous avons des enfants à réveiller, des petits-déjeuners à préparer, des lunchs à emballer et des courriels à consulter – la liste est sans fin. En conséquence, de nombreux parents fonctionnent en étant animés d'un sentiment d'urgence – plus vite je pourrai démarrer, plus vite j'aurai terminé et la pression disparaîtra. Mais, en vérité, dès que nous parvenons à éliminer une tâche de notre liste, une autre prend sa place presque aussitôt. Bref, nous ne pourrons jamais terminer, rattraper ou achever tout ce que nous devons faire.

Cependant, nous nous pénalisons lorsque nous abordons une nouvelle journée sans chercher à établir le contact avec ce qu'il y a de plus précieux à l'intérieur de nous, même pour un bref instant. Voici ce que j'ai découvert : ce merveilleux sentiment intérieur qui nous habite est une recette magique qui nous permet de bonifier tout ce qui nous constitue. Lorsque je me concentre sur mon esprit, je me sens nettement mieux et beaucoup plus en accord avec moi-même. Et souvent je secoue la tête en signe d'incompréhension quand je saute quelques jours de pratique ou quand je ne consacre pas suffisamment de temps à une activité qui m'apporte autant de paix et de joie.

Néanmoins, je dois avouer qu'il m'arrive d'oublier. Il semblerait bien que la vie soit orchestrée d'une façon telle qu'il me faille choisir cette expérience intérieure afin de me détourner en pleine conscience de la séduction du monde extérieur. Ce n'est pas si facile. Car je suis attirée par ce qui se passe à l'extérieur de moi. Les distractions potentielles sont innombrables : les journaux, la télévision, les courriels, le jardin qui doit être arrosé, la nécessité de répondre aux appels téléphoniques. De plus, lorsque vous avez des enfants, la situation est encore plus compliquée ! En effet, pour les parents d'enfants en bas âge, prendre quelques minutes pour s'abreuver à leur paisible puits intérieur représente un véritable défi. Je sais de quoi je parle.

Après avoir médité durant plus de quarante ans, je me suis également rendu compte que ce sentiment intérieur doit être courtisé en permanence. En cela, il est semblable à un amant fugace, mais extraordinaire. Lorsque j'affirme clairement mon intention de concentrer toute mon attention, même si cela ne dure que quelques instants, sur cette expérience intérieure et que je m'accroche à ce sentiment quand mon esprit s'égare, je suis récompensée par une expérience défiant toute description. C'est à la fois doux et tendre, divin et sacré. Je deviens alors ce que je suis, et mon cœur déborde de bonheur car j'ai pris le temps de le nourrir de ce qu'il aime, désire et demande le plus. À partir de là, je peux ensuite aborder la journée à venir avec ce sentiment qui résonne encore en moi, du moins durant un certain temps ou jusqu'à ce que le bruit du monde extérieur devienne trop strident. Mais, même dans ce cas-là, la partie la plus profonde de mon être se souvient de ce qu'il y a de plus vrai à l'intérieur de moi, ce qui me permet de ne pas me perdre inutilement lorsque je suis emportée par la pression et le tourbillon de la vie quotidienne.

La méditation est une pratique. Ce n'est pas une pilule que l'on peut absorber. Cela prend du temps de se connaître réellement tel que l'on est. Cela requiert un investissement. Par ailleurs, certaines personnes ne souhaitent pas aller profondément à l'intérieur d'elles-mêmes, et c'est parfait ainsi. Chacun doit répondre à sa manière à l'appel de son cœur.

Cependant, lorsque nous répondons à l'appel de notre cœur, nous devons nous apaiser et écouter. Et surtout prêter attention lorsque nous sommes à l'écoute de ce qui nous apporte un sentiment de paix ou de joie. Courtisez ce sentiment. Offrez-lui des fleurs. Envoyez-lui des lettres d'amour. Par-delà votre identité d'épouse, de mari, de mère ou de père, ce sentiment représente ce que vous êtes en réalité. Tout comme votre enfant, il veut être vu et aimé. Il exige votre temps et votre attention. Investir dans ce moi intérieur – au-delà de votre identité extérieure ou du rôle social que vous jouez – vous sera extrêmement bénéfique. Prenez le temps nécessaire pour le nourrir. Jetez l'ancre afin de vous relier un moment à votre moi intérieur, et ce, avant de vaquer à vos occupations quotidiennes. Je crois que vous serez heureux en agissant ainsi.

S'ACCORDER LE DROIT DE NE RIEN FAIRE

Choisissez un créneau horaire de quinze minutes et trouvez un endroit où vous pourrez être seul. (Je sais que c'est plus facile à dire qu'à faire, mais lisez néanmoins ce qui suit.) Ce lieu pourrait être un sentier, la galerie arrière de votre maison ou encore votre voiture. Assurez-vous de ne pas être dérangé durant ces quinze minutes. Selon Martha Beck, vous accorder ce moment privilégié équivaut à afficher durant un certain temps l'affiche « Pas disponible ».

Martha Beck poursuit en affirmant que l'étape suivante consiste soit à s'asseoir pour méditer soit à pratiquer une activité anodine et répétitive qui occupe votre corps, comme la marche, la pratique du patin à roues alignées ou le jogging. Observez les hautes herbes balayées par le vent dans un champ ou les ondulations de l'eau à la surface d'un étang.

Elle vous invite ensuite à faire le vide dans votre esprit. « L'esprit humain est comparable à un superordinateur[5] qui serait possédé par l'âme d'un écureuil atteint de démence. Il est constamment en train de calculer, d'anticiper, de se souvenir, de fantasmer, de s'inquiéter, d'accumuler et de passer frénétiquement d'une idée à l'autre. » Pendant cette phase, contentez-vous d'observer vos pensées sans les juger. Vous pourriez aussi comparer ces pensées à des petits chiens qui aboient. Et vous imaginer dans la peau d'un éléphant majestueux qui poursuit imperturbablement son chemin alors que des chiots inoffensifs jappent sur son passage.

La dernière étape consiste à créer l'image mentale d'un sanctuaire où vous pourrez vous ancrer lors de périodes de stress ou de chaos. Pensez à un lieu spécial où vous vous sentirez calme et apaisé, un endroit situé en dehors du monde extérieur où vous pourrez venir vous ressourcer en éprouvant un sentiment de contentement et de profond repos. Vous pouvez aussi vous imaginer cet endroit durant ces quinze minutes passées à ne rien faire. Cette pratique merveilleuse vous aidera à restaurer un sentiment de paix et d'équilibre dans votre vie.

TISSER DES CONTACTS

C'est une activité que je pratique lorsque je me retrouve dans un aéroport, bien que je l'aie aussi pratiquée en d'autres lieux. Je me promène dans le terminal en cherchant tous ceux avec lesquels je peux établir un contact – un regard furtif, un sourire amical, un signe de la tête. Quand je joue à ce jeu, je remarque que l'immense majorité des gens que je croise sont pressés, qu'ils courent dans tous les sens, regardent leur montre ou sont irrités par leurs enfants. Mais parfois, je mets dans le mille lorsque les yeux d'une autre personne me rappellent que, quelle que soit notre destination, chacun de nous vit ici et maintenant dans l'instant présent, et que c'est parfait ainsi.

S'APPRÉCIER

Cet exercice est peut-être l'un des plus ardus à exécuter. Lorsque je le pratique avec mes clients, je remarque qu'ils ont parfois beaucoup de difficultés à démarrer. Cependant, il est très efficace.

Pensez aux qualités que vous appréciez chez vous : la gentillesse, la générosité, la patience, le sens de l'humour, etc. Considérez tout ce que vous appréciez à votre sujet. Si vous traversez une passe difficile, demandez à vos amis de vous faire part des cinq qualités qu'ils apprécient chez vous. (Si vous êtes un enfant et si vos amis rechignent à se plier à cet exercice, dites-leur qu'il s'agit d'une tâche scolaire obligatoire!) Lisez chaque jour cette liste et ajoutez des éléments aussi souvent que possible. Si nous ne reconnaissons pas notre beauté et notre bonté, il nous sera très difficile de recevoir l'amour et la coopération d'autrui. Ayez conscience que vous êtes un don de la vie pour chacun d'entre nous.

ÊTRE À L'ÉCOUTE LORSQUE VOUS VOUS SENTEZ AGRESSÉ

Parfois, nous nous sentons agressés lorsque le comportement de notre enfant est totalement contraire à nos croyances. Si nous avons grandi dans un foyer où l'on s'attendait à ce que les enfants ne répondent pas à leurs parents ou fassent instantanément ce qu'on leur demandait, nous pourrions éprouver une véritable réaction de rejet ou d'agacement lorsque nos enfants font preuve d'impertinence ou refusent d'obtempérer.

Nous pouvons aussi nous sentir agressés quand nos enfants se comportent d'une manière totalement étrangère à notre tempérament inné. Une mère douce, discrète et réservée sera plus susceptible d'être irritée par un enfant bruyant et agité. Nous pourrions aussi perdre notre impassibilité et notre sang-froid si nous croyons que nous ne répondons pas aux attentes de ceux dont l'opinion a une grande importance à nos yeux – notre conjoint, nos amis, notre belle-mère et notre «expert en éducation parentale» préféré.

Lorsque vous vous rendez compte que vous n'êtes pas en accord avec votre sagesse parentale intérieure, essayez de pratiquer l'exercice suivant.

Étape 1. Laissez votre mental se calmer et s'apaiser. Soyez à l'écoute de ce qui se passe dans votre environnement – votre petit garçon qui demande des pâtes et du beurre ou votre fille qui refuse d'éteindre la télévision. Soyez simplement conscient de ce que vous éprouvez à l'intérieur de votre être.

Étape 2. Si une avalanche de pensées commence à nourrir votre mécontentement ou votre contrariété, posez-vous la question suivante: «Quelle est cette voix qui résonne à l'intérieur de ma tête en cet instant précis ?» Celle de ma mère ou de mon père ? Ou celle d'un professeur sévère et rigoureux ?

Étape 3. Plutôt que d'essayer de vous débarrasser de cette voix, acceptez-la en supposant qu'elle est bien intentionnée. Quel but cherche-t-elle à atteindre ? Essaie-t-elle de vous protéger ou de vous aider à voir avec plus de discernement ? Peut-être aussi cherche-t-elle à vous prévenir que vous ne vous affirmez pas suffisamment. Ou peut-être essaie-t-elle de vous prévenir que vous êtes en danger car vous ne parvenez plus à vous contrôler.

Étape 4. Interrogez-vous sur le besoin exprimé par cette voix. Peut-être vous dit-elle : «Je crains que tu ne saches pas comment gérer ton fils. Je suis inquiète car, si je ne t'effraie pas en critiquant la manière dont tu l'élèves, tu ne feras rien pour freiner ses tendances agressives.»

Étape 5. Notez par écrit ce que cette perception vous a appris. Dites la chose suivante à cette voix qui résonne en vous : «J'ai compris ton message. Je l'apprécie, et voici ce que je vais faire à ce sujet.»

Cette activité peut être pratiquée tandis que vous suivez une thérapie ou un cours d'éducation parentale, où vous êtes résolument engagé dans un processus visant à en apprendre plus sur ce qui vous empêche, en dépit de vos efforts, d'assumer votre responsabilité parentale de façon calme et aimante. Cet exercice n'est pas facile, mais il est toujours éclairant.

Danser pour évacuer la colère

Danser est l'un des moyens les plus efficaces pour évacuer la colère. Mettez vos chaussures de danse et remuez-vous ! Après une chanson ou deux, vous pourriez fort bien avoir oublié ce qui vous avait tant irrité ou bouleversé ! Je démarre souvent mes journées par une activité vivante et dynamique et, lorsque je suis concentrée sur mon écriture, je prends souvent des pauses pour danser, ce qui me permet de réintégrer pleinement mon corps et de ressentir l'exquise excitation d'être en vie.

NOMMER CE QUI VOUS MANQUE

Être présent signifie être en contact avec la vie telle qu'elle est en cet instant. Cela signifie aussi de choisir d'être là, et ce, même si ce «là» ne correspond pas exactement à ce que vous aviez imaginé. Cela signifie être présent aux sons que vos enfants produisent lorsqu'ils rient – ou se chamaillent – dans la pièce voisine. Cela signifie être présent lorsque vous vous asseyez sur la banquette du piano pour aider votre fils à pratiquer.

Mais parfois, avant de pouvoir être totalement présents à ce qui se présente à nous, nous devons pleurer ce que nous avons perdu ou, du moins, ce que nous pensons avoir perdu.

Prenez quelques instants pour vous calmer et vous apaiser. Placez votre main sur votre cœur alors que vous respirez et projetez-vous dans un état où vous éprouverez une véritable compassion envers vous-même. Reconnaissez les efforts que vous consentez chaque jour, dès l'instant où vous vous réveillez et jusqu'au moment où vous vous effondrez le soir dans votre lit. Soyez indulgent envers vous-même en appréciant à sa juste valeur tout ce dont vous avez dû vous défaire et en reconnaissant les efforts que vous avez déployés pour vous dépasser.

Posez-vous la question suivante et attendez que la réponse surgisse par elle-même sans rien forcer : «Qu'est-ce qui me manque le plus dans la vie que je menais avant d'avoir des enfants?» Restez calme et attendez tranquillement. Si aucune réponse ne vous vient spontanément à l'esprit, ne vous en souciez pas. Si vous percevez ou entendez une réponse qui n'est pas immédiatement compréhensible, laissez-la vous conduire là où elle doit vous conduire.

Il est important de demeurer dans un état tendre et aimant envers vous-même, en acceptant toutes les vérités qui peuvent s'imposer à vous. Ce sont peut-être les dîners que vous aviez connus avant d'être parent qui vous manquent, car vous pouviez alors rester assis du début à la fin du repas sans être dérangé et sans avoir à faire quoi que ce soit pour autrui. Vous pourriez regretter ces soirées de parfaite détente où vous viviez des moments romantiques avec votre

partenaire. Vous pourriez aussi regretter les longs bains que vous pre-
niez, les balades en solitaire dans les bois ou tout simplement la paix
d'esprit que vous connaissiez lorsque vous n'aviez pas à vous soucier
constamment de l'endroit où se trouvent vos enfants, de ce qu'ils font
ou de ce qu'ils devraient faire. Les heures interminables que vous pas-
siez à écrire, lire ou méditer pourraient également vous manquer. De
plus, vous pourriez regretter la personne que vous étiez avant de vous
retrouver lié aux autres de manière aussi inexorable – peut-être étiez-
vous plus jovial et détendu ou alors plus concentré et en apparence
plus productif.

Réfléchissez à cela. Vous pourriez noter par écrit ou exprimer à
voix haute ce que vous éprouvez. De nouveau, si rien ne se passe, ne
vous en souciez pas. Ne vous forcez pas à ressentir le manque de ce
qui ne vous manque pas. Cependant, donnez-vous l'espace nécessaire
pour vous débarrasser des inclinations et aspirations cachées qui
pourraient entraver votre capacité d'assumer pleinement votre vie.

SE POSER DES QUESTIONS DIFFICILES

Très souvent, nous avons du mal à être à l'écoute de nos enfants et
totalement présents à leurs côtés parce que notre vision de l'éducation
parentale ne correspond pas à la réalité que nous vivons, une thématique que nous avons abordée dans le chapitre 3. En effet, cela peut
même être radicalement différent de ce à quoi nous nous attendions,
ce qui nous déçoit, nous décourage et nous inspire même des regrets.

Cela ne signifie nullement que nous n'aimons pas nos enfants ou
que nous souhaiterions ne jamais les avoir conçus. Cela signifie simplement que nous éprouvons des sentiments que nous devons
confronter plutôt que de les balayer sous le tapis. Ce sont nos attentes
qui posent problème. Si vous étiez persuadé qu'avoir un enfant vous
permettrait de solidifier un mariage à la dérive, vous vous rendrez vite
compte qu'être parent ne réduit pas le stress marital, mais l'accroît
considérablement. De même, si vous aviez imaginé qu'en ayant un
bébé, vous obtiendriez l'approbation enthousiaste de vos parents,
vous pourriez vite déchanter et découvrir que cela vous expose aussi à

leurs critiques permanentes sur la manière dont vous élevez vos enfants. Et si vous avez cru que le fait d'avoir un enfant comblerait un vide dans votre cœur et dans votre âme, vous avez probablement compris que ce n'est pas le cas et que cela ne peut l'être, car cela risquerait d'entraîner un coût énorme pour votre enfant.

Cela étant dit, les enfants ajoutent à nos vies une dimension incommensurable. Parfois même, ils contribuent à renforcer des mariages, à créer des liens plus solides avec la famille élargie et à emplir nos cœurs d'un amour que nous ne pouvions imaginer. Le problème est que les enfants ne font pas toujours ces choses-là pour nous. Et plus important encore, il n'est pas de leur responsabilité d'améliorer nos mariages et nos relations familiales ou de combler notre solitude.

Comme l'illustre fort bien cette phrase quelque peu ridicule tirée du film *Jerry Maguire* – « Tu me complètes » –, il n'est pas de la responsabilité de nos enfants de nous compléter ou de combler un vide. Quand nous élevons nos enfants en éprouvant un tel état de manque et de dénuement émotionnel, nous perturbons la hiérarchie naturelle de la dépendance. Nos enfants sont censés s'appuyer sur nous et non pas répondre à nos besoins non résolus.

Vous trouverez ci-dessous quelques questions que vous jugerez peut-être utiles pour vous aider à réfléchir à vos attentes lorsque vous êtes devenu parent. Je vous demande d'être le plus honnête, mais aussi le plus bienveillant possible envers vous-même. Nous avons tous des attentes lorsqu'il s'agit d'élever des enfants et nous espérons que nos vies seront meilleures lorsqu'ils viendront au monde. Nous portons tous des blessures qui remontent à l'enfance et que nous espérons guérir en vieillissant. Si vous découvrez que vous vous attendiez à ce que la naissance de vos enfants vous apporte l'approbation de ceux qui comptent à vos yeux, une plus grande attention de la part de votre entourage et le sentiment d'être moins seul, ne vous inquiétez pas. Par contre, si une prise de conscience douloureuse se manifeste, faites appel à un professionnel digne de confiance qui vous guidera et vous aidera à démêler ces vieux sentiments.

Il y a quelque temps, j'ai écouté l'entrevue d'une mère qui harcelait sans cesse sa fille de vingt-sept ans en se présentant sur son lieu de travail, en fréquentant son café préféré et en l'appelant à tout bout de champ pour « vérifier » ce qu'elle faisait. Sa fille, qui était affligée par cette attitude, recherchait désespérément un espace pour respirer.

Lorsque l'attitude de la mère fut remise en cause par le psychologue qui l'interviewait, elle déclara avec beaucoup d'émotion : « J'aime ma fille ! J'ai été une mère durant toute ma vie ! C'est ce que je fais ! C'est ce que je suis ! » Le psychologue l'encouragea vivement à renouer avec les passe-temps et les centres d'intérêt qui étaient les siens avant d'avoir des enfants. Elle lui répondit : « Je n'ai pas d'autres centres d'intérêt. Je n'ai jamais rien fait d'autre. Je suis une mère. » Elle s'était tellement identifiée à son rôle de parent qu'elle avait perdu le sentiment d'exister en tant que personne distincte. Et ce faisant, elle rognait les ailes de sa fille.

Voici quelques questions qui favoriseront votre réflexion :

Qu'espériez-vous en devenant parent ? Quels changements imaginiez-vous que cela apporterait dans votre vie ?

Éprouviez-vous un sentiment de vide et espériez-vous le combler en ayant un enfant ?

En quoi votre expérience parentale ne correspond-elle pas à vos attentes ?

Y a-t-il des moments dans votre vie où vous aimeriez faire un arrêt sur image ? Êtes-vous nostalgique des premiers stades de la vie de vos enfants et avez-vous des difficultés à accepter ce que ces derniers sont devenus ?

De nouveau, prenez tout votre temps et ménagez-vous durant cet exercice. Tout se passera bien.

Se débarrasser de la peur d'être jugé

De nombreux parents se sentent particulièrement agressés par la mauvaise conduite de leur enfant lorsqu'ils doivent gérer une famille élargie ou se rendre dans un lieu public à l'occasion d'une sortie familiale. Ils pourraient souffrir du *syndrome de l'audience imaginaire*, pour reprendre la formule créée par la psychologue Mary Pipher pour décrire la conscience de soi exacerbée des adolescentes. Mais les parents peuvent aussi souffrir de ce syndrome, particulièrement quand ils s'imaginent que tous ceux qu'ils côtoient scrutent chacun de leurs gestes et les jugent sévèrement quand ils ne parviennent pas à maîtriser leurs enfants ou quand ces derniers oublient leurs bonnes manières.

Lorsque nous souffrons du syndrome de l'audience imaginaire, nous sommes terrifiés à l'idée de perdre notre statut auprès de ceux que nous voulons impressionner, ce qui nous pousse à adopter le mode Avocat ou le mode Dictateur pour essayer de contrôler le comportement de notre enfant, et ce, afin de faire bonne figure auprès de ceux qui nous entourent.

Les questions suivantes pourraient vous aider à identifier les causes profondes de ces sentiments de honte ou de conscience de soi exacerbée.

1. Par qui craignez-vous le plus d'être jugé ?
2. Pourquoi êtes-vous inquiet à l'idée que cette personne puisse considérer que vous exercez mal votre rôle de parent ?
3. Qu'est-ce que l'approbation de cette personne vous apporte ?
4. Que pensez-vous obtenir en gagnant l'approbation de cette personne ?
5. Et quoi d'autre encore ?
6. Pourriez-vous obtenir les choses que vous avez inscrites dans les réponses 3 à 5 sans obtenir l'approbation de cette personne ?
. Cet exercice est utile pour découvrir des vérités difficiles, mais il peut aussi constituer un outil inestimable pour nous libérer, ce qui nous permet de vivre ensuite de manière plus authentique, en acceptant nos imperfections et tout le reste.

Interagir avec votre enfant en oubliant son nom

Parfois, nous trébuchons et commettons des erreurs pour des raisons liées à la personnalité et à l'ego, perdant ainsi de vue qui nous sommes et qui sont nos enfants, et ce, au-delà des noms, des étiquettes et des perceptions depuis longtemps ancrées. Essayez ceci : oubliez pendant un moment le nom de votre enfant. Oubliez un instant les matières dans lesquelles il excelle ou les maux de tête qu'il vous donne lorsqu'il est question de devoirs scolaires ou de tâches ménagères. Oubliez que vous êtes sa mère ou son père. Prenez simplement un certain recul et considérez votre enfant comme un esprit qui aurait pris possession du contenant qu'est son corps et qui cheminerait à vos côtés de la manière la plus intime. Vous jugerez peut-être qu'il est plus facile de pratiquer cet exercice quand votre enfant est endormi, mais soyez convaincu que vous passerez des moments merveilleux en sa compagnie si vous essayez de l'imaginer comme un frère, ou une sœur, bien aimé de votre âme. Cependant, n'oubliez pas que dans cette vie, en cet instant présent, vous devez assumer votre rôle de parent. Bien que vous et vos enfants soyez égaux sur le plan de l'âme, ici-bas sur terre vous devez assumer pleinement votre rôle d'adulte responsable.

Dire « Tout ira bien, tout ira bien »

Les parents sont souvent passés maîtres dans l'art d'offrir du réconfort à leurs enfants. En effet, nous nous inquiétons pour leurs bobos, nous tressaillons à la moindre égratignure et nous déversons tout notre amour dans leurs cœurs brisés.

Sachant cela, il est triste de constater à quel point nous pouvons être cruels envers nous-mêmes lorsque nous souffrons. « J'aurais dû faire preuve de plus de discernement ! » « Cela ne devrait pas m'inquiéter ! »

J'ai affirmé à maintes reprises qu'être parent est une tâche ardue. En fait, c'est une tâche extrêmement exigeante. En conséquence, vous devez vous attendre à vivre des jours réellement difficiles. C'est l'une des raisons pour lesquelles j'aime tout particulièrement l'exercice suivant, que je vous encourage vivement à pratiquer.

Quand vous vous sentez débordé ou sur le point de craquer, apaisez votre cœur comme vous apaiseriez votre enfant s'il s'était blessé et dites à voix haute : « Tout ira bien, tout ira bien. » Comme leurs enfants, les parents ont droit à l'amour, à la gentillesse et au réconfort. Pourtant, nous avons le plus grand mal à reconnaître à quel point il est parfois difficile de conserver notre sang-froid et de garder la situation sous contrôle.

La prochaine fois que vous vous sentirez bloqué ou confus ou que vous éprouverez du remords pour une chose que vous auriez pu faire, dites : « Tout ira bien, tout ira bien. » Et n'oubliez pas de poser la main sur votre cœur en prononçant cette phrase.

Cheminer à petits pas vers le changement

Dans tous les textes que j'écris ainsi que dans mes cours et mes présentations, je m'efforce non seulement d'informer et d'inspirer les parents, mais aussi de les aider à opérer des changements pratiques dans leur vie. En gardant cela à l'esprit, j'aimerais vous inviter à réfléchir à ce qui vous a tout particulièrement intéressé ou touché dans ce livre. Y a-t-il un point qui a attiré votre attention ou vous a incité à vous interroger sur la manière dont vous assumez votre rôle de parent ? Il pourrait vous être utile de parcourir rapidement ce livre pour identifier ce qui vous interpelle ou pour vous remémorer ce que vous souhaitez intégrer dans votre vie.

Sélectionnez deux aspects de l'éducation parentale sur lesquels vous aimeriez travailler durant les trois prochains mois. Peut-être souhaiteriez-vous reconnaître la réalité d'une situation sans porter de jugement, et ce, quelles que soient les émotions que vous ressentez lorsque vous vous rendez compte que vous êtes sur le point de vous fâcher et de perdre votre calme. Vous pourriez aussi décider de faire preuve de plus de compassion à votre égard – et vous montrer impitoyable envers les pensées négatives que vous entretenez à votre sujet. Peut-être aussi pourriez-vous décider de ralentir quelque peu la cadence pour être plus présent auprès de vos enfants. Vous pourriez également vous engager à présenter plus facilement vos excuses, assumant ainsi l'entière responsabilité de vos erreurs.

Fixez-vous des objectifs réalistes pour opérer les changements que vous avez choisis. Il pourrait s'agir de modifier le ton de voix que vous utilisez quand vous vous adressez à vos enfants, du temps que vous leur consacrez, du temps passé à utiliser vos appareils numériques, de votre désir d'être plus à l'écoute de vos sentiments lorsque vous êtes énervé, ou de l'attitude que vous adoptez quand vous devez gérer le stress. Vous voyez ce que je veux dire. Il n'est pas recommandé d'essayer de tout changer d'un seul coup. De toute façon, je suis convaincue que, pour l'essentiel, vous exercez avec brio votre rôle de parent ! J'aimerais seulement que vous puissiez vous concentrer sur deux aspects de l'éducation parentale que vous pourriez modifier et qui pourraient faire une différence significative dans votre vie quotidienne. Ou même un seul !

Dans votre journal, notez par écrit deux changements sur lesquels vous aimeriez travailler durant les trois prochains mois. Sous chacun d'eux, inscrivez une phrase ou deux expliquant pourquoi vous souhaitez instaurer un tel changement.

En quoi votre vie s'en trouverait-elle améliorée ? Voilà à quoi cela ressemble. (Cet exercice est disponible sur mon site Web, au www.SusanStiffelman.com/PWPextras.)

Les deux changements que je souhaite opérer durant les trois prochains mois :

1. Pourquoi ai-je décidé de modifier cet aspect-là ? (En quoi ma vie sera-t-elle alors meilleure ?)
2. Ai-je la preuve que ce changement est réellement en train de s'opérer ? (Comment puis-je reconnaître que c'est le cas ?)

Sachez néanmoins que vous risquez de vous perdre en chemin. Si tel est le cas, agissez comme vous le faites dans votre pratique de la pleine conscience où vous vous concentrez sur votre respiration quand votre esprit s'égare. Bref, si vous avez le sentiment que vous vous éloignez de ce nouveau comportement que vous voulez adopter, soyez bienveillant envers vous-même. Vous pourriez constater que vous continuez à vous plaindre alors que vous vous étiez engagé à ne plus le faire ou que vous passez des heures sur Internet alors que vous aviez promis d'éteindre votre ordinateur après un certain temps d'utilisation. Soyez patient et indulgent envers vous-même.

Chaque soir, notez par écrit les progrès que vous estimez avoir accomplis dans la mise en œuvre de ces deux changements, et ce, même si vous devez vous servir d'une loupe pour constater une quelconque amélioration! Le changement s'opère à petits pas. Certains jours, vous aurez l'impression de reculer, de piétiner ou de trébucher. Il faut vous y attendre. Engagez-vous simplement à faire cet effort et notez par écrit ou enregistrez au moins deux ou trois éléments prouvant que vous progressez en respectant vos intentions.

Laissez-moi vous conter une histoire. Il était une fois un jeune berger qui voulait être assez fort pour soulever un mouton, mais qui s'était rendu compte que cela lui était impossible, ce qui l'avait poussé à aller se plaindre de sa faiblesse auprès de son père. Après l'avoir écouté, ce dernier prit un agneau qui venait de naître et le remit à son fils en lui donnant pour instruction de porter chaque jour cet agneau autour de l'enclos, et ce, sans aucune exception. Le jeune berger pensa que ce que lui demandait son père n'avait aucun sens car il devait maintenant s'occuper de cet agneau minuscule et léger alors qu'il rêvait de porter un mouton adulte dans ses bras! Néanmoins, il se plia aux instructions de son père, portant chaque jour l'agneau autour de l'enclos. Ce faisant, il ne remarqua pas que cet agneau prenait chaque jour du poids – et que ses propres muscles devenaient de plus en plus puissants. Finalement, au bout de quelques mois, le jeune berger se rendit compte qu'il était tout à fait capable de porter cet animal qui, au fil du temps, était devenu un mouton adulte.

Si vous vous engagez à vivre dans un état de conscience accru en reconnaissant à leur juste valeur vos petits accomplissements quotidiens, votre vie familiale s'en trouvera inévitablement transformée. Bref, vous pourrez vous aussi soulever un mouton. Mais avant cela, commencez – aujourd'hui même – par porter le petit agneau.

PORTER UN ÉLASTIQUE

Cet exercice est un moyen facile d'opérer des changements pratiques et durables. Je l'ai utilisé avec beaucoup de succès auprès des adultes, mais aussi auprès des enfants.

Choisissez une attitude dont vous aimeriez vous défaire. Comme crier après vos enfants ou blâmer autrui. Placez un élastique autour de votre poignet en réaffirmant votre désir de vous défaire de cette attitude. Parfois, lorsque j'interviens auprès d'une famille, je demande à chacun de ses membres d'identifier un comportement qu'il souhaiterait modifier, puis je l'invite à mettre en toute solennité son élastique tout en déclarant à voix haute son intention. «Je place cet élastique sur mon poignet avec la ferme intention d'utiliser un ton de voix plus gentil lorsque je m'adresse à vous!» «Je place cet élastique sur mon poignet avec l'intention de ne plus taquiner ma petite sœur!»

Si vous faites un faux pas et reproduisez le comportement dont vous voulez vous défaire, placez l'élastique sur l'autre poignet. Le but recherché? Garder l'élastique sur le même poignet durant vingt et un jours consécutifs.

L'idée de base est qu'il faut environ vingt et un jours pour modifier une habitude. En conséquence, si vous portez en permanence un pense-bête, il vous sera beaucoup plus facile d'avoir conscience en tout temps de votre intention de modifier un comportement.

Épilogue

En Inde, on m'a raconté l'histoire d'un homme qui avait quitté son village pour faire fortune. Quelques années plus tard, alors qu'il rentrait chez lui avec toutes les richesses qu'il avait accumulées, il rencontra un voleur qui prétendit aller dans la même direction et se joignit à lui. Tandis qu'ils cheminaient ensemble jour après jour, l'homme lui parla de tout l'argent qu'il avait gagné et de tout ce qu'il allait faire maintenant qu'il était riche. Chaque soir, ils partageaient tous deux le même logement. Cependant, lorsque l'homme riche s'absentait pour souper, son compagnon fouillait la pièce de fond en comble pour trouver l'argent que cet homme prétendait rapporter à son village.

Le dernier jour, alors que l'homme approchait de sa destination finale, le voleur lui fit la confession suivante : «Je dois t'avouer que je suis un voleur. J'avais pour plan de voler ton argent. Pourtant, chaque soir quand tu sortais souper je fouillais la pièce dans tous les coins sans jamais rien trouver. Maintenant que tu es presque arrivé dans ton village, dis-moi la vérité. Possèdes-tu réellement cet argent ? Et si c'est le cas, où l'as-tu caché ? »

Son compagnon lui répondit : «Dès que je t'ai vu, j'ai su que tu étais un voleur et que tu essaierais de me voler tout ce que j'avais gagné à la sueur de mon front. C'est la raison pour laquelle j'ai caché cet argent où tu ne pourrais jamais le trouver. »

« Où l'as-tu donc caché ? »

L'homme lui répondit simplement : « Sous ton oreiller. »

Nous accédons à une véritable liberté lorsque nous prenons conscience que tout ce que nous pourrions vouloir ou désirer nous appartient déjà. Mais nous oublions.

Dans *Conversations avec Dieu*, Neale Donald Walsch nous invite à nous imaginer que tout en nous conférant la vie Dieu nous condamne à l'amnésie. De la sorte, en oubliant qui nous sommes, nous pouvons expérimenter la joie intense de trouver notre propre voie, celle qui nous guide sur le chemin de la vérité. Pour ce faire, nous devons atteindre un état de profonde quiétude. C'est à cette seule condition que nous pourrons entendre notre voix intérieure, celle qui nous ramène à l'essentiel.

La plupart d'entre nous passent la majeure partie de leur temps à courir et à se bousculer, oubliant par le fait même leur voix intérieure qui les invite à se ressourcer au plus profond de leur être et à apprécier l'instant présent, quel qu'il soit. Les enfants sont là pour nous le rappeler. Ils nous rappellent notre état naturel – celui que nous avons enfoui sous des couches successives de peur, de réserve et de désengagement vis-à-vis de la vie. Ils nous rappellent ce que nous pourrions être si nous vivions en ayant le cœur ouvert, dans un état permanent d'émerveillement, d'enchantement et de gratitude. Ils nous rappellent tous les trésors cachés sous notre oreiller.

Tout ce que nous recherchons est à portée de main. Nous pouvons le trouver dans notre vie professionnelle, dans nos nuits sans sommeil, dans les câlins que nous faisons à nos enfants sous des draps aux couleurs de Dora l'exploratrice, et dans les cris que nous poussons lorsque nous assistons à un match de football. Cette possibilité d'une formidable expansion de notre cœur et de notre âme est là, à portée de main. Si nous embrassons l'instant présent, nous trouverons tout ce à quoi nous aspirons.

Depuis la nuit des temps, un plafond de verre existe qui, heureusement, est en train de voler en éclats sous la pression d'une nouvelle génération de parents qui se sont résolument impliqués dans leur rôle, et ce, d'une manière plus présente, plus harmonieuse et plus engagée. Agir ainsi n'est pas facile. En fait, pour la plupart des gens, cela s'oppose à la manière dont ils ont été élevés, soit une éducation traditionnelle qui consistait à faire deux pas en avant pour un pas en arrière. Par contre, si vous acceptez de consentir des efforts, même les plus minimes, pour être plus conscient et plus engagé auprès de vos enfants, vous découvrirez que les possibilités qui s'offrent à vous sont infinies ! Ce faisant, non seulement vous expérimenterez une plus grande joie dans votre cœur et la paix au sein de votre foyer, mais vous contribuerez aussi à faire en sorte que le monde soit peuplé de plus de personnes qui auront grandi en se sentant vues, appréciées et aimées. Si tel était le cas, imaginez la magnitude du changement qui pourrait alors s'opérer sur notre planète !

Nous pouvons changer le monde, un enfant à la fois, en nous guérissant et en nous transformant nous-mêmes. Quelle opportunité magnifique ! Quelle formidable aventure !

Élever un enfant représente sans l'ombre d'un doute un véritable pèlerinage spirituel que nous devons accomplir un moment précieux à la fois.

Note de l'auteure

Je tiens à vous remercier d'avoir lu ce livre. Avoir eu le privilège d'entrer un instant dans vos vies pour partager les idées qui se sont formées en moi durant toutes ces années où j'ai enseigné, conseillé et assumé mon rôle de parent est un honneur et une bénédiction.

Si vous souhaitez garder le contact, vous pourrez vous joindre à notre groupe Facebook en visitant le www.facebook.com/SusanStiffelmanAuthor. Je suis très impliquée auprès de ce groupe en pleine croissance qui réunit des parents partageant la même philosophie et déterminés à exercer leur rôle en étant le plus présents possible.

Si vous le souhaitez, vous pourriez aussi vous abonner à mon infolettre en visitant le www.SusanStiffelman.com ou le www.ParentingWithoutPowerStruggles.com. Ainsi, vous serez informés en permanence de mes activités et de mes apparitions publiques et vous pourrez également avoir accès à des informations et des conseils très utiles.

Si vous souhaitez en apprendre plus sur mon travail, sachez que j'offre de nombreuses classes (virtuellement et en personne) qui vous permettront de transformer les idées que j'enseigne en pratiques quotidiennes. Pour plus d'information, veuillez visiter mon site Web. Si vous souhaitez m'inviter à intervenir en tant que conférencière lors d'un événement public, vous pouvez me contacter en tout temps à parentingpresence@gmail.com. Enfin, si vous avez une histoire ou une vision à partager, n'hésitez pas à m'écrire à la même adresse courriel.

C'est un immense bonheur de découvrir comment les idées que j'exprime par écrit affectent ceux qui les lisent, et je suis toujours désireuse d'en apprendre plus de la part de mes lecteurs.

Très cordialement,
Susan Stiffelman

Remerciements

J'ai rédigé cet ouvrage alors que je vivais de grandes transformations personnelles. Cependant, lorsque de nouvelles possibilités s'offrirent à moi, particulièrement quand Eckhart Tolle et Kim Eng me proposèrent de publier *L'art d'être un parent présent* au sein des Éditions Eckhart Tolle – dans la nouvelle collection de New World Library –, je pus me défaire des croyances limitatives profondément ancrées qui me freinaient depuis si longtemps. La publication de cet ouvrage m'a permis de m'associer à Eckhart Tolle, l'un des esprits les plus brillants et éclairés que j'aie jamais rencontrés, mais celui-ci ne s'est pas contenté de m'inspirer; il m'a aidée à préparer ce livre au fur et à mesure que je l'écrivais. Je ne pourrai jamais exprimer pleinement mes remerciements à Kim et Eckhart, qui ont toujours cru en mon travail et l'ont promu de façon décisive afin que d'autres puissent bénéficier de ce que j'avais appris.

Je tiens à remercier le directeur de la collection, Jason Gardner, qui est une personne absolument géniale. Merci, merci, merci à vous Jason; je me suis toujours sentie réconfortée par votre présence et votre bonne humeur, sans parler de vos conseils judicieux qui m'ont permis de bonifier cet ouvrage. Mille mercis également à Barbara Moulton, qui s'est investie sans réserve et m'a toujours encouragée en coulisse. J'aimerais enfin exprimer mes remerciements à Mimi Kusch pour son merveilleux travail de révision – ce fut un bonheur de travailler avec vous.

Je tiens également à mentionner tous ceux qui ont participé à mes cours ou à mes programmes en ligne, qui ont lu mon livre précédent ainsi que mes chroniques dans le *Huffington Post* ou qui appartiennent à notre tribu Facebook en plein développement. Vous ne saurez jamais à quel point vos courriels et vos commentaires m'ont inspirée et m'ont donné la force de poursuivre mon travail. À vrai dire, je suis quelque peu paresseuse. Cependant, penser à tous ceux qui me font confiance – les mères, les pères, les grands-parents et les enseignants qui bénéficient des idées que j'avance – me motive et m'incite à continuer. Mille fois merci pour vos témoignages et vos encouragements.

Je tiens à mentionner le soutien indéfectible de Glennon Melton et de l'équipe de *Momastery* – Amy Olrick et Amanda Doyle. Votre foi en mon travail et votre proposition d'offrir mes cours à votre tribu m'ont prouvé qu'il est possible de véritablement changer le monde pour le mieux, un enfant et une famille à la fois. Merci de votre confiance.

J'aimerais aussi remercier ma mère. Merci maman pour ton amour et ta présence lumineuse. Merci aussi de pouvoir encore ouvrir, à quatre-vingt-treize ans, les pièces jointes de mes courriels et d'écouter mes webinaires. Merci enfin de m'avoir montré à quel point la vie peut être merveilleuse, et ce, à n'importe quel âge. Je tiens aussi à remercier mes mères adoptives, Beverly Gold et Berenise Kaplan. Je vous aime.

J'aimerais remercier tout particulièrement Paul Stanton, l'homme le plus patient, le plus aimant, le plus gentil, le plus intelligent, le plus solidaire, le plus bienveillant, le plus amusant, le plus talentueux et le plus incroyable sur terre. Merci d'être entré dans ma vie, merci pour ce miracle ! Chaque jour, je remercie la bonne étoile qui m'a permis de te rencontrer et de vivre cet immense et surprenant amour. (Merci aussi pour ces délicieux repas et ces massages des pieds qui m'apaisent tant lorsque je dois donner le maximum d'énergie à l'approche d'une date importante.)

Et enfin tous mes remerciements à mon fils Ari – un de mes plus grands professeurs de vie. Merci pour la patience et l'amour dont tu fais preuve tandis que je continue d'évoluer à tes côtés. Sois béni pour l'éternité.

Notes

Chapitre 2. Grandir en élevant des enfants

1   Lorsque l'enfant subit une attaque de son corps de souffrance : TOLLE, Eckhart, *A New Earth: Awakening to Your Life's Purpose* (première édition 2005), New York, Penguin, 2008, p. 106.

2   Imaginez que vous êtes sur un bateau et que vous dérivez lentement sur un petit lac. Cet exercice est tiré de l'ouvrage de WELWOOD, John, *Perfect Love, Imperfect Relationships: Healing the Wound of the Heart*, Boston, Shambhala, 2006.

Chapitre 3. Débarrassez-vous des clichés

1   Ces statistiques sont tirées d'une étude publiée dans le magazine *Science* : FINKEL, Eli, "The Trauma of Parenthood", *New York Times*, 29 juin 2014, www.nytimes.com/2014/06/29/opinion/sunday/the-trauma-of-parenthood.html?_r=0.

2   L'excellence suprême consiste à briser la résistance de l'ennemi sans combattre : TZU, Sun, *The Art of War*, traduction de Ralph D. Sawyer, New York, Metro Books, 2001, p. 16.

Chapitre 4. Nous n'élevons pas des enfants, nous éduquons de futurs adultes

1   De plus en plus d'adolescents et de jeunes adultes s'enlèvent la vie : SHAFFER, D. et L. CRAFT, "Methods of Adolescent Suicide Prevention", *Journal of Clinical Psychiatry*, no 60, suppl. 2 (1999), p. 70-74.

2 Ne pas savoir dans notre sang et notre chair : WELWOOD, John, *Perfect Love, Imperfect Relationships: Healing the Wound of the Heart*, Boston, Shambhala, 2006, p. 4.

3 Une paix facile et autogratifiante : JINPA, Thupten, *A Fearless Heart: How the Courage to Be Compassionate Can Transform Our Lives*, New York, Hudson Street Press, 2015.

Chapitre 5. Forger l'amour de soi et la pleine conscience

1 La vie trépidante que les gens mènent : SIEGEL, Daniel J., *The Mindful Brain: Reflection and Attunement in the Cultivation of Well-Being*, New York, Norton, 2007, p. 4.

2 Alors, vos enfants doivent adorer le iPad ! : BILTON, Nick, "Steve Jobs Was a Low-Tech Parent", *New York Times*, 10 septembre 2014, www.nytimes.com/2014/09/11/fashion/steve-jobs-apple-was-a-low-tech-parent .html?_r=0.

3 En nous laissant porter en permanence par cette dynamique infernale : BECK, Martha, *The Joy Diet: 10 Daily Practices for a Happier Life*, New York, Crown, 2008, p. 9.

4 Quand l'un de nous se sentait fatigué : LADITAN, Bunmi, "I Miss the Village", *Huffington Post*, 24 juillet 2014, www.huffingtonpost.com/bunmi-laditan /i-miss-the-village_b_5585677.html.

5 Pourtant, les gens s'évertuent à réduire cette voix au silence : BECKER, Gavin de, *Protecting the Gift: Keeping Children and Teenagers Safe (and Parents Sane)*, New York, Dell, 1999, p. 26.

6 À quoi ressemble la météo qui règne dans ton corps ? : SNEL, Eline, *Sitting Still Like a Frog: Mindfulness Exercises for Kids (and Their Parents)*, Boston, Shambhala, 2013, p. 54.

7 Interroge-toi sans faire appel à Google : HOFMANN, Janell Burley, "Gregory's iPhone Contract", blogue, 8 juillet 2013, www.janellburleyhofmann.com/post journal/gregorys-iphone-contract.

Chapitre 8. Cultiver l'empathie, la vulnérabilité et la compassion

1 Une marque jouissant d'un fort impact social : visitez le site *Make a Stand* au www.makeastand.com.

2   "Nous avons besoin d'un mouvement de compassion sociale" : ce texte a
     été publié sur le blogue de Maria Shriver, 17 août 2014,
     mariashriver.com/blog/2014/08 /were-in-need-of-a-social-kindness-
     movement-maria-shriver.

3   Environ 15 à 20 % de la population étudiée se trouve à l'extrémité
     impulsive du spectre : ARON, Elaine, *The Highly Sensitive Child: Helping
     Our Children Thrive When the World Overwhelms Them*, New York,
     Harmony, 2002, p. 5.

Chapitre 9. Aidez vos enfants à faire face au stress

1   Dix pour cent des lycéens qui terminaient leurs études secondaires :
     ABELES, Vicki, "Crossing the Line: How the Academic Rat Race Is
     Making Our Kids Sick", *Huffington Post*, 19 mai 2014,
     www.huffingtonpost.com/vicki-abeles/education-stress
     _b_5341256.html.

2   Une étude intitulée « Le stress aux États-Unis » : "Stress in America",
     American Psychological Association, 2013, www.apa.org/news/press/releases
     /stress/.

3   Une étude de l'American Academy of Pediatrics : SHONKOFF, Jack P.
     et Andrew S. GARNER, "The Lifelong Effects of Early Childhood
     Adversity and Toxic Stress", *Pediatrics*, 20 décembre 2011,
     Pediatrics.aappublications.org/content/early/2011/12/21/peds.2011-
     2663.abstract.

4   Aujourd'hui, les gens sont reliés les uns aux autres comme jamais
     auparavant : PRICE, Michael, "Alone in the Crowd: Sherry Turkle Says
     Social Networking Is Eroding Our Ability to Live Comfortably Offline",
     American Psychological Association, 42, no 6 (juin 2011), p. 26,
     www.apa.org/monitor/2011/06/social-net working.aspx.

5   La dernière fois que j'ai vu ma mère se mettre en colère :
     HUFFINGTON, Arianna, *Thrive: Third Metric to Redefining Success and
     Creating a Life of Well-Being, Wisdom, and Wonder*, New York, Harmony,
     2104, p. 8.

6   L'auteur Johann Hari fait état de recherches : HARI, Johann, "The
     Likely Cause of Addiction Has Been Discovered, and It Is Not What
     You Think", *Huffington Post*, 20 janvier 2015,
     http://www.huffingtonpost.com /johann-hari/the-real-cause-of-
     addicti_b_6506936.html. Johann Hari est l'auteur de *Chasing the Scream:
     The First and Last Days of the War on Drugs*.

7 La pleine conscience semble suggérer que l'esprit est totalement empli : TOLLE, Eckhart, "Wisdom 2.0", présentation faite à San Francisco, 15 février 2014, www.youtube.com /watch?v=foU1qgOdtwg.

8 Je l'ai fait en raison de toutes les étapes que nous empruntons : "From the Inside Out: Helping Teachers and Students Nurture Resilience", profil de Linda Lantieri, Mindful.org, www.innerresilience-tidescenter.org/documents/Mindful.Org Oct2014-From_the_Inside_Out_Helping_Teachers_&_Students _Nuture_Resilience.pdf.

9 Mes parents m'apportaient protection, confiance, et chaleur : LUSSEYRAN, Jacques, *And There Was Light: The Extraordinary Memoir of a Blind Hero of the French Resistance in World War II*, Novato, New World Library, 2014, p. 2.

Chapitre 10. Le bonheur est un travail intérieur

1 Cela me rappelle une étude : JAYSON, Sharon, "Generation Y's Goal? Wealth and Fame", *USA Today*, 9 janvier 2007, Usatoday30.usatoday .com/news/nation/2007-01-09-gen-y-cover_x.htm.

2 Le mot épigénétique veut dire « autour du gène » : RAKEL, David, citation tirée de son article intitulé "Lifestyle Choices Can Change Your Genes", *UWHealth*, www.uwhealth.org /news/lifestyle-choices-can-change-your-genes/13915.

3 Quand des chercheurs des NIH ont mesuré le débit sanguin : RESSLER, Kerry J. et Helen S. MAYBERG, "Targeting Abnormal Neural Circuits in Mood and Anxiety Disorders: From the Laboratory to the Clinic", www.ncbi.nlm.nih.gov /pubmed/17726478.

4 Après avoir cherché durant de longues années : DE ANGELIS, Barbara, *Secrets about Life Every Woman Should Know: Ten Principles for Total Emotional and Spiritual Fulfillment*, New York, Hyperion, 2000.

Chapitre 11. Outils, conseils et stratégies

1 Je ne suis pas l'averse : SNEL, Eline, *Sitting Still Like a Frog: Mindfulness Exercises for Kids (and Their Parents)*, Boston: Shambhala, 2013, p. 55.

2 Les câlins des grands-parents ont quelque chose de mystique : LADITAN, Bunmi, *The Honest Toddler: A Child's Guide to Parenting*, New York, Simon and Schuster, 2014, p. 40.

3   Les sentiments, qui sont intériorisés, peuvent souvent être dissimulés :
     LALLA, Annie, "What Makes You Cry", Annie Lalla : Cartographer of
     Love, 10 juin 2014, Annielalla .com/2014/06/10/makes-cry/.

4   Plus vos neurones seront activés : HANSON, Rick, infolettre "Take in
     the Good", 18 novembre 2009, www.rickhanson.net/take-in-the-good.

5   L'esprit humain est comparable à un superordinateur : BECK, Martha,
     The Joy Diet: 10 Daily Practices for a Happier Life, New York, Crown,
     2008, p. 18.

Sources d'information additionnelles

Sources d'information gratuites sur mon site Web

- SusanStiffelman.com/PWPextras : Écoutez tandis que je vous guide durant l'exercice « Maintenant, c'est votre tour », que vous trouverez à la fin des chapitres de ce livre.
- Découvrez des clips audio qui vous conseilleront sur les thématiques les plus diverses.
- Téléchargez un rapport qui vous permettra d'identifier les causes potentielles des luttes de pouvoir. Ce rapport est offert à ceux qui se sont inscrits pour recevoir l'infolettre.
- Visionnez la vidéo *Love Flooding* offerte gracieusement à tous ceux qui se sont inscrits pour recevoir l'infolettre.
- Et bien plus encore !

Livres

PARTICULIÈREMENT INTÉRESSANTS POUR LES PARENTS

Attached at the Heart: Eight Proven Parenting Principles for Raising Connected and Compassionate Children, par Barbara Nicholson et Lysa Parker

Brainstorm: The Power and Purpose of the Teenage Brain, par Daniel Siegel

The Conscious Parent: Transforming Ourselves, Empowering Our Children par Shefali Tsabary

Conscious Uncoupling, par Katherine Woodward Thomas

Emotional Intelligence: Why It Can Matter More Than IQ, par Daniel Goleman

Everyday Blessings: The Inner Work of Mindful Parenting par Myla Kabat-Zinn et Jon Kabat-Zinn

Generation Stressed: Play-Based Tools to Help Your Child Overcome Anxiety, par Michele Kambolis

Hamlet's Blackberry: Building a God Life in the Digital Age, par William Powers

A Handful of Quiet: Happiness in Four Pebbles, par Thich Nhat Hanh (ce livre est destiné aux jeunes enfants)

Hands Free Mama: A Guide to Putting Down the Phone, Burning the To-Do List, and Hold On to Your Kids: Why Parents Need to Matter More Than Peers, par Gordon Neufeld

Is Nothing Something?: Kids' Questions and Zen Answers about Life, Death, Family, Friendship, and Everything in Between, par Thich Nhat Hanh

Last Child in the Woods: Saving Our Children from Nature-Deficit Disorder, par Richard Louv *Letting Go of Perfection to Grasp What Really Matters!* par Rachel Macy Stafford

The Mindful Child: How to Help Your Kid Manage Stress and Become Happier, Kinder, and More Compassionate, par Susan Kaiser Greenland

Odd Girl Out: The Hidden Culture of Aggression in Girls, par Rachel Simmons

Parenting Apart: How Separated and Divorced Parents Can Raise Happy and Secure Kids, par Christina McGhee

Playful Parenting, par Lawrence J. Cohen

Sitting Still Like a Frog: Mindfulness Exercises for Kids (and Their Parents), par Eline Snel

Teach Like Your Hair's on Fire: The Methods and Madness Inside Room 56, par Rafe Esquith

10 Mindful Minutes: Giving Our Children – and Ourselves – the Social and Emotional Skills to Reduce Stress and Anxiety for Healthier, Happy Lives, par Goldie Hawn

OUVRAGES SAGES ET INSPIRANTS

Broken Open: How Difficult Times Can Help Us Grow, par Elizabeth Lesser

Carry On, Warrior: The Power of Embracing Your Messy, Beautiful Life, par Glennon Melton

Daring Greatly: How the Courage to Be Vulnerable Transforms the Way We Live, Love, Parent, and Lead, par Brené Brown

Getting the Love You Want: A Guide for Couples, par Harville Hendrix

Happy for No Reason: 7 Steps to Being Happy from the Inside Out, par Marci Shimoff

I Need Your Love – Is That True?: How to Stop Seeking Love, Approval, and Appreciation and Start Finding Them Instead, par Byron Katie

In the Heart of Life: A Memoir, par Kathy Eldon

The Joy Diet: 10 Practices for a Happier Life, par Martha Beck

A Mindful Nation: How a Simple Practice Can Help Us Reduce Stress, Improve Performance, and Recapture the American Spirit, par Tim Ryan

My Stroke of Insight: A Brain Scientist's Personal Journey, par Jill Bolte Taylor

Perfect Love, Imperfect Relationships: Healing the Wound of the Heart, par John Welwood

Thrive: The Third Metric to Redefining Success and Creating a Life of Well-Being, Wisdom, and Wonder, par Arianna Huffington

Traveling Mercies: Some Thoughts on Faith, par Anne Lamott

Uncovering Happiness: Overcoming Depression with Mindfulness and Self-Compassion, par Elisha Goldstein

The War of Art: Break Through the Blocks and Win Your Inner Creative Battles, par Steven Pressfield

When Things Fall Apart: Heart Advice for Difficult Times, par Pema Chödrön

Ressources et liens additionnels

- AttachmentParenting.org : cet organisme offre des informations sur les pratiques les plus efficaces pour bâtir des liens émotionnels solides entre les parents et leurs enfants.

- EckhartTolle.com : les enseignements d'Eckhart Tolle sont inestimables pour tous ceux qui veulent vivre en étant plus présents.

- GreatHall.com : cet organisme, récipiendaire de nombreux prix et distinctions, propose des enregistrements audio qui rendent accessibles aux enfants les grands classiques de l'histoire, de la mythologie et de la littérature.

- ImpactSelfDefense.org : la formation "Impact training" constitue un excellent programme d'autodéfense.

- LettersToOurFormerSelves.com : ce site, créé par mon fils Ari Andersen, vous fait découvrir des lettres que des gens ont adressées à des versions antérieures d'eux-mêmes.

- MindfulnessCDs.com : Jon Kabat-Zinn vous propose des disques compacts qui vous présenteront de merveilleuses techniques de méditation ainsi que des programmes de pleine conscience.

- MindfulSchools.org : cet organisme offre des programmes de formation pour sensibiliser les écoliers et leurs enseignants à la pleine conscience.

- RootsOfEmpathy.org : ce programme scolaire a pour ambition d'accroître l'empathie et de réfréner les comportements agressifs.

- TogetherRising.org : ce programme en ligne offre un soutien psychologique aux mères de famille afin de contribuer au bien-être des familles et des communautés.

- VolunteerMatch.org : ce site vous permet de trouver facilement des opportunités de bénévolat correspondant à votre tranche d'âge et à vos centres d'intérêt.

- TheWork.com : j'aime particulièrement le travail de Byron Katie, qui vous aidera à dissiper les effets des pensées stressantes.

À propos de l'auteure

 Susan Stiffelman, l'auteure de *Parenting Without Power Struggles: Raising Joyful, Resilient Kids While Staying Cool, Calm, and Connected*, publie chaque semaine une chronique sur l'éducation parentale dans le *Huffington Post*. Elle intervient également comme thérapeute familiale et conjugale agréée, enseignante certifiée et conférencière internationale. Par ailleurs, Susan Stiffelman est une joueuse de banjo en devenir, une danseuse de claquettes plutôt modeste mais déterminée et une jardinière des plus optimistes.

Récentes parutions aux Éditions Ariane

www.editions-ariane.com/boutique/

Canada : Flammarion Québec — 514 227-8807 — www.flammarion.qc.ca
France, Belgique : DG DIFFUSION — 05.61.000.999 —www.dgdiffusion.com
Suisse : Servidis diffusion — 23.42.77.40 — www.servidis.ch